U0892893

书书书

SHU SHU SHU

周越然 著

北方文艺出版社

图书在版编目（CIP）数据

书书书 / 周越然著 . -- 哈尔滨 : 北方文艺出版社 ,
2019.6
ISBN 978-7-5317-4521-1

Ⅰ . ①书… Ⅱ . ①周… Ⅲ . ①藏书 - 文集②版本目录
学 - 中国 - 文集 Ⅳ . ① G253-53 ② G256.22-53

中国版本图书馆 CIP 数据核字（2019）第 080430 号

书书书
Shushushu

作　者 / 周越然
责任编辑 / 路　嵩　富翔强
封面设计 / 琥珀视觉

出版发行 / 北方文艺出版社
发行电话 / （0451）85951921 85951915
地　址 / 哈尔滨市南岗区林兴街 3 号
邮　编 / 150080
经　销 / 新华书店
网　址 / www.bfwy.com

印　刷 / 北京洲际印刷有限责任公司
字　数 / 235 千
版　次 / 2019 年 6 月第 1 版
开　本 / 880mm × 1230mm　1/ 32
印　张 / 9.75
印　次 / 2019 年 6 月第 1 次印刷

书　号 / ISBN 978-7-5317-4521-1
定　价 / 38.00 元

周越然的书

陈子善

日前在深圳见到一位收藏界后起之秀，他出示一份所藏清代以降藏书家手札目录，自朱彝尊起，至黄永年止，名家汇集，洋洋大观。但笔者发现其中有个重要的遗漏，周越然并不包括在内。应该指出的是，周越然墨迹存世很少，也是不争的事实。

余生也晚，知道周越然的名字已在1980年代后期了。那时为搜寻张爱玲作品，查阅1940年代上海的《杂志》《风雨谈》《古今》《天地》等文学和文史掌故杂志，经常见到周越然的妙文。后来又在旧书摊上淘到周越然的《书书书》《六十回忆》等著作，始知周越然并非藉藉无名，等闲之辈。然而，我们已经把他遗忘得很久了。

周越然（1885—1962）原名文彦，又名復盦，浙江吴兴（今湖州）人，藏书家、编译家、散文家和性学家。他是清光绪三十年（1904年）的秀才，又是南社社员。曾执教江苏高等学堂、安徽高等学校和上海中国公学等校，是严复弟子，为辜鸿铭所赏识，戴季陶则向他从过学。他精通英语，1915年起任职商务印书馆编译所英文部近二十年之久，编译各类英语教科书和参考书籍三十多种，尤以《英语模范读本》销数最大，几乎垄断当时全国的中学语文课本。他

1940年代专事写作。1950年代先后在上海水产学院教授英语和从事图书馆工作。

根据现有资料可知，周越然生前出版了《书书书》（1944年5月上海中华日报社初版）《六十回忆》（1944年12月上海太平书局初版）和《版本与书籍》（1945年8月上海知行出版社初版）三种谈书的书，《情性故事集》（1936年7月上海天马书店初版），《性知性识》（1936年7月上海天马书店初版）二种谈性的书。虽然还不能说周越然已经著作等身，但如果说他著述甚丰，影响不小，却是完全符合史实的。

由此可见，周越然是早该进入文学史的人物。1980年5月台北成文出版社出版的刘心皇著《抗战时期沦陷区文学史》里就出现了周越然的名字，称其“藏书有外国古本，中国宋元明版，中外绝版三种。数量之多，更是惊人”。这大概是文学史著作首次写到周越然。1995年2月上海人民出版社出版的陈青生著《抗战时期的上海文学》里也写到周越然，特别对周越然的散文给予颇高的评价。此书论及上海沦陷时期的“清谈风”与“怀旧热”散文时，给周越然以相当的篇幅，认为周越然的“书话”“专谈古书版本流变及伪赝‘古书’的识别，举证周详，论列精细”，而周越然“将有关‘书’的广博见识，用半文半白、亦庄亦谐的文笔写出”，“在中国古今同类散文小品中，显示出承前启后的独特个性”。至于周越然的“忆旧散文”，也自有其风格，“没有严密的秩序，忆及即写，散漫随意”，“下笔也比较自由，叙已述人或谈事载言，虽未必确切周到，却不失真实生动”。这是内地文学史著作写到周越然之始，都不能不提。

自1990年代中期起，随着内地出版界思想的解放，选题的多样，重印周越然著述逐渐付之实施。据笔者粗略统计，已经出版的周越然著述有如下七种：

《书与回忆》（1996年9月辽宁教育出版社初版）《言言斋书话》（徐雁等编，1998年9月陕西师范大学出版社初版），《周越然书话》（陈子善编，1999年3月浙江人民出版社初版），《言言斋古籍丛谈》(周炳辉编,2000年2月辽宁教育出版社初版),《言言斋西书丛谈》（周炳辉编，2003年3月广西师范大学出版社初版），《夹竹桃集：周越然集外文》（金小明、周炳辉编，2013年3月中央编译出版社初版）。

这些周越然作品集当然各具特色，对传播周越然其人其文所起的作用自不待言。但是，除了集外文的发掘整理，它们大都是重新编排的选本，而非周越然著作的初版原貌。这是一个明显的不足，因为读者无法从中得见周越然自己编定的集子，也即无法品尝周越然作品集的原汁原味，不少读者对此深以为憾。

从这个意义讲，北方文艺出版社此次新版“周越然作品系列”，首批印行周越然生前编定的五种作品集，就令人大为惊喜了。不但周越然脍炙人口的《书书书》《六十回忆》《版本与书籍》三种据初版本重印，《性情故事集》和《性知性识》两种生动有趣的性学小品集更是1949年以后首次与读者见面，极为难得。此后还将陆续印行《修身小集》《文史杂录》《古籍丛谈》等周越然集外文辑。“文字飘零谁为拾？”这部真正是原汁原味的《周越然作品系列》的问世，正好较为圆满地回答了百岁老人周退密先生当年的诘问，也必将对周越然研究有所推动。

也许因为笔者以前编过《周越然书话》，王稼句兄不弃，嘱为北方文艺出版社这部颇具新意的《周越然作品系列》写几句感言，拉拉杂杂写了以上这些话，聊以塞责，不当之处，谨请高明指教。

丙申初冬于上海梅川书舍

目录

版本与书籍

书书书

1944年5月上海中华日报社初版

自　序

本书计四十篇，或为文言，或为白话——文既不通，白亦不顺——大半已在日刊或期刊中发表。今汇合之，非欲以表达余之意见，实欲以现露余之勤力也。余本拟以“××读书志”为题，后见其中所包含者，“闲”书过多，“正”书过少，未免太偏，故改用今名。最末数篇，如《中山诗话》等，似应列入附录。然区区一小册子如本书者，抑何必分门别类耶？余幼年未曾注重国学，本不能作文，更不能制序，所以书此者，因书不可无序也。

民国三十三年三月　吴兴周越然

余之购书经验

［引言］本篇言余之购书经验，其间有得意者，亦有受气者，有先扮瘟生而后得实益者，亦有明知被骗而隐不告人者。简言之，二十年来，时时购书，日日购书，所得经验固多，但奇离古怪者层出不穷。余之老练，余之谨慎，终不能敌书估之刁顽，终不能防书估之虚伪也。

“书估”者，售书人也，恶名也，另有美名曰“书友”。黄荛圃题识中两名并用，但有辨别。得意时呼以美名，爱之也；失意之时，则以恶名称之，贱之也。本篇通用“书估”，以括全体，无尊之之意，亦无恨之之心。篇中有骗书、骗钱、打骂顾客、旧书“典当”等等故事，想阅众皆未之前闻也。

余初购古书，尚在民初小花园古书流通处时代。精写本或明末刊本，每册之价不过一元；铅字本或洋装本，因不入时，又非古书，全不上场。是时来青阁与博古斋似已成立，皆在福州路。但向之购书者，为数寥寥无几，因民初学者，注重新书，厌见古籍，情愿以《皇清经解》正续两编，换取《平民政治》上下二册也。后来流通处取消，中国书店成立，购古书者，日见增加。再后来新文运主张改用白话文，而求获古籍以作研究者愈多。至民国二十年左右，明初小字本，清初精刻本，价较十年前约大十倍，且稀见如凤毛麟角。余“起劲”（湖州土语）购求古书，在民国十年左右。当流通处极盛之时，余年岁尚轻，资格尚浅，不敢“抛头露面”，只一躲躲避避之“起码”顾客而已。但亦有所得，如缪荃孙之手稿《云自在龛随笔》是也。今已失之矣，甚为可惜。民十以后，余所得古书，不专在本埠，外埠如杭州、苏州、北平之书铺，亦与余常通消息，常作交易。兹先言第一次购《金瓶梅》之受欺。

余开始购书，与他人完全相同，即常常站立于铺面之前，向架上呆看是也。此之谓“掏”书。“掏”者，搜取也，如掏铜器铁器，掏自来水龙头。余当时所急欲掏得者，《金瓶梅》也，而终不发见。一日，某铺之柜员，面团团而有微微之笑容，全无逐客之怒气，余亦因醉而勇，放胆问曰：“你们有《金瓶梅》么？”彼曰：“有，有，好的有。”余曰：“请你给我一看好么？”彼曰：“那里话！这种书可在大庭广众中拿出来么？倘然你先生真的要买，不怕价贵，你给我地址，我明天送到。先生，你贵姓？”余曰：“我姓周，住在闸北……我写给你罢。”

次日一早果然送到白纸印者全部，索价一百六十元。余心喜之至，立付现款购之。不知此实最劣之湖南木活字本（版心题“第一奇书”，每半叶十一行，每行二十二字，无图），当时市价至多不过六十元。

两个月后，此人又送来清初张竹坡评本（版心亦题“第一奇书”，每半叶十行，每行二十二字，有图），并云：“先生，你从前购的，纸张虽好，讹字很多，不及这一部好。你看这个图（指含春意者言），好不好？这部是最古的，恐怕是孤本呀！买书要买这种有骨子的。最好的没有了。”余问曰：“什么价钱？”彼曰：“不还价，六百元，缺一个铜板不卖，卖了是你的孙子。”余曰：“三百元我要买的。”彼曰：“先生是忠厚人，又很爽快，四百五十元罢。”

其实，民十左右“第一奇书”之初印本附精图者，市价至多二百五十元。余后来购得明刊大型本，版心题“金瓶梅”者（每半叶十行，每行二十二字，有眉批旁评，字旁加圈点，图一百叶），亦止三百元。民二十四五年间，沪上有人翻印《金瓶梅词话》，每部售价十二元，木刻《金瓶梅》或《第一奇书》遂大大跌价。明刊本及清初原刻初印本虽不易得，但同光间覆刻本之无图者或附恶劣之图者，只值十六元或二十元。袖珍本（十一行，二十五字）有以八元出售者，可谓廉矣。近来此书之价又大涨，本年（三十一年）九月二十日新闻报有下面之惊人广告：

全图《金瓶梅词话》

影印北京圕珍本，连史精订，廿厚册，外图百幅，均无删缺，装两锦匣，珍藏送礼极佳，廉让五千元点。石斋大字《康熙字典》一部，售五百元，均函本报信箱×××号。

余述购书经验而先言《金瓶梅》者，非有意提倡之也，实因此书偷偷而卖，默默而买，获得善本者非经过多次“上当”不可。上当，即经验。有购《金瓶梅》之经验且得到善本者，其求取正经正史决无困难。

余所得之书，不全为《金瓶梅》，不如某报所称“专收淫词书籍”也。且余所得购书经验，有极重要而适合一般收买古书者之采用者，兹以十馀字包括之曰：“一遇好书，立时买定，不可一看再看，迟疑不决。”不善购书者，往往乱翻书叶，研究版本，既欲读其文字，又欲考其藏章。如有友人伴往，则又彼此作默默语，商讨优劣。书估见此情形，虽明知书不尊贵，亦必索价高昂，因汝已表示欲购之意或羡慕之心也。研究版本，研究藏印，研究题识，研究文章，均应于家居闲暇之时为之。购书之时，只可察其大体，决不可详加讨论。张君欲购《古诗源》，余伴之同往。书估出示者，清代普通刊本也，惟内有朱笔校字，且有藏印题跋。张君见之，以为世间孤本，不独细审藏印，细阅批校，且高声朗诵原书，而又以最不宜出之口者向我盘诘，结果：书估索价一百二十元，而张君一口还六十元。余再三作暗示——打临时无线电——已不及阻止之矣。此书真值，十三四元而已。

购书老练者，对于索价过狂之书估，取下列方法之一。

（一）让逊法。——用此法者，可向书估云："书是好的，价是贵的，可惜我没有能力，否则一定要买。"

（二）讥刺法。——用此法者云："那你吃亏了，价钱太便宜。我从前买的那一部，还不及这本好，尚不止此数呀。"

（三）直拒法。——此法最妥，用之者可云："对不起，请你收藏了罢"——言时应将册数粗粗一点。——"我没有意思买这种书。"

一般人以为在上海收书，不如往内地收书，向书铺买书，不如向私家买书，因上海书铺之书，大半获自内地，而私家之书，无门面上之开销，且人多"外行"，其出让时，必较店铺为廉也。其实何尝如此？内地书铺之书，情愿廉价售与上海之同行，不愿售与上海之游客。再私家之书，非先经过书估多次之估价，决不肯轻以示人，或豪然爽然以公平之价，让与个人也。余向内地购得之书，常较上海所买者为贵。老同文石印《二十四史》，数年前上海市价不过三百五十元，而余在杭州得者，反为四百元，另加邮费运费。向私家购书，余曾上当三次，兹将其细情，一一述之，如下：

（甲）余第一次上当，在民国十五年。宗叔 × 斋公，弃世已二十年，其子 × 生兄卒于是年。其时有至友许君来函称：“某姨太想要回扬州，拟将家中书画书籍，全数出让，估价在二百元左右。其中似有上品，倘兄因同姓关系而欲收留，弟可去一说。价钱或略加些，未知可否。”余当日即复曰：“某斋公与先父极亲热，某生兄与弟亦曾经会面多次，彼家既无恒产，又无后人，其书画书籍，弟愿收留，并愿照他人估价，加倍送去。”两日后，许君亲来告余云：“某姨太说，她家中的古玩（？）都是老太爷的笔墨，无论怎样穷，即使饿死，也不会放手的。”——不卖！一月之后，书估某姓，手携一大篮，肩掮一大包，来余家求售，启而视之，即宗叔家之旧物也。余不说明，亦不露惊奇之色，惟全数购之——连包袱提篮在内，共付五十六元。

（乙）第二次上当，在民国十七年——又是一位异性。某太太，孀妇（？）也，由友人之介绍来余处称彼家有古书待售，邀余往观并代为估一“毛”价。倘余有意，愿以“半送半卖”之价归我云云。余允而未往者，几乎三月。后来催迫愈甚，只得一行。进门后，某太太即出来招待，进茶进烟，进糖果，进点心，热闹之至，惟不出示书本。天未晚已喊酒喊菜请食晚餐。余待无可待，不得已而发问曰：“某太太，府上的藏书，今天可以看么？”彼曰：“书？慢慢再谈。总可看得见的——不要性急！请先饮酒。我们来照杯——干杯。”余酒量尚大，干几杯酒，决不酩酊，亦不昏迷。且余在酒后可以保持常态，决不因买旧书而改买新人也。余于晚餐将毕未毕之际，恭然起立，告某太太曰：“辰光不早，我要回家了。那边桌上的一本书——《花名宝卷》——我想问你买了。”即掷六十元，深深鞠躬而出。——远远似有人咒诅（swine）。

（丙）第三次上当，在民国二十年之秋，地点在麦根路，物主不为阴性而为阳性，介绍者亡友刘志新也。刘君谓：“某里某号某姓有古书十二箱要卖。你可以去看，也可以选购或全购。不过物主虽穷，极要面子。外面不论什么人，不知道他肯把古书出售。我陪你去看的时候，也要客客气气，像做客人一般。我们不说买书，让他自己给我们看。你中意的书，暗暗指给我看。过一两天，我帮你拿来，再讲价钱好了。”不料余与主人会谈许久，正在开箱之时，来青阁主人杨寿祺君突然鼓门而入，见余即曰：“周先生，你比我来得早。他们横催竖催要我来，我吃没空。他们的书怎样？你都看过了么？周先生，你先来，照理我不应当加入了。不，不，倘然成功，我同你合做罢。或者完全归我，你来拣选几种也好——我照进价……”余暗窥主人，又向杨君一笑曰：“今天当然是你的交易。我和主人是朋友，常常到此地来玩的，我今天并不来买书呀。”

欲购书者，总宜求之书铺，不宜求之私家——此上文之意也。但书铺之书，皆得之私家，且书铺有种种开销，何以反较私家为廉耶？曰，有许多原因。书铺之同行，声气相通，一家估定之价，他家不敢增加。故物主邀请各家作比较时，其“货”无不愈看愈不值钱，最后总为第一家所得也。且书估讲话老到，似乎合情合理。“硬要面子活受罪”之急于待款者——如有烟瘾者或患舞病者——虽明知其言不实，亦无法与之争价。此外书估另有骗书之术，兹述一趣事如后：

十五年前，苏州某姓出售家藏古书十馀箱，约二千册。书估允给二千四百元，先付定洋三百元，半月以内提货交款。临出门时向主人曰：“可否让我随便带一二部去做做样子？”主人曰：“好，好，拿几本去是不成问题的。”书估随手取外形破旧者二部（六册）而去——而永不复返。主人怪之，特来申追问，而付定洋者全不承认其事。后来始知彼所取为样本者，实诸书之冠，一明覆宋本，一元刻元印，价在二千元以上。剩下者皆普通本，价在一千元左右。

上述者，有所为之欺诈也。书估有时作无所为之虚言：余得明刻残本《素娥篇》之次日，某书估来余家曰："昨天你买的那本图是残的呀！价太大了，真敲竹杠。我已经访得全本，今天派人到通州去拿了，只要五十元。到了你要么？"余曰："要的，除残本奉送外，另付三百元。"书估曰："残本让我先拿去退还他们（原售人）罢。"余曰："好的，不过现在不在家中，你过三天来拿好了。"从此日至今，已经十易寒暑，残本犹在余家，而全本尚未运到也。

除欺诈外，"下作"书估尤易骂人。昔年海上有某某旧书铺，索价较他家为大。倘主顾还价不称，或稍作轻视语或讥刺语，则店员群起与之争辩。倘主顾尚不识相而不默然而退，则店员肆口谩骂，或竟推之出门，作欲打之势。此铺亦常常骗书，凡以大部书上门求售者，店员围而观之——甲取一册，乙取两册，丙先取一册而又换取他册——乘机匿藏一二册……是时，店主假作整理全书之状，又为之计数而面现惊惶之色曰："呀，这书不全，缺两本，可惜，可惜！你快快回家去找……倘然价钱不大，残本我们也要买的……全的百廿元，残的七十元，相差也不多。"

书估尚有一种恶习，即向老主顾借钱是也。余有因借钱而反受人骂者。某书估年老而贫，一日来余家告我云："我要到通州去收书，没有本钱，想问你先生通用二百元。收到的书，先给你看。"余曰："我今天钱不多，你拿一百廿元去罢。借票要写的，利钱不要。"此"公"一去之后，非独书不见面，连人亦不见面。后来再三查问，始知在邑庙摆摊。余向之要钱，曰"请待几天"。向之要书，曰"现在没得"。如是者三四年。余以为借钱与人，理应索取，自己无力，只得托人，遂将借据交某律师请其代办。不料本年六月二十七日有自署“废名”者，在《力报》上明讥暗骂，谓我“心腹真狠”……余多时不读《力报》，不知此事，幸日前有中南友人厉君亲来告我也。闻沪上昔年有某“老先生”者，常常借款与书估，而即以书籍为抵押，如粗书每本作价若干，细书每本作价若干，总结之数，即为借款之额，利息按月三分，三月不赎，全数收没，行之数年，极为顺利。可知典当式之借贷，实较信用借款为佳。以后与书估通有无者，不妨采取此法，免得受废名之责。

吾国之人，往往轻视书估。其实，书估者上等人也，因与之交接者皆上等人，皆“读书种子”也，全无可贱之质。余因购书而所得经验不少，倘天假我年，待我学尽欺诈法、打骂术之后，或者亦欲“下海”贩书，而成一“灰老虎”。“灰”，黑白两色合成之。人称贩碑帖者曰“黑老虎”，以其所售之货全黑也。书之字黑，而其纸白，合成灰色，故贩书者应以“灰老虎”为号。

三十一年十月十四日

古书一叶

引 言

吾国线装书与西人之硬面卷册（volume）不同。西书页（不作叶字）只有所谓边白（margin）者。吾国书叶（不作页字）则有口有脑，有眼有目，有头有尾，有面有眉，有心有耳，有角并有根，惟无手足，无腿臂，无肝肠，无肺肾，无鼻无腮，无颈无腰。研究版本者对于此类术语，不可不知，犹习理化者之不可不明公式也。否则决然不能上进，不能成就，因其全无凭藉之故。在本篇中余将以谈古书者沿用最久、应用最广之专名，如口如尾者，各作一定义，俾后之购书者、读书者、贩书者及修理者，皆得不讲外行话，皆得相互谈天而不发生误会。篇中并附数种名著之版本，或为余所亲见者，或为余所购得者，均一一注明，请注意之。

版本之学，开始于赵宋而盛行于前清。尤袤（音茂）《遂初堂书目》中所载者，一书多至数本，如成都石经本、秘阁本、旧监本、京本、江西本、吉州本、杭本、旧杭本、严州本、越州本、湖北本、川本、川大字本、川小字本、高丽本是也。至于清代，则辨别版本之事，虽政府亦为之。乾隆四十年于敏中奉敕编《天禄琳琅书目》十卷，分别宋版、元版、明版、影宋等类，于刊刻时地，收藏姓氏印记，一一为之考证。嘉庆二年以前编未尽及书成以后所得，敕彭元瑞等为后编二十卷。后来私人书目，虽间有略述书之内容者，但无不兼及版本。莫友芝之《知见传本书目》，极通常之检查本也，但其中一书有多至十种不同之版本者，如史部地理类之《中吴纪闻》六卷（宋龚明之撰），有（一）明单刻本，（二）学海类编本，（三）珠丛别录本，（四）知不足斋本，（五）津逮秘书本，（六）墨海金壶本，（七）嘉庆壬申朱麟书校本，（八）粤雅堂本，（九）元刊本，半叶十一行，行二十一字，（十）胡心耘有校菉竹堂本，第六卷多翟超一条，其余颇异同。何焯勘定，精为考审。近人叶德辉之《郋（音奚）园读书志》，内容与版本并重，尽量描写，可称绝善之作。

诸家于描写版本之时，往往袭用一种专门名词，如耳目，如头尾，如心如口，其义为辞典字书所不载。兹特将常见者提出，各作一定义如下：

（一）口

口，折缝也。吾国古书先将文字印于纸之一面，再在其中间折齐而成前后两个半叶——古书应称“叶”，不宜称“页”。中间折叠之直缝，即谓之“口”。

书籍之常用者或年久者，其口多断。重装时非接不可。接口之纸，愈薄愈好。普通者本国粗绵纸，最善者日本薄皮纸。浆糊不可过浓，亦不可过淡；浓者不伏，淡者易脱。精于修整古书者，目下极少。与其修理而反损坏，不如暂时包好不动。

口有“白口”与“黑口”之分。白口者，折缝中无乌丝也；黑口者，折缝中有乌丝也。——乌丝，即黑线之意。口又有“大黑口”与“小黑口”之别。大黑口者，粗阔之乌丝也；小黑口者，细狭之乌丝也。大黑口与小黑口，皆所以助折叠之整齐也，想原发明者必无其他用意。宋元本及明初刊本，黑口居多。余家有大黑口本明永乐九年《浙江乡试录》一卷，小黑口明刊本宋王安石《荆公文集》一百卷（集中间有白口之叶），及白口明刊本李贽《李氏文集》二十卷。——此但举例耳，余家所藏之白口黑口本尚不止是也。

（二）脑

脑即各叶钻孔穿线之空白处，亦即书本阖闭时之右边也。纸大版小则脑阔，脑阔则“天地头”（另有定义）亦高广。

书脑不可伤，因其不易修补也。修补旧书，以接口为最易，补脑为最难。

古书有不穿线者，如永乐九年《浙江乡试录》是也，但脑际必有细孔，必有纸线。普通穿线之书，至少有六孔，且封面之内、护叶之外，另有两孔，以为纸钉之用。纸线者，用纸搓成线状之物也。纸钉者，用纸捏成钉状之物也。两者皆所以接合散叶使之不易分离也。

（三）眼

眼，孔也，用以穿线或插钉也。眼孔愈小愈好，大者伤脑。打眼有专器，不可以普通之铁钉代之。

（四）目

目即目录。书之卷帙多者，总目之外必有分目。卷帙少者，无此需要。购古书时，吾人不可不注重目录。缺目之书，果然可疑，即有目录者亦应审慎。书贾得到残缺之本，往往抽目挖目，以充足本也。

（五）头

头有（一）天头与（二）地头之别。天头者，一叶上面之空白也。地头者，一叶下面之空白也。吾国古书，上面较下面为高。天头亦称“眉”。近来所见西书，地头往往较天头为高。

（六）尾

尾，“鱼尾”也，即版心（另有定义）中作或之形者是也。体黑者曰“黑鱼尾”，体白者曰“白鱼尾”。在版心之上端而两角下向者曰“上鱼尾”，在版心之下端而两角或上向或下向者曰“下鱼尾”。上端下端，或上下两端有两个鱼尾者，谓之“双鱼尾”。

（七）面

面有两义：（一）封面，（二）叶面。封面者，保护书叶之物也。叶面者，文字所在之处也。封面与叶面间之空白叶，谓之“护叶”。封面应用何种材料，护叶应用何种纸张，收藏古书者不可不注意之。

（八）心

心为“版心”，即前后两半叶之中间也。心与口（见定义一）不同：心为两叶分界之空隙，口为两半叶正中之折缝。鱼尾、叶数、字数，及刻工姓氏，皆在版心。

（九）耳

耳之全名为“耳子”，附于下半叶（版外）左首上角，以识书之篇名，见于经传者最多，如明仿宋相台本《春秋经传集解》第一叶是也。明仿宋《春秋》，余家有之，每半叶八行，每行十八字，小字双行，字数同，独山莫氏旧物也。

（十）角与根

角与根虽在叶上而又不在叶上。合数十叶或百馀叶而成一册，切齐，“沙”（用沙皮磨擦也）光，钉好后，右边及上下两边，完全平滑。左边为口，故无不整齐。右边上下两隅，其名曰“角”，珍贵之书，人以湖色或蓝绫包之。包角固可保护书叶，但亦易受虫伤。

根在全书地头切齐之处。卷帙繁多之书，藏家往往倩人“号书根”，即于角隅线之右边写书之册数，而于其左边写书之名称与分类是也。大部书非号书根不可，否则不易检查，且不易整理。商务印书馆之《四部丛刊》，皆于发行之前，印成书根。

（十一）行格

术语既明，可以进言行格与边栏矣：

行格边栏，亦术语也。直者为行，横者为格。诸家藏目所称“每半叶 × 行，每行 × 字”或简称“× 行 × 字”，即是此意。研究版本者，有行格专书，如江标之《宋元本行格表》两卷是也。

边栏者，书版四周之丝（线）也。边栏有单双之分，“单栏”即单线之意，“双栏”即双线之意。

双栏一粗一细，粗者在外，细者在内。双栏有左右双栏，又有四周双栏。单栏粗而不细，总在四周。抄本有有栏者，有无栏者。无栏者，名为素纸钞本。西书无栏。

诸家藏目中，所以详言行格边栏，黑口白口，鱼尾印记者，因旧时写真（照相）之术未曾广行，不能影印耳。杨守敬手摹古本之叶，复刻之而成《留真谱》初二两编，其用意可谓巧矣，但终不及故宫、盋山、瞿氏、刘氏、陶氏各家书影之明晰正确。惟边栏表、鱼尾表、藏书印记谱、刻工姓名录，尚未见过，将来或亦有好事者为之也。

结　语

最末，余试作家藏明素纸抄本《愧郯录》版本考，以见上述各术语之应用焉：

宋岳珂《愧郯录》十五卷，吴县黄氏、常熟瞿氏、吴兴陆氏，皆藏有宋本。黄、陆二氏之书早已散去，在人间与否不可知。瞿氏之书尚为其后人所守。查《荛圃藏书题识》卷五，《铁琴铜剑楼藏书目录》卷十六，《仪顾堂集》卷二十，知三氏之书，行格相同（半叶九行，行十七字），而缺叶之数（共计十叶）亦复相合——是三书同出一源也。宋以后重雕之本，有明岳氏校刻本、学海类编本、鲍氏知不足斋丛书本。鲍氏之书，行格一遵宋刊，校订精详，实为各书之冠，惟其缺叶与宋明清各本均同。岂世间竟无完本耶？民国十九年之春，余以重价购得此本于申江，即所谓祁氏澹生堂馀苑本也，有澹翁手跋，且有毛子晋、季沧苇、朱锡鬯等图记，系明人写本。惜只存首七卷，不得称为完璧。幸各本缺文均在此七卷，后来商务印书馆编印《四部丛刊续编》，即藉以校补，亦一大快事也。

三十一年九月二日

《贞观小断》

“贞观”者，唐太宗之年号也；“小断”者，后代史学家之批评也。——此余家所藏一小册子之题名也。

余家所藏之明刊本《贞观小断》，不著撰人，亦不见诸家藏目，分量虽小，而语气极大。论贞观之治者，有宋孙甫之《唐史论断》三卷，但不如此书之简而赅，小而有趣。此书文字，浅显而雅，最易提醒初学者之史学兴味。余儿时不喜阅读史鉴而嗜小说，后得王船山《读通鉴论》，始知读史，始知史胜于小说也。他日倘有机缘，余当覆印《贞观小断》以为史评启蒙。兹先说明本书之“构造”，再引用一事，以见其文字。

《贞观小断》全书三十一叶，载三十八事。每事有一批评（即本书之主体）。兹举一例如下：

（甲）史事

（贞观二年）上曰：“为朕养民，唯在都督刺史。朕常疏其名于屏风，坐卧观之。得其在官善恶之迹，皆注于名下，以备黜陟。县令尤为亲民，不可不择。”乃令内外五品以上，各举堪为县令者，以名闻。

（乙）批评

断曰，太宗诚知致理之本，然此乃天子下行宰相之事，失大体矣。尧以不得舜为己忧，舜以不得禹皋陶为己忧，岂暇及此乎？故人主之责，惟在修身以择相耳，馀不敢知也。使三公六卿各举其职，何患刺史县令不得其人？

此“侮蔑”唐太宗之词也。唐太宗姓李，名世民，高祖之次子。隋末天下大乱，太宗劝高祖举兵，征服四方，成一统之业，封为秦王。建成元吉死，立为太子。即位后，锐意图治，宽刑整武，去税轻赋，海内升平，域外来附。当时贤相有房玄龄、杜如晦；谏臣有魏徵、王珪；名将有李勣、李靖。在位二十三年（自公历六二七至六四九年），年号“贞观”，庙号“太宗”。

正史无不赞誉唐太宗者，但《贞观小断》作者，对此英明之主，全是讥讽语。兹随便再录二事以明之：

（一）掇食蝗虫

（甲）史事。——畿内有蝗。上入苑中，见蝗，掇数枚，祝之曰：“民以谷为命，而汝食之，宁食吾之肺肠。”举手欲吞之。左右谏曰：“恶物或成疾。”上曰：“朕为民受灾，何疾之避？”遂吞之。是岁，蝗不为灾。

（乙）批评。——断曰，蝗害稼穑，诚为可恶。然苟能侧身修德，清问下民，求其所以致灾之由，与其所以御灾之术，虽不掇食，将不为灾。今曰“宁食吾之肺肠”，竟不避疾而吞之，——是以稼穑果重于吾之肺肠也，岂人情乎？倘因是遂致殒身灭性，何异死于岩墙之下？天下失其所赖，所丧为益多矣。太宗固切于忧民，然三代哲王所为，似不如此；蝗不为灾，盖他道有以致之，不系乎此也。

（二）称天可汗

（甲）史事。——四夷君长诣阙，请上为天可汗。上曰：“我为大唐天子，又下行可汗事乎？”群臣及四夷皆称“万岁”。是后以玺赐西北君长，皆称“天可汗”。

（乙）批评。——断曰，人主之有称号，所以辨华夷，正名分，一体统，肃观听，不可不慎也。今有贱夫于此，无故加之以禽兽之号，则必艴然而怒。夷狄者，禽兽之与邻，太宗以万乘之尊，冒其号而不以为耻何哉？盖其震而矜之之心，有以张之也。

最末言《贞观小断》之版刻、行格、题跋、藏印：

书系明刊白口本，每半叶十行，每行二十字；单栏，行间有直格，无圈点。第一叶有“独山莫氏铜井文房”“莫棠所藏”两印记。旧封面有莫棠题“贞观小断”四大字（见下图）。

又手跋两则，兹转录如后：

（一）“此书名甚新，岂明人以宋孙氏《唐史论断》改为耶？”

（二）丙寅五月在上海冷摊买此，异其名也。疑为孙氏书节出，顷检对绝非。书系明刻而有补版，其字体当在明中叶以后。读一过，决为明人撰，而未著名氏，终疑为摘本也。姑记以志陋，俟再考之。（莫棠，字楚生，独山人，莫子偲之侄也，其书斋之名曰“铜井文房”。）

三十二年二月十六日

《方舆胜略》

《方舆胜略》，古之地志也，清《四库》不收，入禁书目。余家所藏者，只“外夷”卷一卷二两卷。卷一载鞑靼，及兀良哈两国。卷二载朝鲜、女直[①]、日本，及琉球[②]四国。此前尚有山海舆地全图、图解、地球、图略、图说、亚细亚[③]各国度分、利未亚[④]各国度分、亚墨利加[⑤]各国度分，及墨瓦蜡泥加[⑥]各国度分——共四十一叶，合成首卷。最前有王锡爵序。因世不多见，特转录如后：

> 太原王锡爵（越案：明万历时宰相也）曰，轩辕氏方制天下，得百里者万区；而禹贡周官言九州，固在今天子幅帧内耳，及古称诸戎亦多禀正朔矣。汉通西南夷，唐置安西四镇，皆去中国万馀里，则古帝王所无有也；而耶律德光（越案：辽君名也）遣人穷大地所尽，凡五年而归，开辟所未尝至。今利西泰（越案：即利玛窦）

---

① 女真的别称，中国东北地区古国。

② 曾存在于琉球群岛的封建政权名，位于台湾东北和日本九州西南之间的琉球群岛上，现已灭亡。

③ 亚洲的旧称。

④ 非洲的旧称。

⑤ 南、北美洲的旧称。

⑥ 大洋洲的旧称。

亲见南极出地三十六度，是与中国之戴履正相直矣。张骞见邛竹蒟擂，知去巴蜀不远，遂有凿空之事。后有知球之绕而遍也，将无令东出蟠木而入于流沙，北自幽陵而归以交趾，观天地之圆方，验星宿之远近者乎？爰程生幼舆（越案：名百二，即本书之撰人也）刻之成帙，故赘数语于简端若此。

据此可知公历一六〇〇年前，西洋地理学已达中国，而天圆地方之说亦将破矣。但清代之所以禁之者何故乎？岂因其学说太新乎？曰，非也，盖其有违碍之文字耳。余家藏本不全，无法查阅此种“背理”之辞句。然不确之记载，荒唐之故事，类似《山海经》者甚多，兹引一则以见之，如下：

……（王）颀（人名）问其（案“其”字指朝鲜）耆老：“东海有人否？”耆老言：“国人尝乘船捕鱼，遭风，至一岛，言语不相晓。俗常以七月取童女沉海。又一国在海中，纯女无男。撒地而孕，胸前无乳，项后生毛，中有乳汁。子百日能行，三四年则成人矣。”……

右见卷二朝鲜篇第二叶后半。同卷言日本国事，其“谬”之程度，不及上面引文之甚。兹录数段如下：

（一）先秦时遣方士徐福，将童男女数千人入海，求蓬莱仙。不得，惧诛，止夷澶二州。号秦王国。

（二）日本王子来朝，献宝器音乐，王子善围棋。出玉棋子，光洁可爱，不由制度，黑白自然。冬温夏冷，故名冷暖玉棋子。

（三）王直，安徽人也，以事走海上，后为舶主。颇尚信，有盗道，虽夷主亦爱服之。有徽人罗龙文者，豪侠士也，故与直相识，宗宪乃驰书命龙文往说之。龙文至直舩，见二女侍，即之，即龙文故妓，为寇所虏也。龙文密使二妓先谕意。明日谒直，直大喜。龙文曰：“朝廷不以足下作逆之故，坏汝庐墓，戮汝亲戚，德意良厚。倘能效顺投款，□□□□，胡公必奏授足下官职。高爵厚禄，荣归故乡，不犹愈乎？”……直闻之，神摇色动，犹未决。会二妓耳语，反复劝之。直瞿然曰：“愿以死赎罪。”遂从龙文诣督府。……

余家藏《方舆胜略》残本之可珍贵者，以其为毛氏汲古阁旧物也。卷首序文前半叶，有“毛扆之印”四字朱文图记。扆即虞山汲古阁主人毛子晋之子。子晋，初名凤苞，晚更名晋，有子五人：襄、褒、衮、表、扆也；襄、褒、衮、表均先卒。毛氏以刻书著称，然其藏书亦极富多。陈瑚云：“登其阁者，如入龙宫鲛肆，既怖急又踊跃焉。其制上下三楹，始子讫亥，分十二架。中藏四库书及释道两藏，皆南北宋内府所遗。纸理缜滑，墨光腾剡。又有金元人本，多好事家所未有。”子晋生于明万历二十七年，卒于清顺治十六年。陈瑚，太仓人，明崇祯举人，入清不仕，有《圣学入门》《求道录》等书。

三十二年二月十五日

《高丽图经》

“高丽之先，盖周武王封箕子胥馀于朝鲜，实子姓也。”——此余家所藏明姑苏吴岫（字方山）厘正《高丽图经》之开始语也。“厘正”者，“剪削”也。吴岫以钞书著名。毛氏汲古阁有《定陵注略》及《瀛涯胜览》，又丁氏八千卷楼有《吕衡州文集》，皆彼之抄本也。但彼所厘正（剪削）之书，世不多见。除此外，未知尚有他种否？

《高丽图经》原著者宋徐兢也。兢字明叔，号自信居士，瓯宁人。宋宣和六年，高丽入贡，遣给事中路允迪报聘，兢以奉议郎为国信使，提辖人船礼物官因撰《高丽图经》四十卷，还朝后诏给札上之。徽宗嘉悦，召对便殿，赐同进士出身，累官大宗丞，兼掌书学。其书分二十八门，凡高丽之山川、风俗、典章制度，以及接待之仪文，往来之道路，无不详载；而其自集尤拳拳于所绘之图，惜因靖康之乱而失传也。吴岫删节本只上中下三卷，惟二十八门全不改变。二十八门之名目如次：（上卷）建国、世次、封境、门观、宫宇、冠服、人物，（中卷）仪物、仗卫、兵器、旗帜、车马、官府、祠、外教、民庶、妇人、皂隶、杂俗，（下卷）节仗、受诏、燕礼、馆舍、供帐、器皿、舟楫、海道、同文。

余家藏厘正本《高丽图经》，系卧云山房素纸抄本，每半叶十行，每行二十二字，收藏有（一）孔继涵印，（二）荭谷两印记。卷下三十四叶后有孔荭谷墨笔手跋云：“乙未八月初四日抄完，借周书昌本”，又朱笔过录何义门跋云：“徐兢（即原著者），吾郡人。此书姚叔祥、胡孝辕曾刻之嘉兴。吴岫（即厘正者）非通人，剪削恐未当。康熙庚辰长至，以银四铢买于金陵承恩寺，归舟阻风燕子矶，阅一过，因识卷末。何焯。”

何焯，考订专家也，其称岫“非通人”，决非过意辱骂。但岫之所以删节此书者，亦有理由。请观其自序，如下：

> 宋宣和间，徐兢出使高丽。归录其所见闻者为图经以进，有图有书。传未久，经存而图亡。为卷凡四十，为则凡三百馀，何其侈哉？洋洋乎使人居华夏而知海外风景，且得其立国规模，裨益见闻，资拓经略，何其有用乎哉？然中多衍文，似涉冗繁，予不量力，乃剪削，约为上中下三卷，而其则视前去半有零。盖文有所裁而事不敢逸，敢僭附述者之末耳。有志崧山鸭水者，成有采焉。矜而许其简迳，亦予望也。

上引之序，值得一阅，因吴岫节本，世无刊本也。
吴本中所载者，皆趣事也，兹录二三则以见之，如后：

> （一）高丽地封未广，生齿已众。四民之业，以儒为贵。其国以不知书为耻。山林多地，鲜平旷，故耕工之农，不迨工技。州郡土产，悉归公上。商贾不远行，惟日中则赴都市，以有易无。然为人寡恩好色，泛爱重财。男女婚娶，轻合易离，不法典礼。
>
> （二）俗尚洁净，每笑中国人多垢腻，故晨起必先沐浴后出户。夏日再浴，多在溪流中。男女无别，委衣冠于岸，而沿流亵露不为怪。

（三）夷政甚仁，好佛戒杀，故非国王相臣不食羊豕，亦不善屠宰。使者至，则前期蓄之。及期，将用缚手足，投烈火中。候其命绝毛落，以水灌之。若复活，则以杖击死。然剖腹肠胃尽断，粪秽流注，虽作羹肉而恶不绝。

余意此书待纸价大跌后，有重排重印之可能，想阅众亦必以为然也。

三十二年二月廿二日

版　本

有人问："版本是学问么？值得研究么？"

我的回答是肯定的，如下：版本确是学问。不论新旧学者，都应研究。让我把理由说出来。

研究版本，就是审视刻得好、印得好的书籍，譬如《史记》一书，有宋刊本，有元刊本，有明清各种刊本，又有近时的石印本及铅字本。行格既各不相同，字句亦间有差别。嗜书的人，总称宋元本最佳。为什么呢？（一）因为纸墨古雅，字大悦目。（二）因为虽有讹字尚近情理。

又有人说："我们读书，只要白的是纸，黑的是字，没有破损残缺，取价便宜就罢了。何必考究纸的新旧、字的形式呢？况且宋元版也难免讹字么？我问遇到必要的时候，只要买一部影印本。何必出重价，购原本呢？"

对于这种读书不考究版本的人，我可设一比喻，以见他们的错误。宋元本和各精刊本，可比闺女，翻刻本或影印本，好比寡妇。至于随便石印或排印的本子，简直是下贱的"野鸡"。青年人娶妻，总希望一个好人家的女儿，不愿意与寡妇结识，或与"野鸡"谈恋爱的。所以真能读书者，必求精善的本子。

精善的书本，不外下列诸种：

（一）宋金元刊本。

（二）元明覆宋本。

（三）明初刻本或活字本。

（四）清初精校初印本。

（五）名家手稿本或精钞本。

（六）名家手校或手跋本。

（七）海内或海内外孤本。

（八）高丽活字本或日本古本。

研究古书版本的人，大概可分为三类：（一）富闲的人，旧学略有根底，在家没有事做，借此以为消遣。（二）售书的人，出贱价购得大批书后，因阅历充足的缘故，往往能提出较精的本子，取善价售出。（三）求学的人，不满意于通行本，必求获精本，以为细读或校勘等用。这三种人，或保存文化，或营业谋利，都有功于艺林，都可称版本学者，否则宋金元明的印本，早已泯没了。

研究版本，与研究其他的学术相同，非有工具不可。工具者何？就是书目与书影。最完备的书目，当然是《四库全书总目》。但是总目不载版本，故初学者，必备《郘亭书目》，或相似者，随时参考。书影有瞿氏《宋元书影》《盋山书影》等，然终不及宋元真本的好。（商务印书馆出版的《四部丛刊》，不啻一部大书影。）我家有宋金元残叶四巨册，约二百叶。几年前出重价购得，实为研究古本最妙的工具。

除了书目和书影之外，初学者又不得不读一种谈论版本的书籍，最简易的，是叶德辉的《书林清话》。

上面所述，是研究版本最小限量的工具，倘欲专于此学，决非本篇所能尽述。

又有人说："难道研究版本，如此的不易么？"

我答曰：诚然难的，世有研究一生而误认者。今试说两事：（一）叶德辉旧藏《韦苏州集》，彼读书志中称为北宋胶泥活字本。

后此书归我，细细审察，知为明本。（二）近来四川重刻《唐诗纪事》，断定原本为宋刊，因字之缺笔，统与其他宋版书相同之故。实则原书系明嘉靖乙巳张子立刻本，重刻者不见子立原序，遂有此妄断，我有明刊本，且原序未失，故知其误。同时深知研究版本，实是一件不容易的事。

二十三年九日二十日

鲍钞《宝峰集》

（一）小引

“鲍钞”者，鲍氏知不足斋之钞本也。《宝峰集》，亦称《赵宝峰先生文集》，宋赵偕之著作也。吾国钞本书之最著名者，除明虞山毛氏汲古阁，山阴祁氏澹生堂外，当推清之鲍氏知不足斋。鲍氏校刊书籍甚伙，将于本篇后幅略述其故事。兹先言余家藏《宝峰集》之行格与内容。

（二）行格与内容

《宝峰集》二卷，余家藏者系知不足斋（主人姓鲍，名廷博，字以文）素纸钞本，每半叶九行，每行十八字。前有乌斯道序，门人祭文，友祭文。后有（附录）嘉靖十三年吕柟《世敬堂记》，嘉靖十一年赵继宗后序，又十二年赵文华两跋。卷二末叶有“乾隆己丑六月借钱塘汪氏刻本影写。七月八日毕，并校一过。知不足斋识”一跋。收藏有“宪珪”及“瑞花”（山东孔氏）两印，又“知不足斋鲍以文藏书”九字朱文方印。

《宝峰集》入清《四库》别集类存目一。提要云：“宋赵偕撰。偕字子永，慈溪人，自以宋宗室，入元不仕，隐居大宝山东麓。是集为其外孙顾恭所编，后兵燹散失，明嘉靖中其裔孙广东佥事继宗得旧本于杨时济，向纯夫处，重梓行之。今所传钞，即其本也。

上卷多与邑令陈文昭所论治县规条。下卷皆古今体诗，亦多陈腐。盖其学以杨简为宗，故不免所语录为文云。”据此可知下列两事：

（一）赵集之宋本早已佚亡，明本亦极稀传。清《四库》馆臣所见者，只钞本而已。

（二）《四库总目》不“收”赵集而“存”之者，因偕为文类似语录也。惟“文章自古无定评”，提要之言，是否准确，请阅众于读过本篇下节所引《大得人心》（文）及《题节妇方景渊母翁氏诗卷》（诗）后，自定之可也。

除上述两事外，另有两事亦应注意之：

（甲）提要中所称之杨简，即世所称之“慈湖先生”也。简字敬修，宋乾道进士，知乐平县时，兴学训士，邑人以讼为耻，夜无盗警，路不拾遗。后知温州，民爱之如父母。卒谥文元。著有《杨氏易传》等。

（乙）赵集前有乌斯道序。乌斯道，慈溪人，字继善，与其兄本良，字性善，皆赵偕之友人也。性善继善家贫，自相师友，穷经博史，精诗词书法。继善序中称赵偕之文“不追琢，不矫揉，皆发乎道心之正，非蹈袭乎末世之弊者也。使有道者观之，则当叹当赏不暇，使不知道者观之，则必以咀嚼无味”，似甚适当。

（三）文与诗

下引赵集中文一篇，诗一首，虽非代表作，然亦足见其修词之一斑矣。

（一）《大得人心》

干戈易举，人心难收。若得人心，则近者悦，远者来，虽地方百里，亦可以尊天子，令诸侯。不得人心，近者既不悦，远者亦不来，虽统强兵百万，横行于天下，终为独夫。考之古史，纵观时事，历历可鉴。大得人心，则为仁义之师。小得人心，则为伯者之兵。汤武吊民伐罪，天下仰之，如大旱之望云霓，不过得人心而已。管仲伯诸侯，一匡天下，民到于今称之，亦不过得人心而已。得土地易，得人心难。天下人心归之，天地鬼神之心亦归之；天下英杰有众之人，孰不倾心而宗仰？今天下干戈甚众，奇谋秘术不一，虽为天下所畏，终有胜负。岂若得人心为天下敬服？凡有志于平天下者，莫不欲收天下人心，但至难收者，天下人心也。天下人心，难以名利收，难以威力收。以名利惠之，不协公论，面虽感恩，退有后怨。自古以来，尚名利，尚威力者，终以内叛。况以有限名利，以惠无限人心；以有限威力，以制无限人心，岂不大难？今欲收天下人心，惟有大行至公之道为上策。若欲大行至公之道，又全在乎修己任贤而已。

（二）《题节妇方景渊母翁氏诗卷》

人言方氏母，守节良不易。吾观方氏母，行其所无事。寡居四十春，坦然无所嗜。事上孝且恭，训子慈且义。闺门衽席间，蔼蔼生和气。老安而少怀，家肥自兹致。孝义人所同，光辉烛天地。惟彼昏者多，方母斯为异。三纲人之常，吾人毋自弃。

（四）鲍氏故事

赵集已毕，继述鲍氏故事：鲍廷博，字以文，号渌饮。先世为歙人，其父携家居于浙，故又称仁和鲍氏。廷博年二十二，补诸生。

后即绝意进取，竭力购求典籍。乾隆三十八年，清高宗诏开四库馆，采访遗书，海内藏书家踊跃进献。廷博聚家藏善本六百馀种，命其子士恭进呈。书皆旧版名钞，又手自校雠，一无讹误，故为献书之冠。乾隆四十年，奉诏还其原书。其中《唐阙史》有御制诗云："知不足斋奚不足？渴于书籍是贤乎？长编大部都庋阁，小说卮言亦入厨。"

廷博既因进书受知，名闻当世，遂以所藏善本付之梨枣，公诸海内，而以《唐阙史》冠诸首，名曰"知不足斋丛书"。朝夕校雠，寒暑不辍，数十年如一日。

嘉庆十八年，浙江巡抚方受畴晋见时，帝问："鲍氏丛书续刻何种？"受畴以第二十六集进。奉上谕："生员鲍廷博，于乾隆年间恭进书籍，其藏书之知不足斋，仰蒙高宗纯皇帝宠以诗章。朕于几暇，亦曾加题咏。兹复据浙江巡抚方受畴代进所刻《知不足斋丛书》第二十六集，鲍廷博年逾八旬，好古绩学，老而不倦，书加恩赏给举人，俾其世衍书香，广刊秘籍，亦艺林之胜事也。"（见嘉庆《东华录》卷十一）于是廷博又欲刊行二十七、二十八两集。二十七集将刊成时，忽患心痛，顾士恭曰："若继志续刊，无负乃翁意。"言讫而瞑，时手中尚执卷未释也。廷博储书之处曰"知不足"者，取戴礼"学然后知不足"之义也。

三十二年一月十八日

《山木居士集》

山木居士，姓鲁名九皋，清江西新城人。原名仕骥，字絜非，号山木。乾隆三十六年辛卯进士。越十年选山西夏县，有惠政，以积劳卒于官。尝至建宁，受古文法于朱仕琇，故其为文平和而且正大也。仕琇，字斐瞻，号梅崖，乾隆十三年戊辰进士，改庶居士，散馆以知县用。选山东夏津县，缘足疾改福宁府教授，长于古文，有《梅崖居士集》。

“山木”二字，典见《易经》：“山上有木渐，君子以居德善俗。”兹引《居士集》中之《山木居记》全篇，以为其志，并以见其文焉：

鲁子治居室之西遍，为屋山楹，置图史、笔砚、几案于其中，以为栖息诵读之所，而题之曰“山木居”。客有过而嘻者曰：“子有汲汲于时之意与？”余曰：“何也？”曰：“山有木，工则度之。子之假名于是也，其殆不能无望于世之度之与？”余曰：“否，非谓此也。余躁人也，又隘于度。其居于此也，盖尝列古圣贤人之籍，欲以探讨而服习之矣，而其逐于物而不得常此处也，则戚乎其自恚焉。又时闵里俗之嚣嚣，思有以易之而未能也，则益悄乎以悲焉。”一日，读易象之传曰：‘山上有木渐，君子以居德善俗。’乃慨然曰：

‘有是哉！古之仁圣贤人，所以德修于内，行成于己，而人自化于外者，其率是道与？‘爰揭此于楹，庶几观之而有省，用以抑其躁心而恢扩其度焉，若夫用与舍之在人，余何所庸心于其间也，虽然，山有木，工则度之，大之为梗柟杞梓，细之为榛楛棫朴。直者中绳，而曲者中规，有良工焉，未有或遗之者也。其以不材终，则非工之遗之，而木之幸也。客之言其更有以进余哉？”于是饮客以酒，相视而笑，客既去，遂书之，以为“山木居记”。

上记见余家藏素纸抄本《山木居士集》（不分卷）第三册。居士之集，虽有刻本而传世极稀。刻本之最著者两种，如下：

（一）《山木居士外集》四卷（乾隆四十七年刊本）。

（二）《山木居士集》十三卷，《外集》二卷，附《鲁宾之文钞》一卷，附《鲁习之文钞》一卷（道光十一年陈用光刊本，又十四年桐华书屋重刊本）。

上面刊本，皆见近人孙耀卿（殿起）之《贩书偶记》，余未之遇目也。孙君书中，常载底稿本一种，卷首有乾隆五十九年著者自序。余家藏者，系孔荭谷（继涵）抄本，并有乾隆三十七年韩梦周序。韩、孔皆当时名士，兹将其简史述之如下：

（一）韩梦周，潍县人，字公复，一字理堂，乾隆进士，知来安县。县产椿槲极盛，梦周手订育蚕及种树法，募工师教其民，民用以饶，罢归，讲学，以“耻求利达”为尚。工古文辞，有《理堂集》。

（二）孔继涵，曲阜人，字荭谷，乾隆进士，官户部郎中，深于三礼，尤精天文算术，所著有《红榈书屋集》。余家之抄本《山木居士集》中，有孔氏手跋，兹转录如后：

《山木居士集》，同年江西建昌府新城县鲁洁骈兄所著。乙未之冬，寄周书昌兄：借抄其福（越案：福，副本也）。孔继涵记。

余家藏本有“孔继涵印”“茳谷”两图记。

三十一年十二月三日

《敏求机要》

《敏求机要》，与《宝峰集》同，亦鲍氏知不足斋抄本也。抄本不皆珍贵。其可珍可贵者，不外两类：（一）著作之本身，非绝无刊本，即传世极稀；（二）传世之刊本，非残缺不全，即错误百出。世间藉以阅读补校者，惟此类抄本。故文化界重视之。《古书一叶》篇中所述之《愧郯录》，属于第一类者也。《鲍抄〈宝峰集〉》篇中所述之《宝峰集》，属于第二类者也。本篇所述之《敏求机要》，——传世稀，已校补——则介于第一第二两类之间。清阅下文：

《敏求机要》古之蒙学书也。著者刘实，称“宋自庚申至丙子，三百七十一年止”，不数昰昺二王，知其为元朝人也。又往往称宋为大宋，例如卷一帝王姓氏篇末句“大宋赵氏衍后昆”，则知其为宋之遗民也.。

全书分十六卷。卷一历代帝王（上），卷二历代帝王（中），卷三历代帝王（下），卷四历代圣贤群辅（前），卷五历代圣贤群辅（后），卷六称号相同，卷七经书，卷八诸子，卷九史书，卷十天文律吕节候，卷十一地理华夷山泽，卷十二官制沿革，卷十三文武制度法禁，卷十四纲常德行道义，卷十五人品身体，卷十六物产服食器用。书中各篇皆用七言写成，例如：

君臣父子及夫妇，人伦大要为三纲。孝与友顺三行备，礼义廉耻四维张。元亨利贞乾四德，仁义礼智四端章。
父子君臣夫妇并，长幼朋友共五品。又云五典又五教，
名称不一更详审。

但亦有用四言者，例外也，如：

四风应时，各以其方。东谷南凯，西泰北凉。

《敏求机要》虽为课蒙之本，然其考证，颇不苟且。卷一《五德之运》篇中曰：“张仓水德说不行，土德贾谊尝推明。公孙臣引黄龙见，从此汉运以土更。汉末方申火德说，赤伏符谶不虚设。东汉火德开中兴，蜀虽正统竟微绝。”清《四库全书提要》评之云：“于王莽、刘歆，始以汉为火德之事，考之最明。视《通鉴》误载淖方成语，于成帝时即言火德者，转为精核。”（见子部类书类存目一）。此书不见诸家藏目。

余家藏之鲍抄《敏求机要》，每半叶十行，每行二十字。乌丝栏，白口，双鱼尾，下题“知不足斋正本”六字。收藏有（一）孔继涵印，（二）荭谷，（三）素王子孙，（四）鉴湖珍藏四图记。全书有朱笔校字。末叶有鲍氏朱笔手跋云：“乾隆丁酉三月借国子监学正汪如藻所进本抄得一副。廿八日申午立夏校。”原书首叶有著者自序，兹转录如后：

余观医卜阴阳书，皆有歌诗捷诀。况儒言汗牛充栋，非韵语括之，奚以记夙成手泽？私淑诸人，好古敏求，望洋何极？撮其机要，简则易从。因辑一编，课授新学。朋侪竞索，酬应日繁。公器难私，传介铁笔。倘有违阙，

同志改诸。

余意此书之传，不及《三字经》或《千字文》之广者，以其包含太泛也。《小四书》之几乎失传者亦然。《小四书》五卷：（一）《名物蒙求》（方逢辰撰），（二）《性理字训》（程若庸撰），（三）《历代蒙求》（陈栎撰），（四）《史学提要》两卷（黄继善撰），（五）《史学提要补》（左辉春撰），全书皆用四言韵语写成。清光绪末北平袁桐曾著《中国历史歌》（上海文明书局发行），亦极佳之四言韵语启蒙书也，但市上已久不见矣。

三十二年二月十日

古之判语

“判语”者，听讼而断定其事之词也，亦即今人所谓判决之主文也。多年之前，直隶保定府某姓有辛酉科（清康熙廿年，即公历一六八一年）顺天乡试第一名鹿化龙朱卷一卷：内头场《四书》题三篇，《春秋》题四篇；二场论一，拟表一，判语五则；三场策五。可知清初取士，尚重判语也。

判语有极趣者，兹举一例如下：

> 丁四姐，一酒家女耳。年十七，嫁与荣金和为妻。居邻城市，学作当垆。来至田家，未谙负耒，以致见憎翁姑，难安家室。彼妇已经走出，萧郎从此路人。乃舅家则控请官追，母氏又托词贼掳，此中虚实，究未可知。迨武云鹏以收留之词自呈，乃知桃花坠雨，尚有馀春；柳絮因风，原无定所。丁年正妙，难禁司马之琴心；武夫可依，偏爱子南之戎服。人尽夫也，天实为之，此亦事之无可如何者矣。第丁氏徒倚军中，雅善党家之斟唱；荣某伧粗灶下，那知吴女之温存？若必强以重圆，势必拼将一死。爱河未续，祸水已成，为两家计，均失之矣。况武云鹏者得自乱军，贮以金屋，非有潜逃之约，不比强暴之污。如斯婢子，见者皆怜，何况老奴，恋焉怎舍？本县用儒家之权变，参佛氏之圆通，破小拘墟，成大欢喜。

断令偿以百元，平兹两造。一则黄金买笑，得安歌舞之身；一则白首同归，另觅糟糠之妇。因错就错，弦无用其更张；居安斯安，民或欣其得所。自谓是矣，闻者何如？

上引者，清咸同间名吏蒯子范（德模）之著作也，虽合情理，然不得称之为“古”。余家藏书中有古代判语汇刊，即世间稀见之《清明集》也（见图一）。兹先将此书之版刻与内容开列于后：

《名公书判清明集》十四卷（见图二），明隆庆三年盛时选校刻本，白口，双栏，每半叶九行，每行二十四字。卷首有张四维序，卷末有盛时选序。卷一，卷二，官吏门；卷三，赋役门，人事门；卷四至卷九，户婚门；卷十，人伦门；卷十一，人品门；卷十二至十四，惩恶门。日本有宋刻残本，只存户婚门之一部分，商务印书馆已于数年前借来影印。余家藏之明本系白皮纸蓝印者，较宋本约多三分之二。清《四库》称《清明集》十七卷，误也。

《清明集》中各判，皆出自宋代名家手笔，无不典雅者。兹引明本卷六叶岩峰判《占赁屋》一则（宋本无此）以见本书之文字焉：

陈成之有八九间祖屋，黄清道已一十年僦居，既托风雨之帡幪，合分宾主之等级？奈顽夫负义，不偿点印之资。及小仆素逋，竟被殴伤之辱。既弗知投鼠之忌惮，辄敢恃放雕而诈欺。肆逞枝辞，殊无根据。不念身为屋客，有租赁之亲书，及称业属妻家，欲赎回于典物。方且执别产以影射邻界，甚至讼主人而侵占地基，可谓势若倒行，不思业已经久。盖杨氏更历三四世，难索亡没之契头。如乾道交易八十年，初无受理之条法。显见被论之后，妄为抵拒之词。君子固难胜小人，客僧反欲为寺主。倘使市井之辈，尽相效陆梁，凡有房屋之家，无不遭攘夺。此何风俗？盍正罪名？既经减降之沾恩，姑与从宽而免断。仰陈成之主持积代祖业，监黄清道填还累月赁钱。如致再词，定逐出屋。

法家难得之书，如《清明集》者，余家另有四种，其名如下：

（一）《刑台法律》十八卷，明艺林熊氏种德堂刊本，有徐鉴序。是书分类注释律文之外，另附告示、判词等等，似专为当时书吏之用也。

（二）《慎刑录》四卷，明王士翘辑，嘉靖间刊本，有士翘序。

（三）《营辞》十二卷，明张肯堂撰，崇正间刊本，有成靖之及司维标两序。

（四）《雪史》不分卷，清张三异撰，嘉庆戊辰横经草堂刊本。

上述诸书，皆“正”书也。余家另有一书，题曰“皇明诸司廉明奇判公案”者，亦与法律有关，则“闲”书矣。全书四卷，分（一卷）人命十八则，（二卷）人命二则，奸情八则，盗贼九则，（三卷）争占十六则，欺害十则，（四卷）威逼四则，拐带三则，坟山两则，婚姻五则，债负五则，户役五则，斗殴三则，继立四则，脱罪三则，执照五则，旌表三则，——共十六类。

余之《公案》，明刻初印本也。大黑口，单鱼尾，四周单栏。每半叶分上下两截。上截图像（见下图），约占三分之一；下截文字，约占三分之二，每半叶十行，每行十七字。前有万历戊戌余象斗序。卷一首叶二、三两行题“三台山仰止余象斗集”又“建邑书林余氏建泉堂刊”。惟末卷末叶牌记则云“万历戊戌岁仲夏月余氏文台堂梓”，改“建泉”为“文台”，想另有故事也。余书有“就贤堂图书记”及“读耕斋之家藏”两印记，似是东人所为。孙子书在日本所见者，与余书不同，萃英堂翻刻本也。

下面节录《公案》中之序文（日本藏本缺），以供崇尚虞初诸同志之阅读：

> 汉宣有言，庶民之安其田里而无愁叹之声者，以政平讼理也。……孔子叙书而取详刑，岂不慕虞芮之让，刑措之和哉？亦不得中行而与，故思狂狷之意也。不佞景行廉明之风，而思维世道于万一也，乃取近代名公之文卷，先叙事情之由，次及讦告之词，末述判断之公，汇轶成帙，分类编次。大都研穷物情，辨雪冤滞，察人之所不能察者，非如包公之捕鬼锁神幻妄不经之说也。……使执法者鉴往辙之成败，而因此以识彼，识细民之情伪，而推类以尽馀。……异日信史所载，称循良吏盛而政平民安者，宁让汉宣哉？不佞于是上嘉而乐道之。

三十二年二月一日

《明皇十七事》

（一）引言

《明皇十七事》，一名《次柳氏旧闻》，唐李德裕撰，明嘉靖中顾元庆校刻四十家《文房小说》之一也。顾氏所刻书中，多唐宋人说部（如《杨太真外传》《梅妃传》《赵飞燕外传》《高力士外传》等），其据宋版重刊者，则于卷末注明。例如，《古今注》（四十种之一）下卷八叶后半有“长洲顾氏家藏宋本校行”十字是也。

《文房小说》，雕刻固精，惟传世极稀。清乾嘉时书富如吴县黄荛圃（丕烈），亦未见全帙。其跋《开元天宝遗事》（亦四十种之一）云：“顾氏文房小说本，……在（明）汲古阁毛氏时已珍之。……安得尽有顾刻之四十种耶？以明刻而罕秘如是，宜毛氏之珍藏于前，而余亦宝爱于后也。”今商务印书馆有影印本。吾人破费储券数十元，可以尽获古人所力求而不得之秘宝矣。

余家藏之《明皇十七事》，钞本也，非独文字与顾本间有出入，即全书条数亦与之不合。余家藏本有王芑孙（铁夫）手跋，又有黄荛圃手跋并校字。兹将本书之行格、藏印等，一一开列如后：

（二）行格与藏印

余家所藏《明皇十七事》，系青芝山堂（其姓氏见下面王跋）

乌丝栏钞本，每半叶十行，每行二十四字，左右双栏。有“惕甫借观”“惕甫经眼”“王铁夫阅过”“竹泉珍秘图籍”“谀闻斋”“沤波舫”“小绿天经藏”等印记。卷首有王芑孙及黄丕烈手跋，又有黄氏校字三叶半有馀，约一百四五十则。今举十馀例，以见黄氏校勘之精焉：

（三）校字举例

以下各例，任意所举者也。“抄本”指黄校黄跋本，“顾本”指文房小说本（见右图）。黄氏云：

> 《明皇十七事》，一名“次柳氏旧闻”，见顾氏文房小说。今据顾氏本，校此青芝山堂本。

举例如下：

（一）抄本一叶二行“李德裕编次”——顾本一叶二行无“次”字。

（二）抄本一叶四行“试为言之”——顾本作“试为我言之”。

（三）抄本二叶十行“因告其详”——顾本二叶十三行无“因”字。

（四）抄本三叶二行“人君之度”——顾本三叶九行作“人君之大度”。

（五）抄本三叶二、三行“信任”——顾本三叶十行作“任人”。

（六）抄本四叶十七行“顷之视其齿”——顾本五叶十六行作“顷之取镜视其齿”。

（七）抄本五叶二行“召龙致雨之术”——顾本六叶一行“雨”作“云”。

（八）抄本五叶十一行“天津桥之南”——顾本六叶十三行无“桥”字。

（九）抄本六叶二行“须发斑白”——顾本七叶九行“须”作“鬓”。

（十）抄本六叶十四行“良久乃寤”——顾本八叶四行作“良久方寤”。又抄本同叶同行“妾向梦中有神人”——顾本八叶五行“梦”字下无“中”字。

（十一）抄本六叶十七行“与力士所说亦同”——顾本八叶八行作“与力士说符”。

（十二）抄本八叶九行“吾君爱民如此”——顾本十叶四行“民”作“人”。

（十三）抄本九叶七行“当垂衣裳而治之”——顾本十一叶九行“衣”字下无“裳”字。

（十四）抄本九叶十行“必知其不得”——顾本十一叶十三行“得”作“可”。

顾本每半叶十行，每行十八字（间有十九字者，如《隋唐佳话》是也）。

（四）黄氏手跋（一）

右青芝山堂钞书中之《明皇十七事》，以顾氏小说证之，即《次柳氏旧闻》也。今据顾本校如前。青芝本每叶二十行，每行二十四字，中多一条，在“肃宗为太子时”一条后，“兴庆宫上潜龙之地”一条前。又最后多一条，据张充之手跋云：“顾元庆四十家小说中，本多此条，今补入。”又云，“唐人小说中录十七事，止此。”其校语注在“安禄山之叛也”一条下，然就青芝本核之，实不止十七事也。至于顾氏本，或多后一条，未可知，盖其书本名“次柳氏旧闻”，非“明皇十七事”也。然以余目验，顾□□□之竟无此一条，未知何故。岂顾×亦有原版修版之别而有异耶？□亥六月四日校讫，偶记所见如是。复翁。

（五）黄氏手跋（二）

越日借得张讱庵伍氏小说中《明皇十七事》勘之，知此抄本叙次多与伍本同。所云最后一条，据顾氏小说增入者，此非也，盖即伍氏小说本耳。书之不可不旁引曲证而得其原委者如此。

（六）王芑孙跋

此《明皇十七事》一书，余未前见。今从荛翁处借得青芝山堂抄本，始读一过。山堂主人，张氏名位，义门之徒。其子德荣，字充之，犹及与嘉定钱少詹事偕为诸生，偕肄业紫阳书院。迨少詹事归田来主院事，仍在试场，未脱弟子籍也。父子相继，专力雠书。不及百年，遗帙散尽，身名翳如。虽同里闬如余有不能追记其行事。欧公所谓勤一世以尽心于文字间者，不亦悲乎？嘉庆乙亥夏六月惕甫（跋下钤“老铁晚岁书”五字白文方印）。

（七）补文

顾本中所缺之两条，兹照钞本转录如下：

（一）天宝中安禄山每来朝，上特异待之，每为致坐于殿，而遍张金鸡障其下，来辄赐坐。肃宗谏曰：“自古正殿无人臣坐礼，陛下宠之既久，必将骄也。”上呼太子前曰：“此胡有奇相，吾以此厌弭之尔。”（此条在“肃宗为太子时”后，“兴庆宫上潜龙之地”前。）

（二）天宝中，上于内道场为兆庶祈福，亲制素黄文。及登坛之际，其文乃自然凌空而上腾于天也。闻空有言云：“圣寿延长。”王公已下请编入史册，制从之。（此为最末一条。）

（八）总结

黄氏手跋之书，多年之前，市上间或发现，今日已完全绝迹矣。《十七事》既有黄跋，又有王跋，诚至宝也。小绿天主人，即亡友无锡孙毓修先生也，精于版本目录之学。昔年在商馆任事时，专司收集古本及影印《四部丛刊》初集之职。

三十一年十一月十七日

《太上感应篇》

（一）引言

《太上感应篇》言天道福善祸淫，道家书也，儒者轻视之。其实，馀庆馀殃之说，著于《周易》；天人相应之理，备于《春秋》。此书主旨，并不与儒教相悖，吾人不信道教，因而轻视《感应篇》之故，以老子之徒实行炼丹，施行符箓，并谓人可成仙，长生有术也。但此皆后来之“发明”，非原始之宗旨。真纯道教，不外“以柔克刚，以退为进”八字。本篇并不为道家辩护，余所欲言者，《太上感应篇》之版本也。

（二）宋清两刻

《感应篇》劝人为善，不言炼丹、长生、符箓、成仙等事，非怪异神秘之书也。余家藏者，有下列二种：

（一）清光绪庚子精刻，宣纸印本，题“太上感应篇集传”，共四卷，元和惠栋笺，德清俞樾缵义，归安姚学塽注。卷首有乾隆十四年惠栋序，同治十一年俞樾序，道光三年姚学塽序，康熙癸亥于觉世序；卷末有光绪庚子李详序。白口，四周双栏，每半叶十行，每行二十字，小字双行，字数同。正文顶格，馀低一格。正文、笺、缵义、注，均以小圆点断句。本书注解者，惠栋、俞樾，皆清代朴学大师。

（二）宋刊本，西蜀李昌龄传，四川郑清之赞，题“太上感应篇”（见右图）。白口，双鱼尾，左右双栏，每半叶十二行，每行二十二字。正文顶格，传赞低两格。此为吾国最早刊本，《宋史·艺文志》所载者，想即是也。宋版《太上感应篇》，传世最稀。旧日如吴县黄荛圃，近人如长沙叶奂彬，均未之见也。

（三）清宋刻版之异

《感应篇》自“太上曰，祸福无门，惟人自召，善恶之报，如影随形”起，至“故吉人语善，视善，行善。一日有三善，三年天必降之福。凶人语恶，视恶，行恶；一日有三恶，三年天必降之祸。胡不勉而行之？”止，全文共计一千二百七十七字，虽富于四言句，然非骈文也。

宋清两刻，分卷不同。宋刻卷三第一叶，清刻为卷二第九叶。兹将正文“刚强不仁”四字之宋李昌龄传，与清惠栋笺，照录如下，以见其异：

（甲）宋版

刚强不仁。——传曰：孔子以刚为近仁，太上以刚为不仁。圣人之言岂相戾者？孔子所取之刚，乃刚毅之刚，确然不夺乎内，君子之刚也，有杀身以成仁，故曰近仁。又曰，吾未见刚者；又曰，枨也欲，焉得刚？太上所戒之刚，乃刚强之刚。忿然常见乎外，小人之刚也。凌人暴物，焉得仁哉？故曰不仁。又曰，强梁者不得其死。又曰，坚强者死之徒。大抵刚强之刚不能自戒，则便有不仁之失在乎其间。太上所以断而书曰不仁也。昔桓范持节都督徐青诸军事，初到徐州，与郡守徐岐争屋，便欲引节斩岐。岐奏于朝，范以理屈坐免。及知冀州时，吕昭才为镇北将军，冀属镇北。范以昭才仕进出其后，意轻之，语其妻曰，“吾宁为三公长跪，不能为吕子展屈。”妻曰：“君在徐州，便欲引节斩岐。人皆谓君难为作下。今到冀州，又不欲为吕子展屈。人必谓君难为作上。”范忿其言，以刀镮撞其腹，妻堕胎死。强梁如此，非不仁乎？（下略）

（乙）清刻

刚强不仁。——笺曰，齿之坚也，六十而尽相靡也（《战国策》）。天为刚德，犹不干时（《左传》）。强毅果敢而甚不仁，知伯之所以灭其宗也（《晋语》）。昔人谓不仁之质胜，则强猛为祸梯（《人物志》）。信哉，李昌龄传曰：“孔子以刚为近仁，太上以刚为不仁。”言岂相戾哉？圣人所取之刚，刚于理者也。太上所戒之刚，刚于气者也（天赐此注，即周子刚有善恶之说）。

（四）结语

炼丹求仙者（道家），非忠孝友悌仁信不可，而君子持己立身（儒家）之学，亦必以忠孝友悌仁信为本。可知儒教道教，名异而源一也。惟圣人以天地为重，以万物为重；术士以一身为重，以魂魄为重——此大别矣。但《感应篇》劝人为善，注意于心，不论何人，不论何教，不论何党何派，皆当行之。“知过不改，知善不为，……愿人有失，危人自安，……以恶易好，以私废公，……嫁祸卖恶，……

得新忘故，……淫欲过度，……嗜酒悖乱”，岂应作之事乎？“正己化人，……敬老怀幼，……济人之急，……不彰人短，……施恩不求报，与人不追悔”，岂非善人之行乎？人无有不愿为善者。其为恶也，坐不知耳。读《感应篇》后，知自戒矣。

《感应篇》有英译本，西人尊视之。复次，《感应篇》与欧北民歌《好法码》（Hovamol）颇相似，其所载者，都为箴言，且易于遵行也。

三十一年十二月七日

袁集版本考

友人平君将重刊《袁中郎集》，欲余作一简明版本考，余已允之。惟余对于袁集实鲜研究，错误之处，愿阅者原谅。兹将余所知所见者，述之如后：

（一）清《四库》所存之诸种

袁中郎（宏道）著述，清《四库》存而不收，共计四种：（一）《觞政》一卷（谱录类存），（二）《瓶花斋杂录》一卷（杂家类存），（三）《袁中郎集》四十卷（别集类存），（四）《明文隽》八卷（总集类存）。以上诸种，均不知其为何时版刻也。

（二）所见各本

中郎之著作，有明清二代多种刊本。余已见者，则为：（一）《袁中郎集》四十卷，明崇祯中陆氏刊本，叶德辉旧藏；（二）明刊《三袁先生集》五卷，内有袁中郎未刻遗稿二卷，现藏北平图书馆；（三）《袁中郎全集》二十四卷，清同治中刊本，市上常有之。

（三）自藏之本

余家藏之袁集，系明万历中刊本。最早刊本也。共计十种：（一）《锦帆集》四卷，（二）《瓶花斋集》十卷，（三）《破研斋集》

三卷，（四）《广陵集》一卷，（五）《桃源咏》一卷，（六）《瓶史》一卷，（七）《敝箧集》二卷，（八）《广庄》一卷，（九）《觞政》一卷，（十）《狂言》一卷是也。其中（一）、（二）、（六）、（七）四种，皆赵体写刻，极精美，每半叶九行，每行十八字。馀均作通常宋体，每半叶九行，每行二十字。全集前有姚士麟集，（一）前有江盈科集，（二）前有曾可前序，（四）前有朱一冯序，（五）前有滰引，又曹蕃跋，（七）前有江盈科序，（十）前有宏道自序。余家藏本中有“十镜堂藏书印”“姚溪潘南二广阁藏书”“海陵汪氏珍藏”“鋆臣私印”“上口汪氏铁生珍藏印”等图记。

据同治八年中郎五世从孙照刻书后跋，知袁集之刊刻者，在明有袁无涯、周九真、何欲仙、谭友夏等，在清则有道光中之袁菘圃及同治中之袁照也。清同光两本，及明谭友夏本，均无《狂言》，因其为赝作之故。明何欲仙刊本最广，世称梨云馆本，是为中郎全集之始，照跋未提崇祯中陆氏刊本。

袁宏道，字中郎，又字无学，公安人，万历二十年进士。选吴县知县，听政敏决。后授顺天教授，迁礼部主事，吏部主事。谢病归。中郎诗文，务求本色，不事虚饰，其势力足以涤荡当时文人摹拟涂泽之病。然识解多僻，颇为通人所讥。且后之学之者，破律坏度，以为文字非浪漫不可，此岂原始之改革者预料所及乎。

二十四年三月十日

战中之书

八一三炮响机飞之后，上海古书铺之较有资格者，如蟫隐庐、中国书店等，莫不岌岌自危，或召租门面，或拆除电话，作种种紧束之状。同时河南路（自南京路起至广东路止）两旁人行道上，摆设地摊，出售破旧之书者，有十馀处之多。不知者以为彼等之货，皆劫盗而来。其实，设摊者非小店老板，即大店伙计，将多年无人顾问之烂书，陈列求售，冒充外行以欺外行也。余识其人而又识其货，虽常往参观，而终无交易。数星期后，炮声更响，机飞更狂，而真正之劫货发现矣。当时最使人注意者，北四川路良友之出品也。不论文库或丛书，最早之价，每本不过大洋一角有馀，即名作家阿英之《小说闲谈》，定价一元者，亦可以二角或一角五分得之。

售卖劫货最盛之时，摆摊者，不止河南路一带。英租界之北京路、卡德路，法租界之霞飞路、大世界，亦满地皆书，任人选择。索价极廉，但绝少佳品。除良友出品外，大多数是教科书、翻版西文书，及商务、中华之排印或影印书，如《大学丛书》《四部丛刊》《四部备要》《百衲本廿四史》之零种是也。《丛刊》与《备要》，每本之价，不过角半。

余等所见之摆摊者，非直接往战地自由行动之人也。深入战地，不告而取书者，另有胆大之人。其籍贯不一，扬杭并有。当时出入要道，不论南市或闸北，皆为徐家汇之某点。点之左近有“批发所”，其书籍论斤论捆，不论册数。此事余得之传闻，未曾亲见，不知确否。

后来宁杭沦陷，而较精之书本，渐渐发现于申市矣。但全无古书，所谓宋金元明本，或精校精抄本，绝对无有。即偶尔遇见，亦非不告而取得者，皆有本有源之物，由主人自愿出售也。廿七年春夏之交，余曾见会通馆活字本巨书一种，纸墨均佳，全不污损，后由京客（北平来沪办货者）购去，以重价售之关外矣。余年已五十以外，脑力目力两衰，对于书本之兴趣，因之日减。但二十馀年来之旧嗜好，难以尽除。故在战争中人人应节约之际，仍难脱逃买书之引诱。余虽不大量购书，而意以为不可不保存者，无不尽力为文化服务也。兹将战中所得诸书报告如下：

（一）内府剧本。清内府旧抄剧本六种：（1）《诞生》，（2）《洗三》，（3）《满月》，（4）《祝福》，（5）《太平钱》，（6）《贪欢报》，世不多见，且无刊本，故购藏之。

（二）稿本小说。眷真稿本《续镜花缘》四十回，立意既佳，文笔又美，待太平后，当印行之。

（三）《鼎峙春秋》。戏剧多种，每种均无名称，惟每出有一标题，即前岁由北平某杂志分期登载，题名“鼎峙春秋”，而称为世间孤本者是也。余购获类似者，标题文字与逐出安排，与北平本不同。

（四）影写精本。以下各种，皆由名手依丁氏八千卷楼藏本影写者，甚可珍也。其名如下：（1）《宋人词集》，（2）《宋人词集录》，（3）《明人词集》，（4）《明人词集录》，（5）《升庵长短句》，又《续集》，（6）《玉琴斋词》，（7）《诚斋杂剧三种》。

（五）《觞政》与补。袁氏《觞政》单行本一册，白皮纸印，又精写稿本《觞政小补》一册，皆极少见，可珍之至。此书另有记录，见《觞政》篇。

（六）《梅村诗笺》。此是普通刻本，所以贵者，其中手写之补诗与补注也，崔止园旧藏。止园，名永安，自称崔二，精书法，藏书极富。

（七）《天禄琳琅》。《天禄琳琅丛书》二十八巨册，即数年前由故宫影印而售预约者，余原有一部，今所得者。每册首叶皆钤“于右任”朱印。于君长与余同为某校校董，其前任某大学校校长时，余曾为某系系长。他日重遇时，当以此书赠之。

目下炮响机飞，已不常闻常见矣，而南市闸北及其他沦陷区域来申之书籍，亦几尽矣。昔日繁盛之书铺，如中国书店、来青阁、蟫隐庐、汉文渊、积学斋、富晋、忠厚、受古等，莫不照常营业。但生意似乎不及战前之佳者，一因古书太少，一因购者不多也。战事发生以后，始在四马路新设书肆者，有传经、文汇、国粹、传新四家。传经由蓬莱市场搬来。国粹即受古之化身。文汇、传新，即昔日三马路之二西拆开者。此四家之宗旨，各各不同：传经不声不响，文汇紧收紧售，国粹多收少售，传新大收大售。因之各家陈设不同，招待不同，售话（Business talk）不同，讨价不同。售碑帖者，人常以“黑老虎”称之，骂其欺骗也；外行遇之，无不入其圈套。售旧书者，大都滥用“白老虎”（西语Bluff之译音，“鼠牛比”也），收藏古本者，万万不可轻视之。

二十八年七月廿五日

王跋袁藏

余家所藏古书中有极可珍宝之王铁夫手批《金石例》，袁寒云旧物也。兹先将“金石例”三字说明之如下：

“金石”者，碑也，铭也。“例”者，程式也，矩度也。撰碑铭者，应遵照程式乎？作文章者，应依据矩度乎？如曰然，则“金石例”为撰碑铭者所必守之典型。如曰不然，则此书全为废物。自古以来，作家本分两派：曰古典派，曰浪漫派。古典派所主张者，程式也，矩度也，规则也，标准也。浪漫派所主张者，程式，矩度，规则或标准之废除也。余意：学古文者，最初当极才尽致为之，不必求例。言例，则先有一物在前，而无以极其才矣。然才境既极，而无驭之者，必将为七百里之连营，必将为八骏之游宴瑶池而不知返也。讲于例者熟，然后得诸心而应诸手者不谬于施。此先儒宿学所由龂龂言例也。久之而涵泳淘汰，其道大适，古之所无，可自我创之；古之所有，将自我空之。如是，则既不为古典派，而又非浪漫派，而文之能事至矣，文之趣亦得矣，文之用亦鸿矣。无例，则文之能事必不至；有例，则文之趣必不得，文之用必不鸿。始由无例以之有例，继由有例以之无例——此学者之功夫节次也。

是故作家不必一定遵守古法，然亦不可全无依据。最稳当，最“安全”者，中庸之道也，即不全然浪漫，亦不全然古典是也。《金石例》可常常阅读，常常研究，但不必死守而宜活用之。

《金石例》十卷，元潘昂霄著。一卷至五卷述铭志之始，于品级、茔墓、羊虎、德政、神道、家庙、赐碑之制，一一详考。六卷至八卷述唐韩愈所撰碑志以为括例，于家世、宗族、职名、妻子死葬日月之类，咸条列其文，标为程式。九卷则杂论文体，十卷则史院凡例。清《四库全书总目》卷一百九十六集部诗文评类（二）云："昂霄是书以'金石例'为名，所述宜止于碑志，而泛及杂文之格与起居注之式，似乎不伦。（中略）其书叙述古制，颇为典核；虽所载括例，但举韩愈之文，未免举一而废百，然明以来金石之文往往不考古法，漫无矩度。得是书以为依据，亦可谓尚有典型，愈于率意妄撰者多矣。"

余之王批《金石例》，系袁寒云（克文）旧物。其收藏印记有"寒云""袁抱存""抱存小印""袁克文之印""寒云心赏""寒云庐中人"等等。袁寒云系项城之第二子。近人王伯恭（锡諲）在《蜷庐随笔》末一节云："袁克文为项城之第二子，其母朝鲜人也。性好风雅，爱与文士周旋。易顺鼎、罗惇曧辈，日奔走其门。群以曹子建推之。袁亦自鸣得意。当洪宪时，广购宋版书籍，每卷必钤'皇二子'小印（越案：余家藏袁氏旧物明洪武本《草堂诗馀》之印记作"上第二子"四字，不作"皇二子"三字，王氏云云，疑是错误），书固未问价也。克文又好度曲。项城殂后，有人在江西会馆张宴请客，遍召优伶。昆明赵子衡邀余观剧，余入座时，正见克文演《醉酒》一出，饰杨贵妃，珠冠宫装，天然流媚，直忘其身为男子者。是日又见侗将军演《空城计》，亦颇可观。侗为伦贝子胞弟，亦天潢贵胄也。"舍亲须弥先生，袁寒云之友也，其言曰："寒云能昆曲，不能歌皮黄，能演丑角，绝不演旦角，愚尝见其所爨弄者，有《八阳》《长生殿》《群英会》《审头刺汤》诸剧。上二剧饰生，下二剧饰丑。汤勤例有唱词，袁以嗓不上弦，略之，亦例外也。王伯恭氏所记袁演贵妃，必为记忆舛错无疑。袁在北平江西会馆数度彩排，愚皆在座，故知之甚明。”

书中另有两印，亦极名贵：（一）“铁夫手校”，（二）“曾为徐紫珊所藏”。铁夫（亦作惕甫）名芑孙，字念丰，江苏长洲人，清乾隆进士，官华亭教谕，性简傲，不肯从谀，书法刘墉，工诗及古文，有《渊雅堂文集》及《碑版广例》。紫珊，名渭仁，字文台，上海人，工画山水花卉及竹，善汉隶，富藏书。

王批《金石例》之末，有袁寒云手跋两则，兹照录如后：

> （一）癸丑九月，项城袁克文获观于佛忆念斋（下钤“阿惷小印”白文方印）。
>
> （二）余藏有宋槧《柳先生集》。陶子钵民见而好之，谓藏有宋槧韩文，欲求柳集而经年弗获，因以此书与予相易。爰志其颠末云尔。十一月抱存又书（下钤“豹龛”朱文方印）。

余家藏之王批《金石例》，连同《墓铭举例》四卷（明王行撰），及《金石要例》一卷（清黄宗羲撰），即所谓《金石三例》者，系清乾隆乙亥卢氏雅雨堂刊本，每半叶十行，每行二十二字，小字双行，行三十字。卷首有乾隆乙亥卢见曾序，又元至正五年杨本序，至正乙酉傅贵全序，至正五年汤植翁序，及至正戊子王思明序。《金石例》全书已经王芑孙朱蓝两笔批释。各序之末有王氏手跋云：“嘉庆己巳病店，已而苦泻，最后又得痰饮之症，几殆。自六月至于九月始觉渐疗，而四肢浮肿，精神未复，四方文字之役，皆不能应。扫除房榻，窗几闲静，度此本以遣昏散。异日门人中有借度者，此本在后，以此本为正。是岁九月既望惕甫自识。”

三十二年五月一日

《觞政》

（一）小引

“门前佳客，还须倒履以迎。座上鸿儒，尽欲合簪而饮。飞觞醉月，乃千古之高风。射覆藏阄，真一时之胜事……”此余所藏红螺山樵《觞政小补》之小引（序文），余即据之以为本篇之小引，因此四十字足以表见古今酒徒之心理也。

（二）《觞政小补》

《觞政小补》一卷，系未刻稿本。著者红螺山樵，不知其何姓何名，亦不知其生于何时何地。但细察纸墨，决其为清乾嘉间人。

“觞政小补”者，略补觞政之不足也。《觞政》，明袁中郎著，酒宪也，即何时饮酒，何地饮酒，何法饮酒，何人饮酒而始合格也——换言之，饮酒之理论也。本书（《小补》）全为酒令，毫无理论，与袁著大异，不喜饮酒者阅之，一无趣味。但内有一则，题曰“访西施”者，任人能明之，任人爱读之，兹转录如后：

> 掷顺色（指酒筹言），各暗拈一子。得六者为范蠡。取出访于五家。遇么为吴王，赐宴不过三爵。遇二为越王，上寿敬越王，亦不过三爵。遇三为伯嚭，金珠子女，任其勒索。遇五为子胥，大战三合，豁三拳。遇四为西

施，饮合卺杯。范蠡求伯嚭转献西施。宾主互相酧酢，伯嚭即献西施于吴王，以巨觥赏伯嚭。伍子胥三谏不听，饮三巨觥而退。吴王命西施献技，西施任意敬吴王酒。吴越猜拳角胜，伯嚭陪酒，必胜吴乃已。范蠡西施归湖，各歌一曲，将面前馀酒，归于壶内，他人不准。

（三）《觞政》

"觞政"者，觞容也，亦酒宪也，共十六篇，其题曰：吏、徒、容、宜、遇、候、战、祭、典刑、掌故、刑书、品第、杯杓、饮储、饮饰、欢具。据余所知，此外别无类似者。袁中郎不善饮酒，其自序云："余饮不能一焦叶，每闻垆声辄踊跃。遇酒客与留连饮，不竟夜不休。非久相狎者，不知余之无酒肠也。"可知此书为理论书，而中郎为一理论家也。中郎之理论诚佳，兹引一节以见之：

> 饮有五合，有十乖。凉月好风，快雨时雪，一合也。花开酿熟，二合也。偶尔欲饮，三合也。小饮成狂，四合也。初郁后畅，谈机乍利，五合也。日炙风燥，一乖也。神情索莫，二乖也。特地排当，饮户不称，三乖也。宾主牵率，四乖也。草草应付，如恐不竟，五乖也。强颜为欢，六乖也。革履板折，谀言往复，七乖也。刻期登临，浓阴恶雨，八乖也。饮场远缓，迫暮思归，九乖也。客佳而有他期，妓欢而有别促，酒醇而易，炙美而冷，十乖也。

下面言余家所藏《觞政》之版本：

（甲）《觞政》（全集本）一卷，公安袁宏道中郎甫著，绣水周应麐九真甫校。明刊竹纸印本，白口，单鱼尾，左右双栏，每半叶九行，每行二十字，前有目录一叶。近年海上书肆有多家排印《袁中郎全集》，惜无影印之者。

（乙）《觞政》（单刻本，见右图），一卷，公安袁宏道石公著，东武丘元履霞标梓。明刊白皮纸印本，白口，上题书名，下记叶数，而无鱼尾。每半叶八行，各行用直线隔之。每行十六字，其上下不用直栏而作半圆形。全书连序共十一叶，极罕见之本也。卷首有刘翼明、李澄中、丘元履三序，为他本所无，兹择其中最要之辞句转录如后：

（一）刘序。——晋人有言，与何次道饮酒，使人欲倾家酿。噫嘻，世之号为酒徒者，岂易言哉！充类之尽，见客举杯，即为酣适，在不恭者，恐犹是不恭之想耳。持酒以礼，持才以愚，吾为之三复焉。……

（二）李序。——古今英雄不合于时，胸中壮气不尽豪达感激，往往逃于俗而寄之酒。惟酒无量不及乱，圣于酒者也。三日不饮，便觉形神不亲，趣于酒者也。大醉六十日，不得言而止，隐于酒者也。……

（三）丘序。——……先生……诗文计四十卷……余特取其《觞政》，且山居寡欢，花酣月大，颇资以酒，而谿翁邻友，逪逪害马，欢场几落黑业。人见夫灌仲孺，祢正平以才气杀身，不知非酒无以发其毒也，尤足为戒……

除《觞政》外，吾国言酒之书，尚有宋朱翼中之《北山酒经》三卷(《知不足斋丛书》本)，宋窦革之《酒谱》一卷(《百川学海》本)，皆极通常，不必细言其版本也。惟《茶酒争奇》一书，比较少见，特开列其卷数、行格等如下：

《茶酒争奇》二卷，朱永昌辑，明天启甲子年刊本，白口单栏，每半叶六行，每行二十字。卷首有永昌自序，目录四叶，全书有精图三面，书中除述茶酒源流及诗歌等外，尚有茶酒传奇十叶，似有影印之价值也。

三十一年十月二十七日

幸　运

做官有幸运，就是连升；经商有幸运，就是赚钱。购古书者，也有幸运，就是：（一）我要什么书，马上买到什么书，并且价钱不大。（二）或者在冷摊上偶然拾得一种毫不相干的破书，归来审察，发见某名士的印记，某名士的批校。（三）又或者书估拿了奇僻的古本来售，索价不高，故留之。后来细作考查，知是海内外孤本。

幸运又可叫做机会，是偶然的，是"可遇而不可就"的。我在过去二十五年中，购买古书不少，而所得的机会，所有的幸运，也是不少。我在购古本书籍的时候，上段中所述的三种幸运，都碰到过。今先言最近的幸运，就是第一种"要什么是什么"。

章回小说（烟粉类）最著名的，同时到处受禁止的（英译本两种除外），是那部《金瓶梅》。其实这种书最易购获。铅字本，石印本河南本活字本，木刻小字巾箱本等，市上常常发现，当然不必提起，即清初张竹坡评的《第一奇书》本刻附图原本，有时亦可遇见。明刻本固然不多，然非绝对无有。藏书之家，那一家没有《金瓶梅》呀？所以得到一部《金瓶梅》者，不足以自豪，并不可以傲人，最难得的秘书，倒是分量不大的《痴婆子传》和《灯草和尚传》两种。我购书多年，从未见过木刻本。去年（三十年）十一月七日清晨，忽起购到它们的意念，而同日——真凑巧——杭州某书铺寄到的书目中有此二书。我立即去一快信——有时应当打电报——二天后果然寄到了。今将两部书的行格序文等，开列于后：

（一）《痴婆子传》分上下两卷，芙蓉主人辑，情痴子批校，上卷二十七叶，下卷二十八叶，每半叶七行，每行十五字，小字双行，字数同，白口，版高四寸半（市尺，宽约三寸，有乾隆甲申年序。

（二）《灯草和尚传》十二回，元临安高则诚著，明趋周求详评，共六十九叶，每半叶九行，每行廿四字或廿二字不等，白口，版高四寸六分，宽约三寸，有回目，无序跋。

现在要讲第二种幸运了，就是"偶然购得名家批校本"：

一日下午（约在民国十九年的秋季），我因为外面有酒约，工毕后不返家，又因为时间太早，在旧书铺中闲荡。正欲离去其地而赴约的时候，见他们桌上有一本破旧的钞本，拾起一看，知为《愧郯录》的前半部，携归细阅，见有"秀水朱氏潜采堂图书""秀水朱彝尊锡鬯氏""静妙山房""钱均伯珍藏秘书记""均伯过眼""谀闻齐""竹泉珍秘图籍""季振宜字诜兮号沧苇""虞山汲古阁子晋图书""毛扆之印""季斧"等图章。卷首有澹翁（祁承㸁）手跋，今转录如后：

> 士大夫学问，以国朝制度典章为第一。近世宋文宪之外，郑端简、雷司空皆其人也。后生学文，徒猎古人唾馀以相贲饰，而实用微矣。岳亦斋所著述，余及见其三：《桯史》《金陀粹编》《愧郯录》是也。《愧郯录》于国之典制名教，盖三致意焉。书曰："学古入官，议事以制。"学者得此意，考古通今，不至虚用其力，其可免于面墙也夫。万历戊申四月澹翁命侍吏录成，手校一过，因记。

细阅此书，发见一最足惊人之点，即宋明清各刊本中所缺的十叶，此本完全存在。民国二十三年商务印书馆影印的《四部丛刊续编》，其中宋本《愧郯录》所缺者，即卷一第七、第八两叶，又第十五、第十六两叶，卷五第九、第十、第十一、第十二等叶，卷七第五、第六两叶，共计十叶，都从我藏本中补抄。张菊老在他的跋文中说，“明清鼎革，忠敏（越案：祁忠敏，名彪佳，字弘吉，承㸁之子）遭难，藏书散尽，世极罕见。阅三百年，于有人覆印之时，而是书忽出，且亡其半，而有此十叶之半部犹不亡，不可谓非异事矣”。依此，可见我抄本的珍贵了。

第三种幸运，就是“廉价得到孤本”，我也遇得多次，今天先说一事，如下：

大约在民国十八年春季，某书店架上，有一破旧蓝色印的明刊《清明集》。我常常去参观，常常看见它搁在那边。好久好久，总没有人顾问。一天，我想要购买它了。我先问店员：“这部古法政书为什么没有人买呀？”他答：“恐怕那书没有实用，所以没有人购去。”我又问：“你要卖什么价钱？我看它的版子很旧，想要买它。”他答：“从前要卖 ×× 元。现在没有人要，已减去一半，× 百元。倘然你先生要，再打九折罢。”我说：“我一定要，请你照八折算。”他说：“可以，可以。不过近几天店中很穷，可否请付现款。”我答：“当然可以。”

我带了这部书，又到别的书店去参观。某店某老板问我买的是什么书。我打开包子给他看，他耸耸肩胛，闪闪眼睛，自言自语地，又似骂人地说：“有了钞票，买这种东西！这不是正经，也不是正史，又不是文集，有什么用处？周先生，多少钱？买定了么？那里买来的？这书没骨子——没骨子。……不要买它。我帮你去退还他们。……买书真要小心，否则上当。”我目瞪口呆地听了半天，慢慢地对他说：“这种书少见得很。……日本有宋刊残本《清明集》。这明刊本似乎是完全的。……倘然可以补宋版的不足，那是秘宝了。”

后来商务影印宋版《清明集》，只有婚户门。我的明本有官吏门、赋役门、文字门、婚户门、人伦门、人品门、惩恶门。商务印的只明本中卷四至卷九等卷，约全书三分之一。

我的明本有隆庆三年盛时选序，又张四维序，盛即校刻此书者。明本每半叶九行，每行二十四字，版高约六寸半，宽约四寸半。

阅者看了我上面所讲的话，可知我购买古书的幸运了。但是我也有恶运：我大部分的古书，统统于一·二八之变在闸北被焚了。我所被焚的书，古本有一百七八十箱，西书有十几大橱。……以恶运告人，闻者心酸，说者心痛，罢了，我不说了。

三十一年五月一日

黄氏五跋

（一）引言

黄氏者，黄丕烈（本篇中有其事略）也。五跋者，其所手跋之书五种也。余家藏黄丕烈手跋之书共计五本，虽非正经正史，绝古绝佳者，然后生如余，无力如余，而获此多种，亦足以自豪矣。黄氏手跋手校之书，十馀年前，市上偶或一现。每册论价，以百计不以千计，故嗜书无财者，尚能“破产”购之。近三年来，全不闻黄书之买卖，其稀少等于凤毛麟角。书迷书痴虽愿卖妻鬻子，亦不能求得其片纸只字。本篇于述余家所藏黄氏跋本之前，先言黄氏事略。

（二）黄氏事略

黄丕烈，清吴县人，字绍武，一字荛圃，号荛翁，又复翁，晚号秋清居士，又佞宋居士。少时读书，务尚精纯，发为文章，必本九经。年十九，补学官弟子，二十六举于乡。嘉庆六年，由举人纳资，得分部主事。旋归故里，杜门校勘，二十馀年如一日。信孝友，重然诺。“有善必赞，有过必规，多闻直谅。……平生无声色鸡犬之好，惟性喜集书。遇一善本，不惜破产购之，……且必手自雠校，一字一句之异同，必研索以求其是（石韫玉）。”其藏书之室曰“百宋一廛”，顾千里（广圻）所题也。所刻《士礼居丛书》，极精极雅，为世所珍。欲知黄氏全史者，可阅元和江标所辑之《黄荛圃先生年谱》两卷。

（三）黄氏手跋

黄荛圃之著名，半为校刻，半为题跋也。其所刻丛书之初印者，目下虽不易求，然石印之精者，市上甚多，随时得见其款式，兹不赘述，下文所言，其跋语也。

黄氏跋语（亦称“题识”）之善，善在亲切而富于人情，今先引一则以见之，如下：

> 《华阳国志》向无宋刻传世。余所藏为钱罄室藏旧钞本，几几乎以祖本视之。此外，皆明刊，无足取者。癸酉秋，书友自金陵归，携示此本，谓“较诸本为胜”。余曰：“尔何足以知此？是必有所受之也。”因举涧蕒（越案：涧蕒，即顾千里）所属为对。爰取钱本较之，果不大差。遂收而重装之，志其缘起如此，十月十五日荛翁识。

上跋见余家旧藏明刊《华阳国志》。原书于民国廿一年春，遭劫被毁，惟黄氏文字，曾录副本，且吴县王欣夫（大隆）君已刊入其所辑之《荛圃藏书题识续录》（民国二十二年癸酉冬季王氏学礼斋刊本），可以不失传矣。

长沙叶奂彬（德辉）对于黄氏题识，似有微词。其言曰：“荛翁题跋，于书目别开一派，既非直斋之解题（越案：宋陈振孙著《直斋书录解题》一书），亦非敏求之骨董（越案：清钱遵王著《读书敏求记》一书）。笔稍多芜累，而溺古佞宋之趣，时流溢于行间。”（见叶氏《郎园读书志》卷四）但余终好黄氏之跋语，终以其言多趣味，近人情，且百读不厌也。《华阳国志》跋语中之“尔何足以知此？是必有所受之也”两语，妙而多味，藉此已足以见黄氏之特性。今再转录余家藏素纸钞本《笠泽丛书》（唐陆龟蒙撰）之黄跋于后。

（四）《笠泽丛书》

《笠泽丛书》中有黄跋两则如下：

（甲）海宁吴槎客老而嗜书。今年春偕陈简庄泛舟访余于县桥（越案：苏城街名），尽出行箧所携书相质。宋元旧刻颇有可观者。余因询以唐人文集，可有佳本否。槎客以旧钞陆鲁望先生《笠泽丛书》对。既归，遂寄余一校本，即碧筠草堂刻一钞本于《耒耜经》补《拨去》已下并五歌序，又多《笠泽丛书补遗》一卷并王益祥跋、朱衮记、十一世孙悳原后序、都穆跋、雍正辛亥江都陆锺辉后跋。余病校本冗杂，无可据依。钞本自八卷后，又以他本续入，罗列新旧人题跋，若欲定为何本，几成火枣儿糕，不敢传录。适槎客又寄到一钞本，略旧于前一本，因遂影写传之。卷中间有朱笔，仍用录出，示不紊也。余谓《笠泽丛书》据《敏求记》所载，以为元符庚辰樊开序而镂诸板，政和改元毗陵朱衮又为后序，止分上下二卷，补遗一卷，则此本卷第不符，未必遂为古本。聊存之，以备参考云尔。嘉庆乙丑秋八月秋分后二日，荛翁题。

（乙）覆检槎客先寄钞本，知此所校朱笔，皆据彼也。注云“刻本作某”，亦与钞本同，并记。荛翁。

余家所藏之黄跋《笠泽丛书》，每半叶九行，每行二十字。有“荛翁”“江左渤海家藏”“松三高子藏书”“士礼居藏”等印记。

（五）《唐语林》

余家之明嘉靖本《唐语林》（宋王谠撰），亦有黄氏手跋两则，如后：

（甲）黄氏自跋。——此本上下两卷，系硬分者。余得旧钞，实分三卷，盖视晁陈两家所云卷数已不全矣。明人好作聪明，往往不肯为旧贯之仍，故分并皆由自造。今以旧钞勘之，不特文义皆同，即行款亦合，惟于分卷处有几叶或挤或排之稍异尔。此迹显然，莫可掩饰，特未见原本，无从指摘。甚矣，明人刻书之不可信如此！荛翁。"

（乙）周锡瓒过录黄藏钞本之跋。——此旧钞本《唐语林》三卷：一卷载德行、言语、政事；二卷载文学、方正、雅量、识鉴；三卷载赏誉，品藻、规箴、夙慧、容止、企羡、栖逸、贤媛——共十五门。以陈氏《书录解题》、晁氏《郡斋读书志》核之，盖不全本也。陈云八卷，晁云十卷——在宋已有二本。明时《百川书志》亦云十卷，当是晁所见本，然后来藏书家罕有著录。伏读《四库全书总目》云，"明以来，刊本久佚"，故明谢肇淛《五杂俎》引杨慎语，谓《语林》罕传，人亦鲜知。惟武英殿书库所藏，有明嘉靖初桐城齐之鸾所刻残本，分为上下两卷，自德行至贤媛止十八门，前有齐之鸾自序，称"所得非善本，其字画漫漶，篇次错乱，几不可读"。审是，则明所存者，亦止此德行至贤媛矣，《四库》乃从《永乐大典》校补此三卷。虽不全，尚是照宋钞本。卷中宋讳皆缺其文，可为确证。扬州书估携书数十种求售，苦无当意者，此本实为罕秘，以白金二两四钱易之。今日天气老晴，础润皆收，垂帘北窗下，午饭后书此。荛翁黄丕烈，时甲子六月六日。

余家之黄跋明本，每半叶十行，每行二十二字。收藏有江标像，“大清光绪十二年十二月三十日书窟弟子江标敬造长思像一区，愿鼠不敢啮，蠹鱼不生，永充供养”“静君长物”“江标汪鸣琼夫妇同买藏书记”“明珠易得”“灵鹣藏书”“萧江书库”等印记。

（六）《十七事》跋

余家藏之《明皇十七事》，系青芝山堂钞本，每半叶十行，每行二十四字，有黄氏手跋，兹转录之，如下：

右青芝山堂钞书中之《明皇十七事》，以顾氏小说证之，即《次柳氏旧闻》也。今据顾本校如前（越案：卷首有校文三叶半有馀，本篇未录）青芝本。……多一条，在“肃宗为太子时”一条后，“兴庆宫上潜龙之地”一条前。又最后多一条，据张充之手跋云：“顾元庆四十家小说中本多此条，今补入。”又云，“唐人小说中录十七事，止此。”……然就青芝本核之，实不止十七事也。……□亥六月四日校讫，偶记所见如是。复翁。（此书另有记录，见《明皇十七事》篇。）

（七）《文温州集》

《文温州集》明文林撰。余家藏者，白皮纸初印本也，每半叶十二行，每行二十字。收藏有“邓尉徐氏藏书”“徐坚藏本”“曾在阳湖恽氏”“汪士锺藏”等印记。卷首护叶有黄氏手跋，如下：

《文温州集》，相传为其子徵明手书以付剞劂者，故藏书家于明人集中最为珍重。余向从东城顾八愚家得旧刻名钞不下四百馀册，而是集亦在所蓄，则其可贵益见矣。今孟陬下浣，观书学馀书林，主人以新得光福徐氏书，故邀余鉴别之。翻阅一过，大都是有明及国初诸人文集，苦无当意者，惟此尚为名书，且需直不昂，以青蚨三星易之。书友相视而笑，莫解其故，余亦未明告之也。近日书价踊贵，遇此等书反有贱售者，坐不识古耳。爰书此以告后之藏书者。嘉庆元年二月八日，书于养恬书屋，棘人黄丕烈。

（八）黄氏藏书

末言黄氏藏书。黄氏之书现已四散矣。初散之时，大部归下开各家：

（一）常熟瞿氏铁琴铜剑楼。

（二）吴兴陆氏皕宋楼。陆氏书后归日本静嘉堂。

（三）吴县汪氏艺芸书舍。汪氏书归聊城杨氏海源阁。今杨氏书亦散矣。

（四）仁和丁氏善本书室。丁氏书归盋山，今不知何往。

（五）云间韩氏。韩氏为黄氏至戚，所得最精，今亦散佚无存矣。

清末江阴缪氏所刻之《荛圃藏书题识》及近年吴县王氏初所刻之《荛圃藏书题识续录》，皆于目录中每一书名下附记得主之姓氏，欲知黄书源流者，可参考之。

三十二年一月一日

《李氏焚书》

（一）引言

李贽之《李氏焚书》，清代禁书也。贽字卓吾，明晋江人，万历中为姚安知府，因剃发而坐公堂，不僧不官，受敕解任。后居长安，又游北通，士大夫之学禅者甚众。年七十时为给事中张问达所劾，被逮，自尽于狱中。《焚书》在清代所以禁印禁售者，因其中多侮辱孔孟之言也。此著者自知之，其《答焦漪园书》中云，“……专与朋友辈往来谈佛乘者，名曰“李氏焚书”，大抵多因缘语，忿激语，不比寻常言语，恐览者或生怪憾，故名曰‘焚书’，言其当焚而弃之也”。下文先言本书之版本。

（二）版本

余所经眼者，《焚书》有下例四种不同之版本：

（甲）民国二十五年上海杂志公司铅字本六卷，阿英校点，每页十四行，每行三十六字，前有目录十二页，后有李温陵传。

（乙）陕西教育馆（无年月）大字排印本六卷，白口，单鱼尾，双栏，板框高约六英寸半，广约十英寸，每半叶九行，每行二十二字，前有目录九叶，后有校勘记五叶。

（丙）明刊大字本六卷，白口，单鱼尾，单栏，版框高约九英寸，广约十二英寸，每半叶九行，每行二十字，卷首有目录九叶，前后无序跋。

（丁）《李氏文集》二十卷（见左图），海虞顾仲恭（大韶）校刊，白口，单鱼尾，单栏，版高约八英寸，广约十英寸半，每半叶九行，每行二十字，前有目录十六叶。

（三）《焚书》与《文集》

书贾称《焚书》为大字本，称《文集》为小字本——两书大同小异，实即一书。《文集》十四、十五两卷之文，《焚书》本全无，但皆录自《李氏藏书》，非贽之特撰也。

《李氏藏书》六十卷，《续藏书》二十七卷，亦禁书也。当民国二十年冬，余尚居闸北时，有人持宋版书来求售，视之，《藏书》及《续藏书》也。余问曰："要什么价钱肯脱手？"彼答曰："此吾家古书中最上之本——不见诸家书目，连叶德辉都没有见过。识货的人认定为宋版。倘然你要，我肯廉价出让——二千八百元。你不要，郑先生一定要的。不过他付钱太牵丝（苏州土白）——我有急用呀。"余曰："我是不识宋版的，请你还是卖与郑先生罢。"彼曰："这种大家认定的真宋版，你还不要么？"余曰："这种宋版太古，我急于要的，是宋版《四库全书》。"

世间确有所谓"宋版《四库全书》"者。清代某太守至京师（北平），携《钦定四库全书提要》一部，送某相国，外自署"宋版四库全书"六字，付琉璃厂装潢。及呈时，相国笑曰："《提要》为本朝著作，君从何处得此宋版也？此乃无价瑰宝，实不敢收。"

余离题矣，请归正文：

《文集》除十四、十五两卷外，尚有《书札》及《杂说》三十馀篇为《焚书》所无，兹将其题开列如下：

答李真如，答何克斋尚书，与焦从吾，又与从吾，又与从吾孝廉，复耿中丞，寄答大中丞，答周二鲁，复焦秣陵，答周柳塘，寄答留都，书常顺手卷呈顾冲庵，与管登之书，提纲说，无为说，《南询录》引，《龙溪小刻》《儒林考》引，《老子解》序，《初潭集》序，《道家录》引，《孙子参同》序，《墨子批选》序，《因果录》序，《净土诀》前引，《三教品》序，自刻说书序，易因小序，读易要语，石湖卷，与众乐乐说。

《文集》与《焚书》之文字，亦间有不同之处，如多一“乎”或缺一“之”字之类，因无关紧要，不一一开列于此。

（四）批评

总之，著者言行异乎常人，其死于非命。非无故也。既做和尚，而又作夫妇之论（见阿英校本一百〇一页），既欲修行而又性高气傲（见一百十八页《高洁说》），既常与显宦通信而又作《无朋友论》（见三十二页）……所言所行，无不使人愤怒。临终前二日，贽呼狱吏薙发，吏略离去，即持刀自割其喉。气不绝，吏问曰：“和尚痛否？”贽以指书其手曰：“不痛。”又问曰：“和尚何自割？”曰：“七十老翁何所求？”

贽性好洁——拭面拂身，有同水淫。又好扫地。数人缚帚常常不给。

贽有子不育，因好洁，恶近妇人，故不置妾婢。

三十一年十月四日

《沤波舫近稿》

古书之至精者，莫如名家手稿，而手稿之至佳者，莫如未刻私存之散叶也。余家所藏之《沤波舫近稿》，属于此类。

“沤波舫”系王芑孙之书斋名。芑孙，字念丰，号铁夫，一号惕甫，晚号楞伽山人，清江苏长洲人。乾隆五十三年，召试举人，官华亭教谕。精于诗文，其诗以五言古体为最佳，其文则取法唐宋八家。书效刘墉，得其神气。所著有《渊雅堂集》，行世甚广。芑孙年十三，即能为文。客京师（北京）时，馆董诰、梁诗正、王杰、刘墉、彭元瑞家，为诸人代笔。生平负气甚高，遇公卿若平辈，或病其狂，实狷也。

《沤波舫近稿》可珍之点有二：（一）诗文并载，（二）字字刘体。其诗其文，有入全集者，亦有未入全集者。芑孙自跋云：“此中稿本，大段均已刻入集中，无甚关系，应弃而未即焚弃者，因颇有当时删去未刻之本，可留备日后查考。子孙私自存之，异日或更将其中未刊者，合为删后稿可也。壬申四月重加检点，分别去留，因记。时年五十八。”兹将原跋影印如后：

下面所录者，未入全集之诗之一也，题曰“再之扬州，过京江，吊郭五舍人堃”：

一昔江楼共酒卮，柴门相顾未移时。魁梧躯干今谁似？温雅平生自可思。古驿峭帆今夜雨，深灯听雪隔年诗。到门却作驴鸣去，此意重泉自得知。

上录诗中开首“一昔”二字，原作“隔岁”，又“隔年诗”三字，原作“旧年诗”，改本固较原本更佳也。

文亦有未入全集者，兹录最短之一篇题曰“题自临唐人写经第五本，赠刘松岚”者，如下：

> 嘉庆甲子，余居槜园，临此十本，分藏朋旧之间。是岁，我友刘松岚亦客邗上，时同游处，甚乐也。其明年，君将谒选北还，以诗赠余，余既答诗，并以此卷纳之行笥。君今犹未抱子，聊取经中“善现园林天人男女，八日生儿，七日长成”之说，以志梦熊之卜。东坡所谓“待异日添丁，长以付之”者也。他时相见，忽有瑶环榆珥捧卷而出，仆且重题其后，岂不快哉！装卷之岁闰六月，长洲王芑孙题。

上录文中，“槜园”原作“邗上”；“刘松岚亦客邗上”，原作“刘松岚自宁远同客于此”；“余既答诗”，原作“余亦以诗相答”；“他时相见……岂不快哉！”二十四字，系后来加入者，最初无此。

《沤波舫近稿》系绿丝栏写本，每半叶十行，每行二十一字，添注涂改之处甚多。印章有“文武世臣”“苏州渊雅堂王氏图书”“沤波”“沤波舫”“铁夫”“老铁晚年书”等等。全书共计九十一叶（不作页）。除上文已引用王氏一跋外，封面及书内另有三跋，兹一一照录如下：

> （一）
>
> 此五十以后所作诗文，丙寅冬重过邗上，悉已刻入集中。

此为已废之稿，今应废去。丁卯正月沤波自记。

（二）

此本间有删去未刻之作，应留。壬申四月重加检点，因记。

（三）

嘉庆甲子，复录近诗，续刻全集之后，于是余五十以前之作，悉已制版。其五十以后有作，当别录于此。倘天假之年，积成数卷。再当续刻，不更零星缀星缀补也。乙丑元旦惕甫自记。

此书于民国二十六年春苏州开文献展览会时，曾送入展览，会中之号数为总字第四百十二号。

三十二年五月十六日

牛郎织女

明代诗人边华泉有一首咏七夕的诗，其中有一句："天上夫妻会"，这"夫妻"就是指牛郎和织女两人。

牛郎织女，是我国最著名的故事，几乎无处不知，无人不晓。许多诗赋家和记述家，都传诵这"佳话"。其最简的历史，见《荆楚岁时记》。现在抄录如下：

> 天河之东有织女，天帝之子也。年年织杼劳役，织成云锦天衣。天帝怜其独处，许嫁河西牵牛郎。嫁后，遂废织纴。天帝怒，责令归河东。唯每年七月七日夜渡河一会。

明末太仪朱名世，根据这个故事，编成小说四卷，题曰"新刻全像牛郎织女传"。本篇所说，就是这小说的内容和版本。

《牛女传》不分回而分段，每段有题，卷一中的各题如下：

（一）牵牛出身

（二）织女出身

（三）织女献锦

（四）织女训织

（五）天孙论治

（六）牛女相逢

（七）月老佥书
（八）天帝稽功
（九）天帝旌勤
（十）陈绵激内
（十一）玉皇阅女
（十二）太上议亲
（十三）牛郎纳聘

卷二的各题如次：
（一）成亲赐宴
（二）牛女交欢
（三）凤城恣乐
（四）天孙拒谏
（五）星桥玩景
（六）歌儿导淫
（七）汉渚观奇
（八）行童进直
（九）遣使谏淫
（十）玉皇阅表
（十一）拘禁牛女
（十二）牛女上书
（十三）圣后救女
（十四）谪贬牛女
（十五）牛女泣别

卷三的各题如次：

（一）星官窃婢
（二）二婢谐缘
（三）七姑结义
（四）七姑助织
（五）披捉星官
（六）牛郎遣使
（七）织女回书
（八）七姑服义
（九）七姑上本
（十）玉皇批本
（十一）越河被絷
（十二）致书慰友
（十三）兄弟上本
（十四）老君议本

卷末的各题如次：
（一）圣后戒女
（二）织女回诗
（三）老君议本
（四）准本重会
（五）奏造桥梁
（六）鸦鹊请旨
（七）鸦鹊造桥
（八）天帝观桥
（九）贵家乞巧
（十）平民乞巧

（十一）文人乞巧

（十二）七夕宫怨

（十三）遗书谢友

（十四）鹊桥重会

（十五）褒封团圆

我家藏的《牛女传》，系明万历中仙源余成章刻本。白口，单鱼尾，双栏，版框高约八英寸半，阔约九英寸半。每叶分上下两截，上截图像，下截文字。下截每半叶十行，每行十七字，全书前后没有序跋，也没有目录。收藏有“一拙生”“松风罗翠”“有竹人家”三颗印记。著者朱名世，刊者余成章的历史，都无从查考。

此书旧藏日本文求堂田中庆太郎处，他的善本书目中有本书首半叶的影。孙子书在日本所见的，就是这一本。二年前，我出重价，向日本买回。当时，我的友人自称“小侦”者，曾在上海《晶报》中宣扬这件事。文题是“牛郎织女出洋回国”（见二十二年一月十九月《晶报》），可说滑稽得极。

本书文字，并不甚佳，不过还便阅读。今誊写卷二中《凤城恣乐》一段如下，使读本刊的，可以看到它作法的一般：

> 牛女在宫中成亲一月。天帝一日降诏，令送归凤城居止。一则谐彼新婚，一则理伊旧职，两意寓也。顾牛女自谅之何如。牛女在宫中，地天交太（原作此字），虽云欢娱，尚有所畏惧，而不敢放肆。乃离了宫禁，送归凤城，则专主自我，纵恣自我。织女且曰：“皇上令妾下嫁，节妾之劳。数年辛苦，博换得一时逸乐，非过也。”牛郎亦曰：“皇上令臣上娶，旌臣之勤。终岁勤渠，

叨享此九重春遇，非太也。”二人以此持心，日肆淫欲。女唤男非曰“可意哥”（原作此字），即曰“如意君”。纵机上工夫狼藉，置之度外不关心。男称女非曰“心肝肉”，即曰“性命根”。纵圈中刍牧荒凉，视为等闲无着意。昔日回文桃（原作此字）字之姬，翻作持觞劝酒之妓。短笛无腔之韵，改为慆淫导饮之音。蒂结同心，胜过锦机奏巧。瑟调逸趣，曾如牛背横吹。有诗为证：

牛郎诗：
兼葭获与玉相依，金屋婵娟洞辟扉。
锦帐得交天地太，不知身世在华胥。
织女诗：
娇姿未惯雨和风，深荷东君爱礼丰。
人月双清今夜乐，欢娱怕听未央钟。

京剧中有名叫《天河配》的，也是演牛郎织女的故事。

二十三年十一月五日

济　公

我国民众所最喜欢的读物，除《三国》《封神》《水浒》外，就要算《济公传》了。坊间铅字或石印的《济公传》，一续再续，层出不穷，可见它销行极广。但是所记的事，虽皆放诞可喜，未免过于荒唐，附会失实，济公固“颠”者，然世间实有其人，兹录清乾隆《浙江通志》中一则以明之：

《净慈寺志》：道济，字湖隐，天台李茂春子。母王氏，梦吞日光而生。年十八，就灵隐瞎堂远落发。风狂嗜酒肉，寺众讦之。瞎云：“佛门广大，岂不容一颠僧。”自是人称“济颠”。远寂，往依净慈德辉为记室。尝欲重新藏殿，梦感皇太后临赐帑金。嘉泰四年，火发毁寺，济乃自为募疏，行化严陵，以袈裟笼罩诸山山木，自拔浮江而出。报寺众云：“木在香积井中。”六丈夫勾之而出，监寺欲酬之钱，辞曰：“我六甲神，岂受汝酬乎？”遂御风去，濒湖居民食螺，已断尾矣，济乞放水中，活而无尾。嘉定二年逝，葬虎跑塔中。

田汝成《西湖游览志馀》亦载其事，如下：

济颠者，本名道济，风狂不饬细行，饮酒食肉，与市井浮沉，人以为颠也，故称“济颠”。始出家灵隐寺。寺僧厌之，遂居净慈寺。为人诵经下火，累有果证。年七十三岁，端坐而逝。人有为之赞曰：“非俗非僧，非凡非仙。打开荆棘林，透过金刚圈。眉毛厮结，鼻孔撩天。烧了护身符，落纸如云烟。有时结茅宴坐荒山巅，有时长安市上酒家眠。气吞九州，囊无一钱。时节到来，奄如蜕蝉。涌出舍利八万四千。赞叹不尽，而说偈言。”呜呼，此其所以为济颠也耶！今寺中尚塑其像。

宋僧济公的行为，放浪不检，自不必说。但他的奇迹也多，有编成剧本的，有编成小说的。小说之近古而雅的有三种：（一）隆庆本，（二）康熙本，（三）乾隆本。据孙楷第的《日本东京所见中国小说书目提要》，知此三种，“皆此土所无”。其实不然，隆庆、乾隆两本，我还没有见过。康熙刊本，我家有印得极精的，今将行格、回目等，一一开列于后：

康熙本《济公传》，题名“新镌绣像麴头陀济全传”。全书三十六则，“则”就是“回”的意思。西湖香婴居士重编，鸳水紫髯道人评阅。书系白口本，没有上下鱼尾，左右用双栏。每半叶八行，每行二十字，字旁有圈点，上栏的外面有短评。卷头有精刻的图十二面，每面后有赞。全书回目，抄录于后，使阅本篇的，得知本书的内容：

（一）太上皇情耽逸豫　宋孝宗顺旨怡亲

（二）梵光师泄机逢世　韦驮神法杵生嗔

（三）看龙舟旃檀显化　住天台嗣接前因

（四）国清寺忽倾罗汉　本空师立地化身

（五）王见之媒身馆谷　李修元悟道焚经

（六）野狐禅嘲诗讪俗　印泰峰忿激为僧
（七）李修元双亲连丧　沈提点掖引杭城
（八）访径山西湖驻足　拜瞎堂剃发潜行
（九）坐云亭苦耽磨炼　下斋厨茹酒开荤
（一〇）选佛场独拈僧顶　济颠师醉里藏真
（一一）冷泉亭一棋标胜　呼猿洞三语超群
（一二）济公师大分衣钵　出明珠救范回程
（一三）渡钱塘中途显法　到嵊县古塔重新
（一四）天台山赤身访舅　檀板头法律千钧
（一五）十锭金解冤张广　八功水救拔王筝
（一六）上红楼神常拥护　落翠池鬼也修行
（一七）陈太尉送归察院　众僧徒计逐山门
（一八）翦淫心火炎子午　除隐孽梦报庚申
（一九）放蛤蟆乞儿活命　看蛇斗闲汉逃屯
（二〇）古独峰恶遭天谴　陈奶妈雨助龙腾
（二一）过茶坊卧游阴府　见猛虎夜啖邪髡
（二二）看香市沿途戏谑　借雷公拨正邪萌
（二三）救崔郎独施神臂　题疏簿三显奇文
（二四）檀长老谕严戒律　济颠师法喻棋枰
（二五）净慈寺伽蓝识面　京兆府太尹推轮
（二六）闹街坊醉书供状　随猎骑暗脱荆榛
（二七）昭庆寺偶听外传　莫山人漫自评论
（二八）访别峰印参初志　传法嗣继续孤灯
（二九）梦金容多金独助　罩袈裟万木单撑
（三〇）三昧语红蝇出鼻　九里松死客还魂
（三一）倚巍栏吐成飞走　进图画赈济饥贫

（三二）梦旃檀移归天府　剃梵化衣钵犹存

（三三）显水族烹而复活　护高松不至为薪

（三四）沁诗脾济公回首　拈法语送入松林

（三五）六和塔寄回双履　伽蓝殿复整前楹

（三六）焚化师宗风大振　表济公百世香云

上面是全书三十六则的细目。所以抄写在此，因为本书少见，市上完全没有，不如此，本刊读者，及好读章回小说者，无从知道它的内容的缘故。我家藏本，有“星桥羁旅”“铜井文房”“独山莫氏铜井文房”“莫”“心发”等等印记。卷头护叶有心发主人手跋，略言此书及济公的历史，今转录如后：

> 此《麴头陀传》，盖章回小说。而每卷标题乃不曰“回”，而曰第几“则”，其原本必出于宋人，如《宣和遗事》《五代平话》《京本小说》之类。其事迹亦必当时流传之旧，而明人重编，加以评论，绣像刊行。特香婴居士，紫髯道人者，不得其名氏耳。近来外教盛行，而奉以为宗旨者，皆曰济公。余尝观其坛语敏妙，墨迹古朴，信其非人所能托，顾亦未敢尽信为此公所凭依也。更有为之作传者，征引及于世俗本《醉菩提》，曷若兹编之尚复近雅哉。昔缪艺风语余有明刊《水浒传》，惜不及持此相与赏异矣。癸亥冬十一月，心发主人记。

按心发主人，就是莫棠，棠字楚生，系莫友芝的堂侄，已于四五年前去世。他的书散出时，我也购得多种，大半有他的手跋。

二十三年十月五日

《剿闯小说》

有人说："明朝亡于李自成。"也有人说："明朝的亡，从李自成开始，终结在吴三桂。"我不喜欢谈论史事，不喜欢评论历史中人物，我只知自成和三桂两个人，是明清间敢作敢为的人，尤其是李自成。

李自成变成"流寇"的简史如下：

己巳年间，奴酋毁墙深入，围困京城。兵部传檄各边，征兵入援。有甘肃巡抚梅之焕，（略）至是奉命勤王。（略）才出界口四五日，地方粮饷，就不接济了。前队之兵，口出怨言。总兵官不用好言抚慰，（略）动不动便是捆打。军中有几个不善良的，率众鼓噪起来，四散奔走。后队梅公大兵已到，将总兵官参处了，下令招安。点起名来，已少了二十馀人矣。那二十馀人，大率是军中出尖倡乱的，恐怕梅公访实治罪，所以走避开去。（略）内中单表一人，姓李名自成，陕西延安府未脂县（原作未字，实米之误）人，多力善射。平时不守本分，专一好说大话，闯没头祸，绰号闯踏天。在甘肃总兵标下充做一名队长。鼓噪之事，是他起头。走到山东地方，遇着一伙北来的逃兵，将他裹住，索取财帛。李自成说出来历，又自夸一身本事。这伙逃兵道："我等无处安，只想落草。没有个头目，你来得凑巧。”就尊他为长，拣一匹好马与他骑了。

自成就去结连九十八寨响马强盗，做伙打劫。

上引李自成简史，见我家里所藏的《新编剿闯通俗小说》。这小说又名“孤忠小说”。孤忠，指平西王，就是吴三桂。全书十回，骂自成为逆闯，称三桂为孤忠。大概作者只知弘光南都中兴的美事，不知三桂勾结“× 虏”的结果。

《剿闯小说》，入清代禁书书目，行世极稀。孙子书君在日本内阁文库见到过一部。他所著的《日本东京大连图书馆所见中国小说书目提要》中，说这部书为“明刊本，图五叶，十面。正文半叶八行，行二十二字。（略）凡涉朝廷皆顶格，馀一律低一格。”这是和我的书相合的。至说撰人是“西湖懒道人”，就全然不同了。我的书题“润州葫芦道人笔，龙城待清居士漫次评”。两书插图相等，行格又相同，但撰人完全不同，不知道是不是一本书。孙君未将回目载入，不能比较。我今抄录在这里，以便后来往内阁文库看书的，得以对照，也足以露示全书所述的事。目如下：

第一回　李公子民变聚众　闯踏天兵盛称王

第二回　北京城文武偷安　承天门闯贼射箭

第三回　伪相籍地点朝官　忠臣捐躯殉圣主

第四回　众逆臣甘受伪官　宋矮子私谭朝政

第五回　迫金钱贼将施威　求富贵降臣劝进

第六回　吴总镇举义勾东虏　李逆闯大败走关西

第七回　芦沟桥樵夫叹歧路　金坛县秀士闹黉官

第八回　肇中兴南都正位　感时事草莽上书

第九回　愚百姓怕死迎伪官　旧阁部用计复德州

第十回　黎巡抚协力剿伪党　吴平西孤忠受上爵

这部书虽然名为小说，却并没有小说的规模。它所载的，大半是诗词和文件。小说最重要的元素，如结构(plot)、描写(portraiture)，作者完全未曾顾及。不过其中有几篇文字，如殉难诸忠姓氏（三回），伪官名单（四回），金坛合邑诸生公讨降赋诸臣檄（七回），龚云起上钱牧斋书（八回），钱牧斋复书（九回）等等，都是“有埤旧闻”，似为正史所不及，可惜太冗长，不能附录在这里。五回中附贼事奇闻多则，都极有味。现在录一则在后面，以供本刊阅者的阅读，即以显示本书文字的一斑：

“五贼”起同事。内一胡子贼，性最狡猾，人皆惮之。胡贼获一妇独享。四贼亦共获一美妇，匿于静室，将为合欢之乐。胡贼已知其事，诳谓四贼曰：“我独有妻，其奈汝等孤另何？昨于东首见一富族，有美女三四，不见男子在宅，若合力取之，尔我之愿皆遂矣。”四贼方虑朋奸必有嫌隙，及闻此言，便随胡同往。至一宅，空空如也，止存美酒数瓮而已。众贼从未见此佳酿，遂饮者饮，而扛者扛。倏尔不见胡贼。及抵静室，胡贼已搂美妇，了巫山之梦矣。四贼恨极，共擒胡贼，割其阳。胡死去一日方苏。数日后，髭须尽落，喉音低小，见众贼不容，遂投杜太监门下效劳。日后同劓贼见之，俨然一内官形容矣。

这则原书中有评语说：“十个胡子九个骚，胡子报应，可谓得其所哉。”

孙子书君的《小说书目题要》中，附录西吴九十翁无竞氏一序。这序为我藏本中所没有。但我的书中另有一序，也为日本藏本中所没有。现在特抄录在这里，以便研究小说者参考。序文如下：

（上缺）中夏未奠，尚待勤王之师，能为攘夷急病，除乱讨贼者。且其间有十穷见义节，不受辱而死者，厥声喤喤矣。其有所过而迎降者，有舞踏而称颂者，有远邦而鼠窜者，皆沦于夷狄，而伤教害义者也。此其人要不过不能明义而迷于利之一念为之耳。子舆氏又曰：“苟为后义先利，不夺不厌。”管子曰：“金满中饱，国必大伤。”今见金之夫，不顾百万疮痍之生命，百万貔貅之刍瘠，惟知嘘肤吸髓，以充扑满，请借箸焉。朝廷为流寇新设额饷百八十万，新增三协饷五万，又节省光禄水衡，节慎库，八九十馀万，草场召买五十馀万，新增蓟密永昌共百八十万，通津登岛十四万，并议裁三吴织造，与江右之陶，滇粤之贝，蜀之漆扇，各省直等料，及水脚铺垫诸费。各州县预征带征加派之练饷，亦不下数十万，皆滋诸阉当道有司穴耗，以为荣身肥家计。讵为狡寇垂涎，用非刑逼勒，颈枷，胁折，妻掳，子因不胜痛苦而死。象以齿焚其身，而天网恢恢，又疏而不漏也。此其人之利于何有？三代直道之人心，皆为痛快。而贼寇又于死难诸臣之家，愈加培护，则隐然之良，岂夷狄还有，而诸夏反无耶？是以葫芦道人，有感于心，由心而宣之口，由口而载之笔。据事直书，随文生义，成其一编，名曰“馘闯小史”。盖寓其至痛不能忍，存其维世不得已之心耳。其文简而信，文而深，复而不乱，绎而不厌。真能上窥麟室之一斑，下翼当代之信史。公之一国，亦可以献天子，传四方，垂后世矣。然降夷诸人，著其姓氏，惟据征史，原无成心，而葫芦道人，犹嫌其近于黜陟为恐。夫人之所行，或不副其情之所存，则尊者或有时而杀焉。且以古人言之。如商鞅、李斯、李林甫、丁谓、蔡京、秦桧、贾似道，彼岂无名位乎？而不肯推尊之者，其奸贪无义，诚可鄙也。况为莽操哉？今道人之书，其名字亦义所宜，矧与闾阎村鄙之父子兄弟，相对谈论，叙述于荜门圭窦之间，其抑扬舒惨，以发挥其喜怒爱恶，尊尊而亲亲，善善而恶恶，岂无情哉？东坡曰："嬉笑怒骂，皆成文章。"苏老泉曰："祷杌为小人而作。"今葫芦道人，为笃行潜修之士。以卢扁医和之技，直探岐黄灵素之典。铨其精蕴，羽翼经史。效春秋而存天理，以遏人欲。攘夷狄以辨人禽，呼醒人心。如石关通，起死回生，俾正气生而血复流注。不惟良医，兼之良相，真素王能有素臣矣。今新天子定鼎金陵，修明国策，则职史之官，又以是编为文献征矣，岂止于衍义小史之流哉？不佞待罪词垣，未尽臣义，乃欲赞以游夏之辞，毋乃自忘其丑乎？虽然，诗云："君子有酒，鄙人鼓缶，虽不见好，亦不见丑。"谨书之简端以就正。甲申中秋前三日毗陵学士题。（按甲申当是清世祖顺治元年，就是公历一六四四年）

我家藏的《剿闯小说》，系白口本，单栏。版框高约八英寸半，广约十英寸。每半叶八行，每行二十二字。上栏外有评语，行间有圈点。首列毗陵学士序。草书写刻，又目录二叶及精图五叶。

二十四年一月五日

皕宋残馀

“皕宋”者，清末吴兴陆氏收藏古本之楼名也。“皕”音逼或音秘，“二百”也。“宋”即“宋刊本”之意。但皕宋楼所储者，不皆为宋本，而宋本亦不一定为二百种。除宋本外，元椠及名人手校手钞者亦收入之。欲研求陆氏旧时藏书之富者，可参阅《皕宋楼藏书志》。本篇所言，余于其书散去后，尽力购求而得之刻本、抄本、跋本，或校本也。余已得者，共计八种。兹将其名一一开列如后：

（一）宋本纂图互注《南华真经》

（二）稿本《吴兴蚕书》

（三）明初本《管子》

（四）吴抄《疑狱集》

（五）影写明成化本《所安遗集》

（六）丁抄《栲栳山人诗集》

（七）陆抄《三馀集》

（八）陆校《寒山子诗集》

上列八种，虽皆皕宋楼之残馀，但各有其优点。兹先述陆氏简史，再言八种残馀之特质。

陆氏皕宋楼主人，名心源，字刚父，号存斋，晚号潜园老人，幼从先伯祖学濂公为师，年未三十，已通九经。咸丰己未举人，遵例以知府分发广东。光绪间官至福建盐运使。有《仪顾堂集》《皕宋楼藏书志》《十万卷楼丛书》《金石粹编续》《穰梨馆过眼录》等等。子四人：长树藩，次树屏，皆光绪间举人；三树声，官至知府；四树彰，曾在申经商。树藩、树屏、树声已谢世，树彰尚健在。

心源殁后十三年（光绪三十三年），皕宋楼书，全数售与日本岩崎氏之静嘉堂，价十万元。岛田氏记其收买之经过云："乙巳（光绪三十一年）丙午（光绪三十二年之交），予因江南之游，始破例数登陆氏皕宋楼，悉发其藏读之。太息尘封之馀，继以狼藉。举凡异日之部居类汇者，用以饱蠹鱼。又叹我邦藏书家，未有能及之者。顾使此书在我邦，其补益文献非鲜少。遂怂恿其子纯伯观察树藩，必欲致之于我邦。而树藩居奇，需值甚昂，始号五十万两，次称三十五万圆，后稍减退至二十五万圆。时丙午正月十八日事也。二月返槎，归而谋诸田中青山先生，不成。先生曰：'能任之者，独有岩崎氏耳。余将言之。'而余亦请之重野成斋先生。今兹丁未（光绪三十三年）三月，成斋先生有欧西之行，与树藩会沪上，四月遂订议为十万圆。五月初二日，吾友寺田望南赴申浦。越六月，陆氏皕宋楼，十万卷楼，守先阁之书，舶载尽归于岩崎氏静嘉堂文库。"（见《皕宋楼藏书源流考》七、八两叶）

心源之简史已毕，今当继言余家所藏八种残馀之版本、行格、藏印、手跋等如下：

（一）宋本《南华真经》十卷（郭象注，陆德明音义，每半叶十一行，每行二十一字，小字双行，行二十五字。黑口，上下鱼尾均下向。下鱼尾之上，间有"张辉刻"或"张军刻"或"张火刻"三字。江标《宋元行格表》称有此三字者，刻略在后。左右双栏，左栏外有耳子，记篇名、卷数、叶数。卷首有象序、太极说及篇目。原缺五、六两卷。收藏有"树声""叔同""存斋""归安陆心源审定""天语稽古尚义""虞山戴师立廉夫读书记""师立”“方宁”诸印记。

（二）稿本《吴兴蚕书》一卷（白蘋洲徵士撰），全书四十六叶，每半叶十行，每行二十一字。收藏有“归安陆树屏珍藏之印”“高铨”“陈纲”“德华堂”等印。旧面有陆树藩手题“吴兴蚕书稿本”六字。

（三）明小字本《管子》二十四卷，每半叶十行，每行二十一字，白口，左右双栏。卷首有司马迁《管子传》。收藏有“臣陆树声”“海宁杨芸士藏书之印”“毛扆之印”“斧季”“汲古主人”等图记。

（四）《疑狱集》三卷（和凝及其子㠓撰），吴太初手抄本，每半叶九行，每行十八字。前有㠓序，至元十六年杜震序，后有吴太初跋。㠓序前及吴跋末有“吴”“太初”“延陵季子”三印。旧封有陆心源手跋，附录于后：

> 此书原本四卷，南宋时已佚一卷，故陈伯玉侍郎《书录解题》所著录，已只存三卷矣。今《四库》著录四卷本，乃后人分下卷为二，以合四卷之数，亦非足本也。此书从元本录出，乃旧本之可贵者。同治壬申初夏，得之吴兔床先生后人，因识。（下钤“陆心源印”四字朱文方印）吴氏抄本，《郘亭书目》中曾提及之。

（五）影写本《所安遗集》一卷（陈泰撰），每半叶十行，每行二十一字。前有明正德八年闾洁引，陈瑶跋，正德甲戌蒋冕诗，成化丁未陈铨跋，所安先生像，刘三吾像赞。后有成化癸巳陈章后序，遗诗，附录，周济序，及陆心源手跋。卷首第一叶有“国子监印”“前分巡广东高廉道归安陆心源捐送国子监书籍”“光绪戊子湖州陆心源捐送国子监之书匮藏南学”等图记。陆心源手跋，转录如下：

右《所安遗集》，从钱唐丁松生大令所藏鲍渌饮校本过录。谭文卿中承抚浙，即以鲍校本刊行。余近得成化刊本，以校此本，多得诗三十馀首，刘三吾像赞一首及小像，陈铨、陈章、陈瑶跋三首，周济、蒋冕跋各一首，因命写官照写补入。盖渌饮所见本，前后缺十馀叶，故脱落如此。甚矣，成化距今四百年耳，刻本已不易得！况元刻乎？惜文帅移节陕甘，不及补刊耳！光绪十年秋七月归安陆心源识（下钤“归安陆心源字刚父印”“存斋又称潜园”两印）。

（六）《栲栳山人诗集》三卷（岑安卿著），吴兴丁氏乌丝栏钞本，每半叶十行，每行二十一字，大黑口，双鱼尾，左右双栏。收藏有“吴兴书富第一家丁氏”“手钞数万卷，数世之苦心。流落不知处，壁出丝竹音”“咸丰辛酉月河丁白重整遗籍”“臣陆树声”“延适之印”“去疾读过”等图记。封面有李延适题“月河丁氏藏鲍渌饮先生校正本，今归皕宋楼。丙午芒种从钧和太守（案即陆树声）借读一过，并题。去疾适”三十六字。

（七）《三馀集》四卷（黄彦平著），陆心源手抄本，每半叶九行，每行二十一字。有“归安陆树声藏书之记”九字朱文方印。

（八）《寒山子诗集》一卷，广州海幢寺重梓本，每半叶八行，每行十七字，前有闾丘胤序。序后有陆心源手跋，照录如后：

光绪五年岁次己卯，以影宋抄本略校一过。宋本多诗八首，字句异者尤多，不暇全改也。存翁（下钤“陆氏伯子”四字朱文方印）。

上述八种，想系皕宋楼藏书散亡时偶然未曾入柜之本，“漏网之鱼”也。书之幸乎？抑余之幸耶？皕宋楼主人陆存斋（心源）先生，余儿时常见之，面团团，体肥胖，福相而兼富相。惟翁同龢称其貌甚俗，其在日记中云：“陆存斋观察送字画皆未受，著书甚伙，貌则甚俗。”（光绪十九年三月廿九日）想当时京官皆瘦小而无肥大者，故翁氏不取陆氏之相也。

李慈铭在日记中，亦曾提及存斋先生，则全是嫉恨之言矣：“有湖州举人陆心源者，入赀为广东督粮道，贪秽著闻，被劾开缺。闽督李鹤年奏调福建，委署粮道，遂专闽事，招摇纳贿。屡与巡抚王凯泰竞。去年凯泰乞病，亦以此也。及潘霨入觐，颇为当路者言之。心源复被劾开缺。鹤年怒，遂亦因事劾霨，有诏查办，霨告病还苏，而心源亦归湖州矣。心源好为诗古文而不工，多蓄金石书画以为声誉。其乡人言其险薄鄙诈，劣迹甚众，一郡皆不齿之。然聚书极多，凡《四库》所著录及存目者，闻仅少三种云。”（光绪元年二月九日）存斋先生归湖后，好做公益之事，积谷、育婴、造桥诸事，无不任之。乡人有因妒而心恨之者，但无因公而“不齿”之者。李氏在日记中云云，难免“笔健”之咎。李氏对于陆氏，似有难解之仇。余曾见其跋傅以礼重编之《孶经室经进书录》云：“此据《孶经室外集》所刻，为之编排次序。订正无多，本不必刻，且为改撰书名，尤属无谓。至末附归安人陆心源一序，妄言轻诋，更足为累。节子刻此时，未尝见商，惜不得阻之耳！光绪丁亥正月五日，雪夜，越缦老人识于京师。”

三十二年三月一日

雅片小说

雅片，亦作阿片，其为害人皆知之。当清末严行禁烟之时，小说家所写面瘦肩耸，家破人亡之故事，想必不少。惟余家所藏者，只有两种：（一）稿本《土星崇演义》八回，吴江外史著。（二）铅字本《黑暗地狱》二十四回，漱六山房著。兹先言鸦片烟之简史，再述两书之内容。

清乾隆时，鸦片兴于粤东，唯富人嗜之，未尝遍及也。后国人得其种制之法，刮罂粟浆为膏，香味无异，价顿廉，吸者亦渐广。道光中林则徐为两广总督，遂兴鸦片之狱。欲尊国体，反以辱国。余虽有崇林之心，但不能为之讳也。光绪初马眉叔（建忠）奉命往印度，与其政府商订禁运之策。该国因全国财政，悉赖乎是，不肯承允。

眉叔以其无可磋议，奋然曰："吾国向有禁种之令。既若此，惟当弛禁便民耳。"印人闻之大恐，复召国会，另筹生财之道，以减鸦片之运。期五十年减尽，眉叔与之订约而返。惟印人似不诚实，其捆载而来者，逐年加增，而获利较前更多。直至十馀年前，海运全除，而印度大土始灭迹也。但吾国自种之烟，所谓云土、川土者，至今不绝，而暗暗偷吸者，不论大都小邑，仍不乏其人。鸦片为恶习中之至恶者。吸之之人，无不肩耸面瘦，无不家破人亡。何不即日即刻立志而戒绝之耶？余有秘方，价廉且便，如下：

南瓜正在开花时，连其叶与藤根，一并取下。用清水洗净，于石臼中合而捣之。取汁常饮，不数日，夙瘾尽去。

此方名“瓜汁饮”，昉于林文忠公（则徐），千妥万当，不必多虑。

鸦片之简史已毕，余当继鸦片小说之内容：

（一）《土星祟》八回，著者自称“吴江外史”，民国十年时人，其真姓氏不详。全书先言鸦片烟之进口，继言众土商之发财，末言调查员之敲诈。文字并不甚佳，但设想奇妙，自成一格。他日纸价跌落，似应排印行世。兹录其回目如下：

第一、二回，星君殿前开会议，公主下界显神通。

第三、四回，土行孙经小挫折，阿芙蓉起大战争。

第五、六回，土星旺奸商齐照命，支那弱政体改共和。

第七、八回，调查员滥敲竹杠，警察署大发财源。

（二）《黑暗地狱》二十四回，著者漱六山房，即张春帆。此书系光绪三十二年铅字排印本，每半页十二行，每行三十二字，前后均无序跋。

全书言凡有烟瘾者，无恶不作，男盗女娼，亦所甘心。第一回中之“小广东”，即因吸烟而讨饭也。其自唱云：“脸儿青，发儿枯，肩儿耸，背儿驼。正面儿，是酆都逃出孟婆婆；侧面儿，是道子难描变相图。呀！谁知我，围珠翠，拥绮罗。年少青春，也是个千人见万人爱，一颗明珠。”

第十一回中言一最惨之事。

……梁十五这人，祖上也是个财主。到他老子时，吃了鸦片烟，万事不问，将家私败下来。到了梁十五大来，吃饭已是艰难，偏偏这口烟从胎里带下地，要戒也无从戒起。先还变些物件来填窟窿。后来家里东西都变尽了。没奈何，将妻子卖掉，只留下一个五六岁的儿子。一日，梁十五吃烟，这个儿子在床边问道：“我的娘到那里去了？”梁十五把手在烟斗上指着说道，“你娘在这里头。”小孩子不懂事，随口说道，“我也要到里头去玩玩。”梁十五道，“你要去？过两日再送你去。”看官，你们不懂梁十五说的话，他的鸦片烟是卖了老婆的钱买来的。日日将烟烧在烟斗里，岂不是把老婆装在烟斗里头么？现在的钱用得差不多，又要将儿子去卖，所以儿子要去见娘，他说过两天就要送他去了。咳！一个人吃了鸦片，就是枕上的爱妻，膝下的娇儿，都肯卖了过瘾。你想可恨不可恨，该杀不该杀？

下面节录某笔记中禁烟遗事两则，以为本篇之结束：

（一）林文忠公督粤，申鸦片之禁，以茶与外人易烟土，焚之。当时竟有因是以致富者。当焚烟土时，公亲临监视，至烬灭乃已，所以防盗窃也。聚土而焚，外虽燃而中恐不得爇，则使人以竹杠翻覆挑拨之。于是数十役夫，群杠并举。诸役相约预去杠中竹节。挑拨时故力捣之，则土尽入竹杠中。一杠满，复易一杠。事后，鸦片价骤贵，凡私售者，皆十倍取值，群役尽成富人。

（二）桂林某翁仕粤东，久赋闲，贫病交迫。粤俗信鬼神。凡有小疾苦，恒于夜间炷香烛于门外，喃喃祷祝。翁家居粤久，染粤习，家人学为之。香甫爇，忽二人舁一巨箱至，径入门，止之不可，委地遂去。发视之，烟土也。值盈万，由此营运遂富。盖是时烟禁方厉，凡私相买卖者，必预约一暗号，以为授受之所。此买者约以灶香门外为号，故致送者误投。及既察为误，以禁物故，不敢追求也。

三十二年三月廿九日

【附识】此书于民国二十九年三、四两月，在《晶报》中重排重印。当时余曾制序如下：

《黑暗地狱》廿四回，清光绪三十二年印行，早经绝版。言林则徐禁烟以前华南贩土之情况，名小说家张春帆之著作也。春帆先生另有《九尾龟》前后二十二集，凡嗜小说者无不知之，无不读之。其推行之广，声望之隆，与孙家振海上漱石生之《海上繁华梦》相等。此书文字既佳，又富于史料，其价值实在《九尾龟》之上，而一传之极广，一不然者何哉？曰，轶事胜过史事耳，娱乐胜过政治耳。现当国府严密禁烟之时，本书有翻刻之必要。其末回赵炳仪之议，今日尚有参考采用之价值。

春帆先生尚有《宦海》《未来世界》《胭脂虎》等作。

《野叟曝言》

（一）小引

《野叟曝言》者，“野老无事，曝日清谈”（见原书凡例第一条）之意也。目下市上最缺“货”者，莫若此书之最初刊本。清代精刻本，如朱竹坨之《曝书亭集》，明初小字本，如吕祖谦之《吕氏家塾读诗记》，景宋景元本，如番禺潘氏之《礼记正义》，江都秦氏之《韩诗外传》，皆可立时购获。惟野言极不易求。十二年前，售价不过三十元左右，二三年前亦不过百余元。今有愿出若干元者，征求多月，尚无书来。岂其珍贵反在明清宋元本之上乎？曰，非也，有求无供耳，闻其名者欲一见其形耳。本篇先言版本，继述内容，再讲野谈，末附评论。

（二）版本

下述者，《野言》之版本也：

（甲）清光绪七年辛巳毗陵汇珍楼活字木本廿卷一百五十四回（原缺一三一回末叶及总评，又一三二、一三三、一三四、一三五回，又一三六回之首，见左图）。版框高约市尺六寸，广约八寸八分。左右双栏，白口，单鱼尾，上题“第一奇书”四字，下记卷数、回数、叶数，最下则以“奋武揆文，天下无双，正士镕经铸史，人间第一奇书”二十字，识别卷第。卷首有光绪辛巳知不足斋主人（写刻）

序。此为最初刊本，市上出现者，刷印无不精良，因当时发行者只四十馀部而已。

（乙）光绪八年壬午申报馆铅字排印巾箱本一百五十四回。白口，双鱼尾，版心上题“野叟曝言”四字，下记卷数、回数、叶数，并在最低处（即下鱼尾之上）以“奋武揆文，……”二十字识别卷第。四周变栏，每半叶廿二行，每行三十五字。前有壬午西岷山樵序，称是夏昊中所印者，虽为正本而缺失实多，不如彼家副本之完备，故出全书付印，以成夏先生（事略见下文“野谈”段）之志——其实，直翻原本，恐触刑法，故补缺文，以为掩饰耳。

（丙）无年月小字石印本一百五十四回，黑口，单鱼尾，四周双栏，每半叶廿二行，每行三十五字（行格与申报馆同），卷首有壬午西岷山樵序，又绣像八叶。每回有精图半叶，两回合一叶，插入单回之前。野言之有图像者，只此一本。此本所补缺文与申报馆本相同，而行格又同，其为誊写覆印也无疑。

（丁）普通铅字本。市上流行之铅字本甚多，有删去猥亵之字而自称“古本”者，亦有不然者，但皆不可靠，非错误百出，即删节过甚也。野言又有所谓《新野叟曝言》者，著者陆士谔（号云翔），清宣统元年改良小说社铅字本，每半叶十二行，每行二十九字，前有李友琴序又石印图五叶（民国十七年亚华书局铅字本，即宣统本之重排者也）。陆士谔君，江苏青浦县人，现为申江著名国医之一，其旧时所作小说之多，几与包天笑君相等。中大学生倘以“包陆小说考”为题，似不难作成一篇毕业论文也。

（三）内容

《野言》二十卷，一百五十四回，较《红楼梦》或《金瓶梅》更巨，真理想小说之最浩繁者。其凡例第三云：“是书之叙事，说理，谈经，论史，教孝，劝忠，运筹，决策，艺之兵诗医算，情之喜怒哀惧，讲道学，辟邪说，描春态，纵谐谑，无一不臻顶壁一层。……”可见此书无所不包，无所不含。主角姓文，名白，号素臣，“是铮铮铁汉，落落奇才，……说他不求宦达，却见理如漆雕，说他不会风情，却多情如宋玉。挥毫作赋，则颉颃相如，抵掌谈兵，则伯仲诸葛。力能扛鼎，……勇可屠龙，……旁通历数，……间涉岐黄，……。以朋友为性命，奉名教若神明”（见第一回）。……“既能易形，又工内媚。姬妾罗列，生二十四男，男又大贵，且生百孙，孙又生子，复有云孙。其母水氏百岁，既见六世同堂，来献寿者七十国，皇帝赠联，至称‘镇国卫圣仁孝慈寿宣成文母水太君’”（见第一百四十四回）。凡人臣荣显之事，此书几毕载矣。

（四）野谈

蒋瑞藻《小说考证》，许指严《南巡秘记》，皆称此书系江阴缪某所作，误也。《野言》著者，夏姓，名敬渠，“字懋修，诸生，英敏绩学，通经史，旁及诸子百家，礼乐兵刑，天文算数之学，靡不淹贯……”（见《江阴县志·文苑传》）。敬渠有才自负，终生不得志，晚乃为此书以抒愤。会高宗南巡，乃誊写全书，精装之置于木匣中，外加包袱，将于迎銮时进呈，冀博宸赏。夏有女名衡娘，深通文墨，并晓世事，知此书进呈，必酿巨祸，而父性固执，无可劝阻，乃与表兄金冠玉密谋，用素纸另装一部置于匣中，而匿原书于他处。迨夏将迎驾，卧室中忽无故发声，似出木匣中。怪而起身烛之，绝无声息，亦无所见。是时衡娘亦揉目而起，且大声曰：“阿呀，阿呀！我做恶梦，吓死我了。”夏问何故。衡娘曰：“有人来夺稿。一金甲人，同一白须老人走入此室，问我《野叟曝言》稿在什么地方。我不敢实告。白须老人大怒地说：‘我是你的祖父，你不说，我也知道稿之所在。我能代缴，不必烦你。’他就在稿匣中抽出数册，畀金甲神。神把它们焚了，顷刻烟消火灭，又抽出数册，也焚了。我想夺，又不敢，又无力。——父亲，我吓死了，父亲，快快把稿匣打开来看，有没有伤损。”

夏迷信天道，常恐为造物所忌，故议论间不无呼吁怨尤之意。今闻所言白须老人，确为己父生前体貌，因益惶恐，悄然不语。良久曰：“我的书竟犯天怒么？”

衡娘是时跃起曰：“父亲，稿在此，不必怕。那个梦真是惊人呀！”且语且取匣中稿，……忽大叫曰：“字呢？统统是白纸了！”夏视之果然，色顿如灰土，语不能出口。衡娘又取他册视之曰：“没有字了，完全白纸了！怎样，怎样？”于是父女相对嗒焉若丧，既而夏悄然曰：“儿不可声张！倘有问及此书者，你说被人偷去了。那都是我的不好——那都是我自己不好。”

夏卒，衡娘以此为其父一生心血，不当淹没，将全书约略修改，付之手民，残缺之处，任其自然，不加添补——即吾人今日所见之木活字本也。

（五）评论

《野言》全无优点，只有劣点，而其劣点可以三字包之：一曰腐，二曰俗，三曰污。腐者，迂执顽固也。俗者，富贵功名也。污者，淫词秽语也。今先举一例以见其腐，如下：

> 文素臣（《野言》之主角）者，无所不知，无所不能之人也。于教授其妾璇姑算数时，偶然提及天文问题。璇姑笑而言曰：“天地谓之两大，原来地在天中。不过

这一点子，可见妻子比丈夫小着多哩。”素臣答曰：“若是妾媵，还要更小哩。”

由天文而悟出夫妻之大小，并悟出妻妾之大小，其设想固妙，但腐气未免太深。书中类此者甚多，不能枚举。

再言俗：文素臣官至“一人之下，万人之上”，有妻六人，子二十四人，孙百人。长子八岁点状元，九岁为巡按，……最佳之子名“尚主”者，王亲国戚强欲以女妻之。且素臣“五日抱两王子，……一旬产四男儿，……（八十五回）……九子夺奎，……百丁介寿，……（百三十六回）；百世推恩，侯伯子男递衍，千秋异数，君臣后妾同筵（百四十一回）”。书中屡见者，皆此类庸言也。

末言污：污即淫也。《野言》为禁书，以其淫也。第五回之“绣被寻春……”，第二十四回之“丫环怜玉貌，公子觑花容”，第二十五回之“单二姨……李嫂嫂”，第二十八回之“……丹房求秘策……病榻说风情”，第二十九回之“小姑嫂看淫书……老夫妻吃热药”——此数回中所含污言污意甚多。至于第六十六回言有嗜人精者，将素臣幽闭家中，使妾十六人赤身露体，以作种种把戏，则更不近情理矣。

吾亲友中之阅毕此书者，除一人外，无不骂其腐俗，无不骂其污秽。例外者，即武进庄百俞（已逝）先生也。庄先生常告余云：“小说以《野言》为最佳，真第一奇书也。”余问其故。彼曰：“文素臣有领袖之才，兵刑钱谷……”余不待其语毕而插言曰：“文素臣不注重钱谷的，不讲经济（今义，不是古义）的。陆士谔在《新野言》第一回中说夏敬渠所唱的高调，决然不能实行，因《野言》只讲教民，不讲富民之故。但天下断无不吃饭、不穿衣而重仁义礼智孝悌忠信的人。……照这样讲，文素臣也有所不知，也有所不能，不一定是个全人。我想我们不必学他，不必采他为模范。”庄先生笑而言曰：“陆士谔，我曾和他通过几次信，他的医理很好。他那里会做小说呢？……你也太苛求了。这样的小说，我们应当细细地看。文素臣那个人，还不是英雄么？我们应当学他。我想从前的曾国藩，也是学他的，也是以文素臣为榜样的。”

三十一年九月十日

瓶 说

（一）引言

章回小说，如俗所谓诲淫之《金瓶梅》（在本篇中以后简称“瓶书”），吾国素来视为“闲书”，素来视为游戏笔墨，不能登大雅之堂。故《四库》不收不存，而诸家藏目亦不之载入也。旧时读书人，虽有暗暗欣赏者，但决无公然自认为阅读者。友人杨君，现代文学家也，曾提出一问：博学好古如清之顾亭林，何以其著作中全无一字提及瓶书耶？岂其竟未之见乎？此问题初视之，似不重要；细思之，实有价值。顾亭林博览群书，一生中决无不见章回小说之理。彼所以一字不及著名之瓶书者，以其秽也，且非正经正史也，非正式文学也。

吾国之人，确然轻视小说，不以为文学。在阅读者固有此种心理，即在著者本人亦何尝不然？余为此言，有证据二：（一）章回小说，大都以白话写成。古人以为白话者，便于下流社会之文学，非“文章”也。（二）因此，著作人往往用“笑笑生”或类似之笔名，不肯以真姓氏自露而授后人以口舌。是故《三国演义》《水浒传》，及其他著名小说，其著作者之姓名，非独无人确知之，且无法为之考证也。李卓吾、金圣叹、张竹坡辈，敢在此种书上细加批点，并爽然自露其名，当时之人自然以“狂徒”视之。今则不然，新文学家无不称瓶书为文学矣。

复次，此类书籍，尤其是有污誉之瓶书，其著作年月亦不一定。因著作者虽为多才之“狂”人，而印行乏资，必赖有财且好事者为之刊刻。故脱稿后，先由知已者借读，传抄，经过十年或数十年之流浪而始有人刊刻行世。余意吾国许多巨著，因此失传者，为数想必不少，例如余家藏精抄《姑妄言》残本，其文笔，其数量，似不在瓶书之下，但研究家如鲁迅，郑振铎诸君，均不知其名，竟不知世间有此一奇书也。但瓶书虽有恶名，虽时时被禁，然至今不失传者何故乎？曰，因其写实也。瓶书言一大宅之盛衰，言一代官吏之腐败——瓶书言西门庆之为人，言彼之“酒肉”朋友，言彼家之妇女与当地之土娼，言官吏之公然受贿，无恶不作；瓶书所言，似乎甚泛，但不重复繁琐。瓶书所言，无不详细，但专及主要之事，而不尚文字上之虚饰。瓶书之“进行”，粗观之，似不疾速，但颇近希腊悲剧，于不知不觉之间，已抵达高点矣。瓶书之辞，有时所以过于冗长者，因欲使各个人物以言语自见其品性也；有时所以过于简洁者，欲使任何读者非阅毕不肯放手也；忽繁忽简——简者如电文，繁者如释典——瓶书之笔真奇哉！瓶书之刊行，许多研究家以为至早在万历丁巳（一六一七年）。

引言太长，似离题矣。今当继言书之本身。

（二）瓶书之著者

本书著者，或称欣欣子，或称笑笑生。其真姓真名虽不可考，然决知其为山东人。余得证据二：（一）书中多鲁省土语，非他处人所能。（二）明末清初之鲁人，最喜且最善于写此类小说。《绿野仙踪》之撰人亦是鲁人。据友人郑君口头告我云：“北方某校图书馆藏《绿野》原稿本。《绿野》原名《白鬼传》，较刻本多二十回。温如玉，冷如冰实是一人，亦即著者本人。其中文字并不较瓶书为逊。”余一向未得《绿野》精本，未尝卒读，不能比较。郑君为著名研究家，想其言必可靠也。

世有因瓶书文笔之奇，描写之妙，或直击，或旁敲，或敷衍，或简洁，或两面并陈，使自见其优劣，或单方猛进，突然而抵高峰——世人以为此种奇妙之笔，非“名士”不能，遂疑王世贞为瓶书之著者——此大误也。王世贞，太仓人，字元美，自号凤洲，又号弇州山人，虽为诗文大家，虽在鲁省服官数年，然决不能明了许多土话而用之无误也。且“凤洲以治史著名，书中年代错误，与史实多不合。宋明二代官制国故，多所混淆；为路为省，且不能别。清河又何能属之东平府？沿水浒阳谷属东平之误而不知改，此皆其谬误也。谓出凤洲手可乎？”（见姚灵犀《瓶外卮言》第三十九页）

（三）参考书

《瓶外卮言》为研究瓶书者最佳最便之参考书。此书于民国二十九年由天津法租界天津书局出版。书内含（一）著者时代及社会背景，（二）词话，（三）版本之异同，（四）与《水浒传》《红楼梦》之衍变，（五）小札，（六）集谚，（七）词曲等篇，共二百六十页。小札系专名或土语之字汇，如盖老（某妇之夫也）色系女子（绝好也），刮剌（勾引也），油水（侵润也），四海（交游广也），眼里火（目中出火，见则心爱也），不听手（不听指使也）等等，无不一一详解之。

除《瓶外卮言》外，下列四书，亦可作参考之用：

一、《中国小说史略》（第十九篇，二二一页至二二九页），鲁迅著，北新书局出版。

二、《小说旧闻抄》（第六七页至七〇页），鲁迅著，联华书局出版。

三、《小说闲谈》（第七六页至八一页），阿英著，良友图书印刷公司出版。

四、《中国小说史》（下卷第六章，三五八页至三七七页），郭箴一著，民国二十八年商务印书馆出版。

（四）瓶书提要

本书主角西门（姓）庆（名），号四泉，清河人，一不识文字，专好游荡者也。其正妻月娘，为人尚属正派。妾三人——潘金莲、李瓶儿、春梅——皆淫妇也。本书在三名中各取一字，合而为题。潘系武大之妻，经王婆作合，庆奸之。后毒死武大而纳以为妾。武大胞弟武松，勇而有力。来报仇时，寻庆不获，错杀李外傅，充配孟州。李瓶儿为邻友花子虚之妻，庆亦先奸而后“娶”之。春梅者，金莲之美婢也。

西门庆因鸩武大无罪，又因多次取得横财，遂行使贿赂，取得金吾卫副千户之职。此后胆更大而行为愈妄——或求药纵欲，或受赇枉法，举凡贪官污吏、土豪劣绅之一切恶事，无不为之。

李瓶儿生子，金莲妒之，屡设暗计使婴儿受惊，后果以瘈症（惊风）死，而李因痛子而亡。

瓶儿死后，金莲愈媚其夫。一夕，庆饮药过量，暴死。

本书至此，已抵达高点，凡为阅者皆有不忍卒读之之意矣。但余作提要，不得不继续言之：

西门庆死后，其妾金莲、春梅，与其婿陈敬济通。事露，二人皆被斥卖。

金莲出居，在王婆家待嫁时，适武松遇赦归来，见而杀之。

春梅卖为周守备妾，有宠，生子，册为夫人。春梅称陈敬济为弟，罗致府中，仍与之通。后金人入寇，守备阵亡。其前妻之子与春梅通，亦因纵淫暴卒。

金兵将至清河时，庆妻（月娘）携其遗腹子孝哥逃奔济南，途遇普净和尚，引至永福寺，以因果现梦化之。孝哥遂决意出家，法名明悟。

总之，瓶书是一部社会小说，描写一“流氓”之发迹，及其家庭之丑事也。吾国人之类似西门庆者，即由“大郎”而变成“大官人”，由“管些公事”而“结交官场”者，太平时有之，战争中亦有之，城市中有之，乡村内亦有之——无时无之，无地无之——可知瓶书虽详述当时之代表者，然亦可谓骂尽古今之“恶少”（去声）也。世人以为瓶书描写淫夫荡妇之言行，实则暗讥缙绅权贵之污浊，盖作者深痛衰世人情之虚伪，政治之不纲，故发苦言以为警戒耳。

（五）各种版本

余家所藏之瓶书，及余历年所见者，有下列各种不同之版本：

（1）《金瓶梅词话》十卷一百回（见左图），影印明刊本。白口，单鱼尾，单栏，每半叶十一行，每行二十四字。前有欣欣子序，东吴弄珠客序，甘公跋。此书除北京、上海之影印本外，另有民国二十四年世界文库（上海生活书店出版）本，计四卷三十一回，郑振铎细校，惜非全本也。又有上海杂志公司铅字本，每半页十五行，每行四十二字。书尾有施蛰存跋。书中之所谓淫辞秽语者皆删去之，而于方括弧内注明“以下删去若干字”。

（2）《新刻绣像批评金瓶梅》二十卷一百回。明崇祯间刊本，白口，不用上下鱼尾，四周单栏，每半叶十行，每行二十二字，眉上有批评，行间有圈点。卷首有东吴弄珠客序三叶（见图一），目录十叶，精图（见图二）一百叶，此书版刻、文字均佳。

（3）《张竹坡评第一奇书》一百回，半叶十行，行二十五字，图百叶又袖珍小字本，半叶十一行，行二十五字。又湖南木活字本，半叶十一行，行二十二字。以上三种，皆有谢颐序。

（4）《批评第一奇书金瓶梅》（即《多妻鉴》）一百回。东洋大号铅字洋装本（两册），每页十六行，每行三十字。卷首有凡例，竹坡闲评，西门庆房屋，读法，冷热金针，非淫书论，寓意说，趣谈，目录，杂录小引，西门庆家人名数，西门庆家人媳妇，西门庆淫过妇女，潘金莲淫过人目，苦孝说等，此书误排之字甚多。

（5）《古本金瓶梅》一百回，王凤洲著。上海东鲁书局铅字本，每页十三行，每行三十八字。此书删节之处，似乎较少，与旧时卿云图书公司出版者不同。

（6）英译本《金莲记》（The Golden Lotus）四册一百回（首册序文等十六页，正文三八七页，二册三七六页，三册三八五页，四册三七五页），译者艾吉登（Clemens Egerton），公历一九三九年英国罗赉基（Routledge）父子公司出版。译文甚佳，信、达、雅三质全具也。卷首有译者绪言、小引及姓氏表。书中污秽之字，不译英文，而以拉丁语代之。吾国将来复印瓶书，其实不必缺文，可采用艾氏之法，而以篆书为替。

（7）节译本《金瓶梅》（Chin Ping Mei）一册四十九章（共八百五十二页）前有韦立（Arthur Waley）序。韦氏，英国人，曾译汉文诗歌为英文，世皆知其为中国通者也。

（六）结语

瓶书为全世界著名之作。除其祖国多种不同之版本外，另有满文译本、德文译本、英文译本。西方学者，极赞美此书，称为研究心理之资料。葛乐坡（Grube）云：“著者观察力如此之强，描写法如此之精，虽拼合中国所有其他小说而成一书，亦不能与之争美也。”劳佛（Laufer）氏曰：“依艺术言，此书诚杰作也。有称之为秽亵者，误也，吾人当否认之，今以本书与左拉（Zola）及易卜生（Ibsen）之小说、剧本互相比较，所谓淫辞秽语者，彼此绝无多少轻重之别。但彼此有相同之点，即富于艺术性也。彼此均出自名家之手，均深知同时代之男女，而将其心绪行为，明明白白，细细底底描写出来——描写彼辈之实在情形，而不描写彼辈所应为之事。”葛劳两氏，皆德国文学家。

三十一年十二月二十日

《续金瓶梅》

继《金瓶梅》（参观“瓶说”篇）后而作之劝善小说，有《续金瓶梅》《隔帘花影》及《金屋梦》三种。其中最著者，第一种《续金瓶梅》也。

《续金瓶梅》,据孙子书小说书目,有旧刻九行二十字本,余未之见。余家藏者，坊刻十行二十四字本，及旧抄十行二十四字本也。坊刻本与旧抄本，行格虽同，而内容不一，当于本篇后幅详细言之。兹先开列各“劝善小说”之版刻、作者，及其他有关诸事，如下：

（一）《续金瓶梅》

（甲）旧抄本八卷五十四回，紫阳道人编，湖上钓史评。每半叶十行，每行二十四字，卷首有目录，无序文。收藏有“镇洋毕沅”及“灵岩山馆藏书”两印记，知是毕沅旧物。沅字孃蘅，一字秋帆，自号灵岩山人，乾隆进士，官至湖广总督。经史、小学、金石、地理之学，无所不通。著作甚多，有《经典辨正》《续资治通鉴》《关中中州山左金石记》《灵岩山人诗文集》等等。

（乙）巾箱本十二卷六十四回（见左图），紫阳道人编。每半叶十行，每部二十四字，卷首有南海爱日老人序，西湖钓叟序，凡例四则，《太上感应篇》《阴阳无字解》（即功过格），引用书目，总目录，图像二十四叶。——此书系多年前友人郑振铎兄所赠。

（丙）铅字本（不分卷）六十回，紫阳道人编，民国二十二年卿云书局印行。每页十二行，每行三十六字。全书分钉三册。第一册前有浪漫室主人校读题记、烟震（霞）洞蒐隐序，南海爱日老人序，西湖钓叟序，凡例及回目。

（二）《隔帘花影》

旧刻本四十八回（见右图），不著撰人。每半叶十一行，每行二十四字。前有四桥居士序，又回目。——此系未曾完成之作。

（三）《金屋梦》

莺花杂志社铅字本六十回，每半叶十二行，每行三十字，前有凡例又目录。

上述各种，皆《金瓶梅》之后身。除《隔帘花影》外，所有人名如西门庆、吴月娘、潘金莲等均不改易，《隔帘花影》，亦名《三世报》，其中西门庆易名南宫吉，吴月娘易名楚云娘，潘金莲易名红绣鞋，……盖作者志在避免“盗取”紫阳道人原著之讥耳。紫阳道人姓丁，名耀亢，字西生，号野鹤，清山东诸城人，官容城教谕。《金屋梦》则全为增补《隔帘花影》而成之书。

关于丁野鹤之《续金瓶梅》，鲁迅在《中国小说史略》中，言之綦详，兹节录如下：

> ……前集谓普净是地藏菩萨化身。一日施食，以轮回大簿指点众鬼，俾知将来恶报，后悉如言。西门庆为汴京富室沈越子，名曰金哥。越之妻弟袁指挥居对门，有女常姐，则李瓶儿后身。尝在沈氏宅打秋千，为李师师所见，艳其美，矫旨取之，改名银瓶。金人陷汴，民众流离。金哥遂沦为乞丐，银瓶则为娼。……后集则叙东京孔千户女名梅玉者，以艳

羡富贵，自甘为金人金哈木儿妾，而大妇凶妒，篡取虐使之。梅玉欲自裁，因梦自知是春梅后身，大妇则孙雪娥再世，遂长斋念佛，不生嗔恨，竟得脱离。至潘金莲则转生为山东黎指挥女，名金桂。夫曰刘瘸子，其前生实为陈敬济，以夙业故，体貌不全。……（见原书二二九页）

总之，《续金瓶梅》者，借小说之名，作《感应篇》注解，借饮食男女，讲阴阳报复，戒色戒淫，劝人为善之书也。唯究以淫秽之处太多，旧时不敢公然发售。余家藏之木刻本与旧抄本，非独回数不同，并且文字亦略有出入，兹比较而说明之如下：

（一）旧抄本题“紫阳道人编，湖上钓史评”，木刻本不题“湖上钓史评”。

（二）旧抄本第一回云：“我今为众生说法，因这佛经上说的因果轮回，遵着当今圣上颁行的《劝善录》《感应篇》，都是戒人为恶，劝人为善，就着这部《金瓶梅》，讲出阴曹报应、现世轮回……”木刻本缺中间“遵着当今圣上颁行的《劝善录》《感应篇》”十五字。——两本文字之不同，不止此也，不细述。

（三）旧抄本每回后有总评，木刻本无评。抄本第一回之评云：“此第一回为一部书之开案，将西门庆等死人名目，尽从月娘眼中看出，线索在手，后千头万绪，尽发源于此。作者真才识高旷，阅之阔人心目。”

（四）旧抄本五十四回。木刻本六十回。木刻所溢出之十回（即十四回、十九回、廿一回、三十五回、四十六回、五十二回、五十四回、五十八回、六十二回及六十四回）疑是后人增补。

三十二年二月一日

金花记

本篇言赛金花之一生及关于赛金花之各书，故以此为题。

赛金花，真姓赵（或作曹，误也），乳名彩云，原籍徽州，生长姑苏（即苏州）。由小姐（？）而妓女，由妓女而夫人，又由夫人而妓女，由妓女而太太——中间又插入与（德将）瓦德西同宿仪鸾殿一段故事——其所作所为，誉者有之，毁者亦有之。余非评论家，不敢言是或言非，惟认定赛金花确是一个美女，确是一个奇人。吾国政治不论如何改变，吾国科学不论如何发展，赛金花总能传之永久，总能“流芳……万年”也。

余幼时即喜读小说林出版之《孽海花》，三十年来，除最初数年无所获外，后来断断续续发现者计有一十二种，当于本篇后幅详言其版本。兹先述赛金花之“小史”：

赛金花（即赵彩云）生于苏州周家巷，时清同治十三年（公历一八七四年）也。十三岁（即清光绪十二年）至花船应客为娼。十四岁正月嫁洪钧（字文卿，状元）为妾。同年五月洪任出使俄德奥和四国大臣，彩云随洪赴欧。十七岁在德京柏林生一女，名德官。洪任满返国，任兵部左侍郎。二十岁（光绪十九年）洪钧卒。彩云伴灵至苏后，即脱离洪氏。二十一岁，改名曹梦兰，设书寓（即长三堂子）于上海二马路彦丰里。二十五岁在天津江岔胡同开金花班（堂子）。次年由津迁京（北京）应客，后因内城禁娼，仍回天津。二十七岁（即光绪二十六年），因拳匪作乱，逃出天津。后复逃京，遇瓦德西。二十九岁，骑马堕地中伤，经年始愈。三十岁开班子于陕西巷，营业极旺。三十一岁，因班妓凤铃吞烟自尽，被逮入刑部狱，旋解原籍。三十三岁，重张艳帜于上海，门上悬牌曰："京都赛寓。"三十四岁嫁黄某。次年德官死。四十岁，黄某死，始识魏斯灵。四十四岁（民国六年）随魏至北京，次年六月在上海新旅社与魏正式结婚。不久即往北京。四十九岁，魏卒。彩云只身赁居天桥迤西之居仁里。是时改名魏赵灵飞。六十三岁卒。身后萧条，经人发起，向各方捐募，始得成殓。

赛金花之"小史"已毕，今当继言余家所藏各种关于赛金花之书籍矣：

（一）《孽海花》十卷二十回，东亚病夫编，清光绪三十一年乙巳小说林社铅字本，外封面有亚兰女史题"历史小说"及"孽海花"等字。

（二）《孽海花》十卷二十回，东亚病夫编，民国十三年上海有正书局重排本，卷首有孽海花照片二叶。此书行格与前一种完全相同，惟字体不同。例如，第一页第一行"爱自由者起爱"之第二"爱"字，乙巳版作"发"；又第七页第三行第八字与第十字间之西文，有正版体细不误，乙巳版体肥而误。

（三）《孽海花》三、四、五、六编计四十回，陆士谔编，民国五年大声图书局铅字本。

（四）《孽海花》十五卷三十回，曾朴叙，民国二十四年真美善（书店）铅字本，卷首有曾朴序。

（五）《赛金花本事》一卷，刘半农初纂，商鸿逵纂就，民国二十三年北平星云堂铅字本。——此书系友人包天笑先生所赠。卷首有包先生跋云："此书出版后，据赛言，刘半农先生曾允她，酌抽版税与彼，以济其困。但后刘亦逝世，而商鸿逵出版此书，销路尚佳，对赛未有所与。赛则有人告彼，谓已出书。故赛每向人道及，谓刘先生欺骗彼，自己赚了六七万元，而不分一文与她。实则纵能畅销，亦决不能有此数也。”包先生另有批注多条，因限于篇幅，不能尽录。

（六）《赛金花传》五十回，虞麓醉髯编，民国二十四年上海大通图书社铅字本，卷首有赛金花像。

（七）《孽海花本事》一卷，绣虎生编著，民国二十四年上海大通图书社铅字本，前有编著者自序。

（八）《赛金花》一卷，蒋醒若编，民国二十五年上海戏剧出版社仿宋铅字本。外封面彩印，有魏赵灵飞（即赛金花）照相。卷首有曾虚白序言，又有赛金花少年、中年、老年照相四叶。卷末有《赛金花》剧情及演员照片。

（九）《赛金花》（剧本），夏衍著，民国二十五年生活书店铅字本。

（十）《赛金花遗事》一卷，杜君谋编，民国二十五年千秋社铅字本，外封面有像。

（十一）《赛金花自述》一卷，沈云衣编，民国二十五年银星社铅字本，里封面有赛金花遗影及遗墨。卷首有“传略”，卷尾有“生前访问”“戏剧演出”“舆论一束”等。

（十二）《灵飞集》一卷，张次溪编，民国二十八年天津书局铅字蓝印本，前有铜版影印金息侯题笺又赵幼梅题诗。

除上述者外，另有所谓《新孽海花》（陆士谔编）者，演他人事，与赛金花无关。又民国二十五年潘绅（书卿）之《补拙随笔》下卷《赵彩云自述》（五十叶至七十叶）一篇，系节自《时事新报》者，末附潘跋。其言极公正，兹照录如下：

赵彩云者，吴门洪文卿殿撰之遗妾也。光绪之季，余于友人处尝见有《孽海花》一书，即记其改名曹梦兰重堕平康时之艳迹，似纯为一淫荡女子，卑不足道者。不意今于《时事新报》中，见有北平记者往访赵氏，笔录其自述一篇。余读之，恍若白江州之闻浔阳琵琶，不禁泪湿青衫，爰为节录之。当拳匪肇祸，联军到北京之时，生民涂炭。幸赖其申诉联军主帅，民众得以安宁，而于议和之时，亦赖以斡旋和局。是其福民利国之功德，要当书之竹帛，昭示后世。我愿后之览者，哀其遇而重其德可也。

三十二年三月三日

比丘尼艳史

（一）引言

年少出家为尼者，不论童贞或孀妇，不论自愿或受迫，后来往往献丑。清礼部则例载尼僧（即尼姑）不得招受少年女徒一项："嗣后有年未四十出家者，地方官严行禁止。"据此，可知前清出家为尼，必须在四十岁以上。少年者不得为尼，定例具有深意。但孀妇不满四十岁，有因夫家母家均无依赖而出家者。若一一逼其再嫁，似乎不合情理。惟幼女之由父母作主而为尼者，并非本人情愿，故长大后罕能苦修守规。吾国小说之描写比丘尼艳史者不少，旧者如《玉蜻蜓》《桃花庵》，新者如《尼姑小传》《瑶光秘记》，皆上品也。

至于《观音庵》等石印袖珍小字本，文字既极粗陋，印刷又极恶劣，似专为下流社会而设，无提之之必要。本篇下文所言，专重《桃花庵》《玉蜻蜓》，兼及《尼姑小传》《瑶光秘记》。兹先述最新者《瑶光秘记》。

（二）《瑶光秘记》

《瑶光秘记》，民国二十七年十月出版于天津，著者姚灵犀也。全书分上下两记。上记七十页，言志昙事。下记一百八十页，言玉清事。志昙与玉清，以佛寺为宴客之所，以禅房为苟合之处，虽不公然卖淫，但亦相差无几，实尼而妓者也。

两记所述，难逃旧时老调，即（一）游庵，（二）遇艳，（三）偷情，（四）狂欢，（五）惨死（或成婚）。志昙归绮园主人为外室，成婚者也。玉清则因堕胎流血过多而亡，惨死者也。狂欢之时，或谈笑，或饮酒，或吟诗，或观画，全不顾将来之结局，而结局终无佳者。男子好色，不求之妓院而暗入尼庵，女子怀春，不还俗嫁人而利用佛庙——依迷信言，此种人罪恶甚多，死后必入地狱，倘亦能得到圆满结局，则天理全无矣。

本书文字甚佳，惜所言者全是荡检逾闲之事。传闻，国府行将禁售禁阅，余又恐贻害后人也，已采纳著者之高见，于昨晚“付祖龙之炬”矣。

（三）《尼姑小传》

继言清末出版之《尼姑小传》：

《尼姑小传》两册，惜花生撰，最初出版于清宣统二年，小说进步社铅字排印本也。卷首有四喜、阿春、柳禅、喜贞、桂卿、理贞等铜版照相三叶，又苕溪散人序。民国七年改由国学维持会刊行，序文，照相，行格（十一行二十九字），页数（八十三页），与旧本完全相同。惟新本末页有预约告白，称续集“准于本月内出版”，余累求不获，想未印行也。

全书两册，收江浙名尼五十四人，涉及地域，如杭州、嘉兴、南浔、苏州、无锡、盛泽、金陵、扬州等二十馀处，所收诸尼，良莠不齐，贞淫不一。有薙发者，有蓄发者，有尼装者，有俗装者。有能歌舞者，如湘公庵之妙云。有能导游者，如观音庵之佛如。更有能作联者，如水月庵之普航，其联曰：“平堤分占西湖秀；杰阁留栖南海云。”且有能作诗者，如木庵之云林，其诗曰：“春心撩乱花难睡，为倚阑干待月来。”但大多数皆有应变之才，兹择盛泽大悲庵顺宝一事以明之。

> 顺宝盛鬋修容，清洁可爱，依依小鸟，言语颇解人颐。初不过略识之无，向余问事者数月，竟尔粗通韵语。时有某武员泛地来，盛慕顺宝名，挽余（惜花生自称）作介绍人，带师船数艘，夸张声势，直至庵前。至复自持能力，以一拳捶碎其山门之壁。顺宝闻而出，曼声而言曰："捶碎山门容易补，损将佛法最难修。"某武员闻之，深滋不悦，掷四饼金，作赔偿费，鼓棹去。顺宝唤香佣追邀之……后某武员又盛饰至其庵，以巨金示住持尼，欲以顺宝充下陈。顺宝坚不愿，致作罢论。某武员旋以狂悖镌其职，甚至流落无所归，人服顺宝之有先见焉。

本书虽记风流艳迹，但全无淫词秽语。阿英在《小说闲谈》中，曾作相当之讨论，阅众可参观之。（阿英即钱杏村，近又化名为魏如晦，且另有方英、谦吾、黄华、凤吾、鹰隼、张若英等等笔名。）

（四）《玉蜻蜓》

《玉蜻蜓》（一）戏芳，（二）游庵，（三）显魂，（四）问卜，（五）追诉，（六）访庵，（七）露像，（八）诘真，（九）认母九段，演申贵生（连）事，即清道光八年玉庆堂刊《白雪遗音》卷四第二十五叶起，至九十九叶止之七十五叶也。遗音每半叶十行，每行二十字，白口，单字尾，单栏，传世极稀，不易遇见。

贵生，苏州人，幼孤，赖义仆王定抚养成人，聘张吏部千金为室，因星家言行娶不利，入赘张府。张小姐，名雅云，丰姿艳丽，惟性端严而淡于情。贵生怨其过于"避嫌"，虽不公然反目，然暗暗不乐也。兹将全书内容约略述之如下：

贵生因雅云淡于夫妻之情，意欲纳美婢芳兰为妾。一日，芳来外园采花，为贵生所遇，牵之共入室。正在好事将成之际，为茶僮文旦“冲破”。

次日，贵生游山塘法华寺，遇见艳尼志贞。因与至友沈君卿同往，未便久留，遂与志贞约定第二日（三月初六日）一人重去。

贵生留于庵中约三月有余，染病而亡。雅云因夜间得一怪梦，求铁嘴先生吴松年卜贵生之生死存亡。松年云：“我想个人，到子六月二十八日，要到来个地方去哉介没那呢。”（苏州土白）求卜之日，七月初一也。

十七年后，徐元宰（即贵生在尼庵中与志贞所生之子，徐知府购去作螟蛉者）中解元后，梦见亲父，因悟自己为申姓之骨肉，而非徐氏之子孙，乳母房中有玉蜻蜓为证。次日，果在乳母房发见玉蜻蜓，遂立志访求生身父母。后来屡谒尼庵，得贵生遗像，而又得生母志贞。

此书之外网，与下面之《桃花庵》相同。或者两书所言，实为一事，不过姓氏不同耳。

（五）《桃花庵》

余家藏之《桃花庵》（见左图），虽非海内外孤本，但为极罕见之小说。下述者，其版本也。

《桃花庵》四卷十四回，不著撰人，清光绪十三年京都琉璃厂刊本。版框高约市尺三寸半，广约六寸，白口，单鱼尾，单栏，每半叶十行，每行二十四字。卷首有张学富、窦氏、陈妙禅、王三思四像。书中多破体字，即所谓省笔者，如“窦”作“豆”，“縠”作“谷”，“师父”作“师付”，“苏”字在草头下加一“禾”而缺左旁之“鱼”是也。数年前《太白》杂志曾提倡简写以代正体，事变以后，似无人作此种主张矣。

本书主角，姓张名才，字学富，苏州人，居双竹巷，娶妻窦氏。年十六，父亡，守制三年，每日在家中诵读书诗。全不出门。满服后，正值虎丘山三月三迎春大会，遂告知窦氏，出外闲游。

虎丘东之桃花庵中有少尼名陈妙禅者，年十八，“生的人物聪俊，美丽异常，才学人不能及，风韵人无可比”，同日亦往虎丘观看胜景杂戏，以消胸中之闷。

虎丘山每年举行迎春大会时，“高扎彩楼，歌舞演戏。四面看戏的车马如云而集。那公子王孙，士庶男女，妆模作样，穿红的，挂绿的，或十个一群，或八个一伙，前者呼，后者应，来往不绝，皆来游会。还有那些买卖客商，各样的杂行，招集一处。还有许多的说笑场，耍把戏的，唱小曲的。还有许多西洋景，许多山景水景，又打上三月三春日的佳景……”（见原书第五页）

妙禅到会略观戏文后，与师父（老尼）同往茶楼饮茶休息。是时楼下来一美少年，即张学富也。妙禅“仔细”一看，但见那一表人才，如前者见的，大不相同——二目清秀……唇红齿白……天庭饱满……地阔方圆。

妙禅女观罢才郎身如混，急急乎身子张下楼窗门，
暗想若得此人将身抱，胜强似修真养性活万春。

学富在楼下饮茶，全不抬头，因不知楼上有人也。妙禅暗想“何能叫他得知？”继又自言自语曰：“有了，有了。我不免将呵的瓜子儿皮，扬于他的茶盏以内。他就自然知道看我。”语毕即将瓜子皮丢下。学富向上一看，并不声张，妙禅又将瓜仁丢下，学富拾而食之。妙禅知其有情，用汗巾包瓜仁一包，掷于学富之前，后又遣老尼下楼，索还汗巾，学富谓汗巾重要，非亲自送还不可，

遂偕老尼上楼。

学富与妙禅在楼上共谈时，合坐一椅，或左或右，或前或后，试尝人生之味。是晚即同归桃花庵。

学富留于庵中，计三月有余，日夜“交舞”，一病而亡。

窦氏见学富不归，到处寻访，全无踪迹。

七个月后，妙禅产一男孩，嘱王婆（即王三思）送至张宅，不料中途遇苏州府知府（苏姓），以银十两强然购去为螟蛉子。十五年后，亲生母子始得相逢。

书名《桃花庵》，因庵后有桃树一株之故。

（六）结论

吾国旧时之愚蠢父母，或信“瞎子”之混说，或听奸尼之怂恿，妄谓女命不佳，留在家中，必遭短折，遂令披剃，冀得长生。毋论将来长大，未必矢志焚修，即或蒲团寂坐，而陷溺终身，亦堪悯恻。清同治八年，巴陵方菊人（大堤）先生在宜昌任时，借查保甲为名，将各庙尼僧年岁逐一登记。内有幼尼十馀名，悉召其父母领回还俗。二年后调守武昌，仍用此法拔出幼尼十馀口，交亲族具领。论天理，论人情均应如此。今之为地方官者，似宜取法方先生，将境内幼尼，一一使之还俗。至于同治七年苏督丁日昌之通饬，似乎太严，行之恐伤人民。其通饬云：“……访问锡金太湖等处尼庵，有所谓师姑（尼）者，妄托香火姻缘，居然青楼面目。招引少年子弟，尽入迷途，顿教禅院庄严，化为秽地。伤风败俗，端人咸切痛心。亵渎神灵，菩萨亦当怒目。甚而酿成命案，尤应严速驱除。扎司即便妥派严洁干员，会同厅县，将锡金有名各庵，并太湖等庵，清查封闭，妥令该尼还俗从良。……”

三十一年十月七日

《青楼韵语》

（一）小引

《青楼韵语》四卷，辑注校证者环应居士朱元亮，汇选墓像者六观居士张梦徵也，皆明代武林（杭州）人。是书原名“嫖经”，但不为导欲之指南，而为劝善之箴言。专制之君，深恐魁伟卓绝之士，隐谋密议，为行政之障碍，故设教坊（妓院）以柔摩其心性，磨冶其志气，使之醉生梦死于其中。是假手于燕赵佳丽，吴越妖冶，以为杀英雄之利器，而士不之悟，此朱张两氏所以有《青楼韵语》之辑也。若以此为冶游指导，因而自命风流，迷于女色者，其自误耳。本篇先言余家所藏《青楼韵语》各种不同之版本，再述其内容，末补新版之不足者。

（二）版本

《青楼韵语》自明至今，共有三本，如下：

（甲）明万历四卷木刻本（以后在本篇中简称“明本”，并不用引号），白口，单鱼尾，上题“韵语”两字（参观景印之叶角），四周单栏，每半叶九行，每行十八字。卷一图六面全，卷二图四面（缺两面），卷三图六面（缺一面），卷四图四面（缺两面）。全书前有万历乙卯玄度子小引，花裀上人题词，郑应台画品，六观居士跋，凡例七条及目录六叶。

（乙）民国三年沪滨隐虹轩大号铅字排印本（不分卷）（以后简称“民本”）道林纸洋装，每页十二行，每行廿一字，天头有花栏，单页双页均题“青楼韵语”四字，均记页数。封面有听芝馆题眉。卷首有民国三年新旧废物弁言，万历丙辰在杭子序（缺首半叶，此序明本全缺），万历乙卯玄度子小引，花裀上人题词，郑应台韵语画品，凡例七条，目录九页，又铜版图十二面。卷末版权页尚存，知总发行者民初上海二马路泰和里西首同永印局也。

（丙）民国二十四年上海中央书店仿宋铅字排印本（以后简称“新本”），即珍本文库第九种之上册也。每半叶十行，每行廿八字。卷首有影印裀花上人题词二页，六观居士跋二页，图八页，凡例，又目录。此本之祖本，即明本也。

（三）内容

本书每节分（一）经文，（二）注释，（三）引文。经文以⊙为识，注释以▲为识，引文则以经文为题，或云“诗词无”。例如：

> ⊙其趣在欲合未合之际，既合则已。其情在要嫁不嫁之时，既嫁则休。▲未合时，有欲合想头，趣味深长，已合则常而浅矣。要嫁时指望者重，不得不用情，既嫁则满望矣。本来性格态度，于此尽露。大凡到此地位，滋味只得如此。

（欲合未合——诗一首，词一首）

寄答赵院判韵　（宋）苏小娟

君往里江妾往吴，无情人寄有情书。
当时若也来相访，还有于潜绢也无。

无畸屡辱过访寄此见怀　（明）岳文

调【花心动】路接仙源，感刘郎时时暗传芳信。惜玉怜香，调月嘲风，两地当无凭准。佳期莫漫轻相许，常追忆三生薄分，信好事应难魆就，顿成愁闷。　　心口还相问讯，怕年少风流，浪寻花阵。独倚画栏，半掩朱扉，此意些时难忍。须知有日谐鸳侣，但只恐腰围瘦沈，好音传语多情，未须着紧。

上面所录者，皆依民本，明本经文用圆圈在栏外为记，注释低一格，无记（见左图）。

（四）补缺

新本以余家藏明本为祖本，当时余尚未获民本，故无法补全。兹将新本所缺者开列如下：

（甲）卷二第四九页末行“祖饯宾僚”诗，应为“悲莫悲于生别离，登山临水送将归。武昌无限新栽柳，不见杨花扑面飞”。新版五十页首行所接之七言诗“趣承……门楣”，其题为《送监酒吕延平》，作者宋温婉也。两诗之间尚缺（一）唐襄阳妓《送武补阙》一首，又（二）宋桂英《送王魁》一首。

（乙）卷三第八十一页六行后，七行前缺（一）宋青幕子妇《答人》又（二）宋乐婉《答施酒监》词两首。

（丙）卷四末页后缺赵今燕、王观微、蒋绿霏、李盈盈、秦玉莺、李治、周德华、郑如英、李筠、苏淑华、徐文宾、杨爱、景翩翩、朱素玉、张楚楚、薛素素、马月娇、周文、吕风茵、苏小小、吴淑姬、赵燕雏、苏桂亭、苗素、田娥、李飞仙、杜飞飞等诗词六十四首，因文字过多，不能尽录于此。惟卷末之“经”文及其注释，似乎不得不补，兹特照录如后：

⊙声气相应，方是一心，彼此怀疑，定然反目。

▲怀疑大率然矣。即不然，你哄我，我哄你，那得真一心也？

⊙才饮便呼巨盏，是催客去。倚门常望凝眸，为盼人来。

▲旧例。

⊙门户早关，必今宵之有客。尊卑宴起，决昨夜之无人。

▲亦是旧例。

⊙玉颜容易得，今可比之摘花。红粉最难驯，古亦谓之缚虎。

▲唯易得，所以难驯。

⊙通宵快乐，犹如马上执鞭。顷刻欢娱，却似江中撒溺。

▲语俚而情真。

⊙精神有限，岂可久劳？聚散不常，且宜混俗。

▲到此那能复惜精神？聚散关头，识得破，忍不过耳。

⊙遭溺丈夫，不解堕于陷内。着迷君子，岂知落于彀中？

▲不陷入便罢，一陷入不由不堕落。

⊙搜引变态，不能有穷。玩味是编，未必无补。

▲变态那得有穷？迷者玩亦不悟，悟者不玩亦悟。安见立言者，即能大悟解脱也。

（五）终结

购书必求古本者，以其刊刻精良也，惟罕见之书，如明本《青楼韵语》，虽略有残阙，仍不失其价值。铅字排印之本，校对往往不精，但余之明本，反得藉民本以补其缺，亦一奇事也。将来新本再版，或他家有志覆刊，余愿以明民两本供给之，俾成全璧。

三十一年九月八日

《霓裳续谱》

（一）引言

《霓裳续谱》者，像姑所唱歌曲之汇刻也。像姑，亦称“相公”，其恶名曰“兔子”，即吾国旧时男同性爱中之被害人。男同性爱，文学书中往往美其名曰“断袖之癖”，多年前盛行于北方。章回小说之以此为主旨而仔细描写其情景者，有《弁而钗》二十回，《品花宝鉴》六十回——两书之原刊本均不易得，而后者尤为罕见。笔记中亦间有提及兔子者，如下面所录之故事是也：

> 毕秋帆（沅）先生为陕西巡抚，幕中宾客大半有断袖之癖。入其室者，美丽盈前，笙歌既叶，欢情亦畅。一日，先生忽语云：“快传中军参将！要鸟枪兵，弓箭手各五百名进署伺候。”或问何为，曰：“将署中所有兔子，俱打出去（下略）。”（见周公侠《历朝野记》续编）

世之以同性爱为专科，详加研求，创立异名，写成巨著者，德国伍鲁礼希氏也。伍氏生于一八二五年，卒于一八九五年，汉诺佛城之法官。其著作中分同性爱者为若干类，颇饶兴味，余当择要节译，附于本篇之末。兹先言《霓裳续谱》之版本。

（二）版本

（甲）乾隆本八卷，又《万寿庆典》一卷（见右图），王楷堂订，集贤堂梓。白口，单鱼尾，四周单栏，每半叶十行，每行二十字。卷首有王楷堂（廷绍）序，盛安序，葛兰坡（霖）跋，又目录十七叶。庆典末叶有诗四行云："排演庆典几数年，乾隆辛未已为先。南巡山东直隶处，在景换式朝圣颜。"下署"留词人天津颜自德订"九字。自德，曲师也，实即本书之编辑者（详见王序）。

（乙）铅字本八卷，民国二十四年章衣萍、沈亚公校订，上海中央书店出版。每半叶十二行，题目大字，占两行地位，每行约三十二字（因有标点，故字数不等）。卷首有胡适题字，岂明序，刘半农（复）序，衣萍校点后记，无姓氏跋，又目录三十一叶。此本缺庆典一卷，又王、盛、葛两序一跋。庆典字数太多，且其词句有时间性，不必补录。盛序葛跋，似为敷演之辞，亦不必录（将来如有复印全书者，余愿意供给之）。惟王序重要，不可不补，兹特转录如后：

京华为四方辐辏之区，凡玩意适观者，皆于是乎聚，曲部其一也。妙选优童，延老技师为之教授。一曲中之声情度态，口传手画，必极妍尽丽而后出而夸客。故凡乘坚策肥而至者，呼名按节，俾解缠头。红氍匝地，灯回歌扇之光：彩袖迎人，声送明眸之睐。朱樱白纻，与晓风残月争妍，亦所以点染风光，为太平之景色也。

其曲词或从诸传奇拆出，或撰自名公巨卿：逮诸骚客，下至衢巷之语，市井之谣（此字刘复序中误作"谈"），靡不毕具。以征歌者，不尽文殹（音翳，于计切）。诸师皆以口授，相沿既久，或习其调而忘其辞，或习其词而讹其字，或调与词并失传。许多名曲，因无蓝本，渐归湮没，诸部甚憾之。三和堂颜曲师者，津门人也，幼工音律，强记博闻，凡其所习，俱觅人写入本头。今年已七十馀，检其箧中，共得若干本，不自秘惜，公之同好。诸部遂醵金谋付剞劂，名曰霓裳续谱。因多舛误，请订于余。余窃谓汉魏以来，由乐府变为歌行，由歌行变为词曲。欧、苏、辛、柳而外，花间得其韵，实甫得其情，竹坞得其清华，草堂得其朴茂。逮近代之临川、文长、云亭、天石、笠翁、悔庵诸公，缘情刻羽，皆足鬯其喜怒哀乐之怀。其词精警，其趣悠长，余之所醉心者，不一而足。每当触景萦情之会，拈毫吮墨，偶一效颦，颇不至遗讥大雅。至于是编，特优伶口技之馀，其足供讽咏者，仅十之二三，虽强从友人之命，不过正其亥豕之讹。至鄙俚纰缪之处，固未尝改订。题签以后，心甚不安。然词由彼制，美不能增我之妍，恶亦不能益吾之丑，骚坛诸友，想有以谅之矣。至其中佳制，或潇洒梨花，荡飏春日；或凄凉河满，寂寞秋帏；或金谷芙蓉，跌宕红儿玉板；或小蛮杨柳，激扬白傅铜琶。当红豆花开之下，绿窗人静之馀，手把是编，旋呼名部，循声核字，鬯我天怀。欲为顾曲之风流，固不必远向江南访龟年与李暮矣。是为序。

乾隆六十年岁次乙卯春二月上浣秣陵楷堂王廷绍撰。

（三）内容

版本已毕，进言内容：

全书八卷，共载五百四十九曲，其中十之九皆用阴性口吻，例如：

（甲）【剪靛花】送郎送在大路西，手拉着手，舍不的懒怠分离。老天下大雨，左手与郎撑起伞，右手与他拽拽衣。恐怕溅上泥，谁来与你洗？身上冷，多穿几件衣。在外的人儿要小心，谁来疼顾你？那一个照看你？

（乙）【平岔】再三的央你，你越发来的迟！叫声丫环你听知：我今藏在屏风里。他若来时，一定将你问。你就说："我娘家把我接，接了去。"叫那下作人儿，他心里着急。

但间有用阳性口吻者，例如：

（甲）寻花问柳游人醉，口诵新诗信步归。倚东窗，笛声吹出云山翠，月明星稀，乌鹊向南飞。兴未阑，复饮茅柴酒数杯。自怜白发垂，方知四十九年非。（叠）夜深沉，倦来独枕残书睡。（叠）

（乙）乍相逢，谁望与你，今宵欢爱。学生无有宋玉文章，子建高才，又何劳小姐这般样用心！我张珙合当跪拜。绣鞋儿刚半折，羞答答不肯把头抬，只将那鸳枕挨。云鬟仿佛坠金钗，偏宜鬏髻歪。半推半就，鱼水和谐。在这春罗盈帕，早见红香点嫩色。（叠）芳卿不见责，何时重结香罗带？（叠）

总之，全书各曲虽多激情之词，然绝无淫秽之语。至于下引一首，则近乎滑稽矣。

> 【数岔】留神听，呀，呀，哟！猪市口儿往南一行，列位押，静听我分明：有一伙子女人，没有眼睛，一个弹琵琶，一个抓筝，还有一个弦子那么拨楞。有个女孩站在居中，手拿着拉琴，嘴里念诵，也有围着把她看，也有坐着尽自听。我学她弹几点，弹将起来更稀松。她弹的是：【老八板】光头和尚泪汪汪，上殿去烧香。钟鼓齐鸣响叮当，口儿里碎咕哝："我佛如来坐中央，阿蓝伽舍立两旁，保佑我和尚跳过墙，娶个好妻房。一日三餐，美酒共猪羊。从今再不当和尚，一辈和尚当够了，再当和尚把心伤。"祝赞已毕下了殿，就与师娘洗衣裳。

《霓裳续谱》各歌曲，倘以民间文学视之，实有保存之价值，其文字虽不及《白雪遗音》之佳，而"方正"则过之。像《姑歌曲》，此外别无他书。

（四）伍氏分类

下面节译伍氏之分类。

伍鲁理希氏，博学多闻之士，亦同性爱者也。常彼尽心尽力为"志同道合"者辩护，但德之法律并不因之而受影响。伍氏之著作中将吾人分为若干类，各以新词名之。阳性有两大类：（一）窕宁（Dioning），（二）贰宁（Urning）。窕宁者，普通人也。无同性之好。贰宁者，变态者也，有断袖之癖。贰宁之名，原于古文"贰拉诺斯"（Uranos），天堂也，意谓贰宁之爱（即男同性爱）较窕宁之爱（即常人之爱，亦即异性之爱）更为高雅且纯洁也。贰宁又细分为三类如下：

（一）雄灵（Mannlings）。此类变态者之相貌与性情，牡而不牝。彼等所爱者，年少而温和之同性也。

（二）雌灵（Weiblings）。此类变态者之形相与心绪，柔而不刚。彼等所爱者，粗笨且年老之同性也。

（三）两行（Zwischen）。此类变态者之外貌与脾气，半牡半牝，在刚柔之间。惟彼等所爱者，年轻之同性也。

上文中“窕宁”与“贰宁”两名，译音者也。“雄灵”“雌灵”及“两行”三名，音义兼译者也。伍氏又有所谓“贰窕合”（Urano Dionings）者，则兼爱两性之男子也，其心其相，雄而不雌。

此外尚有（甲）贰化人（Uranister），即先为普通人而忽成变态者也；（乙）窕化人（Virilized Urning），即先为变态者而渐成普通人也。

伍氏原书，颇不易读，其分类虽密，但太繁且不合事实。同性爱之怪现象，固时时发生于人类中，然吾人亦何必虚掷光阴而作详尽之研究耶？

伍氏另有女同性爱之分类，因与本题无关不赘。

三十一年九月二十一日

孤本小说十种

“孤”字含两义：（一）独一无二（Unique），（二）罕见难求（Rare）。小说固然如此，即正经正史亦莫不然。本篇所言，全为小说——章回小说——共计十种，非“独一无二”者，即“罕见难求”者。兹将其版本，一一叙述于后，并将每种之性质，约略说明之。复次，本篇所开之十种小说，不为余所珍藏者，必为余所亲见者，世间确有其书，不如旧目之只存名称而无实物也。各书之名称及版刻如下：

（一）《空空幻》（一名《鹦鹉唤》）十六回

梧岗主人编次，卧雪居士评阅

清初大字刊本，白口，单栏，版框高约七英寸半，广约九英寸半。每半叶八行，每行二十字，行间有尖角小点以为断句之用。孙子书（楷第）《中国通俗小说书目》补遗第六页载此书，并称“书在今日极不多见”。

书中所言皆猥亵事，其主角姓花名春，字金谷，浙江禾郡人，通诗学，善丹青，才名流布，无不企仰。

余家藏本，序文只存一叶，目录（见图一）全存，卷首卷末略有佚文。惟版权页（即书名叶）尚存，中间题“醒世奇言”四大字，右边题“李卓吾评”，左边题“本衙藏版”，上端题“新镌鹦鹉唤”。想与孙氏所见者（泰兴丁氏藏书），同为一本也。

（二）《浪史》四十回　风月轩入玄子著

清写刻本，白口，单鱼尾，四周单栏，版框高约七英寸，广约八英寸半。每半叶九行，每行二十一字，卷首有目录两叶。余家藏者系啸风轩刊本（见左图），与日本千叶掬香氏所藏者同。据孙目二一六叶，知日本另有传抄本，胡适之有活字本，旧时上海书局有排印本，此数本余均未见。余所见者，尚有优生学会排印本（非卖品），极精。

《浪史》及《空空幻》，皆见丁日昌禁目。

（三）《发聋小说初传》一卷　包开第著

清光绪甲辰刊本，白口，单鱼尾，左右双栏，版框高约六英寸半，广约九英寸。每半叶九行，每行二十四字，小字双行，字数同，卷首有包开第序。

此书为七言唱本，述赵总董之专权而肆骂之。兹引数语，以见原文之恶意，如下：

> 希曾（即赵董）妻房多贤德，向与胡妇乎辈称。同坐同餐同言笑，用尽心机费尽神。长媳戴氏更可畏，乃夫亳州分州尊。人前惯摆官架子，奴家原是命妇身。

此种诽谤文字，不知当时何以不成法律问题也。

（四）《欢喜冤家》六卷二十四回　西湖渔隐编

清小字刊本，黑口，单鱼尾，四周双栏，版框高约五英寸，广约八英寸。每半叶十二行，每行二十五字，前有西湖渔隐序。据孙氏目，此书有八卷本，五卷本，有十二行二十六字本，十行二十二字本，与余家藏本六卷（十二行二十五字），均不相同。余所见之铅字十五行本删去原书四回，又与孙氏所称俗本者不同。铅字本一名《艳镜》，其各回次第与木刻本全然不合。例如，铅字本第十一回（日宣园九月牡丹开），在木刻本则为第五回是也。

（五）《灯草和尚传》十二回
元临安高则诚著，云游道人编次，明趋周求详评

清小字刊本，白口，单鱼尾，单栏，每半叶九行，每行二十三字，版框高约五英寸半，广约八英寸。前有目录一叶。孙目有清和轩本，不言行格，未知与余家藏者同否。

此书在清嘉庆间，御史曾奏禁之。

（六）《姑妄言》存四十回，四十一回，
四十二回　撰人不详

清初素纸精写本，每半叶九行，每行二十五字。四十二回缺首两叶。

此书有优生学会铅字排印本（非卖品），极精。卷首邓序及不佞序，略言此书之源流。孙氏目及禁书目均不载此书，真海内外孤本也。

（七）《牛郎织女传》四卷（不分回）　朱明世编

明万历间书林余成章梓本，版框高约四英寸半，广约九英寸。白口，单鱼尾，四周双栏。每半叶分上下两截，上半图画（见左图），下半文字（十行，十七字）。

此书由海外购回，孙子书君所见者，即此本也（此书另有记录，见《牛郎织女》篇）。

（八）《昭阳趣史》两卷　艳艳生编，情痴生批

明刊本，白口单栏，版框高约八英寸，广约十一英寸半。每半叶九行，每行二十字。行间有直线，有圈点，眉上有批评。卷首有芙蓉主人序（缺首叶）又精图四十二面。下卷之末约缺三叶。孙目称日本今关天彭氏藏玩花斋梓本六卷，无图，版刻与此书不同，未知文字同否。七年前上海奇书忻赏会有铅字本，即以余家藏本为祖本也。

（九）《列国志传》八卷　余邵鱼编集，余象斗评校

明三台馆刊本。每半叶分上下两截，上截载图（见左图），上截十三行，二十字。上截白口，题“全像列国评林”六字。下截黑口，单鱼尾，版框高约八英寸，广约九英寸半。卷首有万历丙午邵鱼序，又戊午象斗序。收藏有“新治县师范学校之印”“水户延方学校之印”两图记。

（十）《麴头陀济颠全传》三十六则　香婴居士重编，紫髯道人评阅

清康熙间写刊本，每半叶八行，每行二十字，版框高约七英寸半，广约九英寸。卷首有图十二面，又莫楚生（棠）手跋，转录如下：

> 此《麴头陀传》，盖章回小说，而每卷标题乃不曰回而曰第几则，其原本必出于宋人，如《宣和遗事》《五

代平话》《京本小说》之类。其事迹亦必当时流传之旧，而明人重编，加以评论，绣像刊行。特香婴居士、紫髯道人者，不得其名氏耳（越案：香婴居士，即王梦吉，浙江杭州人）。近代外教盛行，而奉以为宗旨者，皆曰济公。余尝观其坛语敏妙，墨迹古朴，信其非人所能托，顾亦未敢尽信为此公所凭依也。更有为之作传者，征引及于世俗本《醉菩提》，曷若兹编之尚复近雅哉？昔缪艺风语余有明刊《水浒传》，惜不及持此相与赏异矣。癸亥冬十一月心发主人记。（越案：心发主人，即莫楚生也。）

跋下钤“莫”“心发”二印，又“铜井文房”一印。目录第一叶有“星桥羁旅”“铜井文房”二印。第一则首叶有“独山莫氏铜井文房”一印。第三、第八、第十二、第十六、第十九、第二十三、第二十七、第三十、第三十四各则之首，均有此印。大连汉铁图书馆所藏者，与余家藏本全合。（此书另有记录，见《济公》篇）

三十一年十二月一日

《西厢》与《琵琶》

《西厢》言恋爱，《琵琶》言忠孝——此二者为吾国最佳之剧本，故人人重视之。兹将余所见所藏两剧之各种版刻，一一开列于此，以供研求旧曲者之参考：

（甲）《西厢》

（一）《董解元西厢》二卷，明屠隆校正，周居易校梓。明写刻本，白口，四周双栏，每半叶十行，每行二十四字。小字双行，字数同。前有无姓氏序。序首叶有“愿天下有情人都成了眷属”长方印。余所见者，初印可爱。

（二）《董西厢》四卷，明汤显祖评。明朱墨套印本，每半叶八行，每行十八字，前有清远道人序。此为商务影印之祖本。

（三）《西厢记》五本，元关汉卿填词。明朱墨套印本，每半叶八行，每行十八字。前有即空观主人凡例十则，旧目，及精图二十面，后附元人增《对奕》，及唐元稹《会真记》。每本末附解证，卷首有“玉树堂印”一图记。此书精印全图者，极不易见。

（四）《西厢》六种：

1. 王实甫《西厢记》四本。

2. 李日华《南西厢》二本。

3. 陆天池《南西厢》二本，附《园林午梦》，前有陆天池序。

4. 关汉卿《续西厢记》。

5.《围棋闯局》，元晚进士王生（名未详）撰。

6.《五剧笺疑》一卷，明闵遇五戏墨。

明刊本，每半叶十行，每行二十字，小字双行，字数同，收藏有“王国维”三字印记。此实《西厢》丛书，余极珍视之。

（五）《南西厢记》二卷三十四出，不著撰人。汲古阁《六十种曲》本，每半叶九行，每行十九字。

（六）《北西厢记》二卷二十九出，不著撰人。汲古阁刊《六十种曲》本，每半叶九行，每行十九字。

（七）《西厢记》二卷二十出，明陈继儒评，萧鸣盛校，余文熙阅。明萧腾鸿梓本，版心下方题“师俭堂版”四字。每半叶十行，每行二十六字。小字双行，字数同。前有陈继儒序，唐元稹《会真记》（见右图）及《钱塘梦》。每卷后附释义。末卷有《园林午梦》及《蒲东诗》。全书有图二十面，皆极精细。

（八）《西厢记》五卷，清毛甡论定并参释。清学者堂刊本，每半叶十行，每行二十二字。小字双行，不顶格，二十一字。前有康熙丙辰延陵兴祚伯成氏序，毛甡序，杂论，崔娘遗照。此书有武进董氏石印本。

（九）《西厢记》八卷，清金圣叹批。贯华堂原刊初印本，白口，左右双栏，每半叶九行，每行十九字。小字双行，字数同。收藏有“汪窦”及“燕山”二印。

（十）《第六才子书西厢记》八卷，清金圣叹评。巾箱本，每半叶八行，每行十六字。小字双行，字数同，前有康熙庚子吕延镛序，又图像二十一叶。

（十一）《西厢记》十六卷，清朱璐批评。誊真稿本，每半叶十二行，每行二十八字。小字双行，字数同。前有西厢总论，张珩序，朱璐序，锺氏原序，又读西厢记法。后有陈正治跋。批评者及序跋者，皆浙江山阴人。

（十二）《西来意》四卷，渚山恒忍雪铠道人说意。清康熙中刊本，每半叶九行，每行二十字。前有康熙己未今释序，庚申净挺序，丁未查嗣馨序，庚申蒋薰小引，褚廷琯序，己未俞汝言序，西厢说意，西厢作法，语录，记事，又《会真记》及后跋。后有褚元勋《西厢辨伪》一卷。收藏有“看山草堂”“徐书民藏”及“江寿翰墨”三图记。此书反驳圣叹评本，其文字亦与通行本不同。辨伪一卷，识见甚长。

上列《西厢》十二种，以（二）、（三）、（四）、（七）、（十二）为最精。《西厢》有法文译本，似不甚佳。熊式一之英文译本极精。

（乙）《琵琶》

《琵琶记》，高明所作。明字则诚，永嘉平阳人，元至正进士。旧时之人以作《琵琶记》最为高拭，误也。相传高明与王四友善，四以显达，弃妻周氏，而坦腹于时相不华氏。明挽救不得，作《琵琶记》以讽之。名曰“琵琶”者，以其中有四“王”字也。赵五娘者，以姓传，自赵至周，其数适为五也（依百家姓言），牛丞相者，以不华家居牛渚也。张大公者，明自寓也。下列者，为余所见《琵琶记》之各种版刻：

（一）影印元刊本《新刊巾箱蔡伯喈琵琶记》二卷四十三出，白口，单鱼尾，左右双栏，半叶十行，行大小十八字。前有图十叶，取自明吴兴凌氏刊本（见下文第三种），非此书原有也。后有复翁、枚庵、松禅、云鸿等跋。原书于民国二十年冬在沪市见过，似非元本，而为明嘉靖间刊物也。

（二）云林别墅重刻《元本大版释义全像音释琵琶记》二卷四十二出，白口，单鱼尾，双栏，半叶十行，行二十五字，小字双行，字数同。眉上栏内均有评语，每卷末附音释。全书插图五十七面。

（三）明吴兴凌氏朱墨套印本《琵琶记》四卷四十四折，白口，单栏，半叶八行，行十八字。小字双行，字数同。字旁有朱圈，批亦朱色，在眉上栏外。卷首有即空观主人（即凌濛初）凡例十则，西吴三珠生（即凌延喜）跋，又精图（见左图）十叶。卷末有附录四叶，又弘治戊午白云散仙序。

（四）明虎林容与堂刊《李卓吾批琵琶记》二卷四十二出，白口，单鱼尾，单栏，半叶十行，行大小二十二字。眉上、栏内均有批，总批附于每出之末。卷首有精图二十面。

（五）《琵琶记》（《六十种曲》本）二卷四十二出，上白口，下黑口，左右双栏，半叶九行，行十九字。

（六）清康熙中刻《绘风亭评第七才子书琵琶记》六卷四十二出，白口，单鱼尾，左右双栏，半叶八行，行大小十九字。前有康熙丙午浮云客子序，康熙乙巳吴侬悔庵序，又释义。首叶有“此中有真意”一印记。

（七）三多斋刊《绘风亭第七才子书》六卷四十二出，白口，单鱼尾，上题“第七才子书”下题“映秀堂”，每半叶八行，每行大小均十九字。前有张大伦题，图十叶，释义，写情篇，雍正元年陈方平序，又八比文二十三首。每卷首叶有“赐福堂吴”一印记。

（八）金阊书业堂刻巾箱本《成裕堂绘像第七才子书琵琶记》六卷四十二出，白口，单鱼尾，四周双栏，半叶八行，行大小十六字。前有雍正乙卯程士任序，康熙丙午浮云客子序，康熙乙巳吴侬悔庵序，又图二十四叶。末有一手跋云，“乙丑闰月上浣芳缉读一过”，下钤“熙臣读过”四字白文方印。

以上八种，以凌刻朱墨本为最难得，容与堂本精印者亦罕见。第七、第八两种，均第六种之重刊本也。《琵琶记》亦有法文译本。

《翡翠园》

（一）小引

余所最喜阅者，富贵团圆之小说或剧本也。《翡翠园》两卷二十六出，以“报施终不爽，巍然衣锦还乡”为主旨，适合余意，故自购获后，每岁必阅读一遍，其中主要之人物如下：（一）舒德溥（字在田，父），（二）卫氏（母），（三）舒芬（子），（四）卢大诰（德溥之学生），（五）王大舍（即王馒头，差役），（六）麻逢之（宁王长史），（七）胡世宁（地方官），（八）翡英（麻逢之之女），（九）赵媪（穿花点翠专家），（十）翠儿（赵媪之女）。兹先将本书之著者及行格等言之如次。

（二）撰人及眷写

本剧作者朱素臣，清吴县人。据王观堂（国维）《曲录》卷五，素臣所著，除《翡翠园》外，有《振三纲》《一著先》《锦衣归》《未央天》《狻猊璧》《忠孝闾》《四圣手》《聚宝盆》《十五贯》《文星现》《龙凤钱》《瑶池宴》《朝阳凤》《金五福》《万觞觥》《通天台》《大吉庆》等种，似皆无刊本，即抄本亦不多见。《新传奇品》（书名）称“朱素臣之词，如少女簪花，修容自爱”，不知何故其著作之传世者如此之稀也。余家藏之《翡翠园》有“王（朱文）国维（白文）”三字藏书印记，并有观堂先生手书“稿本翡翠园四本”七字题签（见图一），知为王氏旧物也。书系乌丝栏薄皮纸精写本（见图二），每半叶九行，每行大小均二十字，曲牌名如“沁园春”“绕地游”“哭相思”等等，均以朱线括之。此剧之本事如下：

（三）全剧提要

舒德溥，明正德间江西进贤县儒生，馆于楚中卢氏。学生名大诰，系承荫官生，将入京候选，故德溥于岁暮告辞返家。途中遇同县县役王姓，诨名馒头者，亏粮鬻妻。德溥以修金三十余两全数与之，俾得赎还，自己空囊以归。其时德溥之妻卫氏与子芬，在家忍饥耐寒，静待其返。以下为母子二人之对话（见原书第三出）：

（母）老身卫氏，相公舒在田，学成未售，远馆楚中。我与孩儿舒芬，朝夕相依，饔飧不继。目下正当岁暮，无从开口告人，盼得相公回来，就好勉强度岁了。

（子）从来爹爹春初赴馆，岁暮归家。巴到今日，已是除夕了，为何还不见回来？

（母）岁暮羁留，必有他故。我母子二人，不要说度岁艰难，就是今夜除夕，饔乏畚盐，厨无薪粒，似此十分窘迫，如何是好！

（子）告母亲知道，此去里许，王陵左侧隙地生有一种苦蕒菜，香肥可啖。待孩儿去挑取回来，再拾些枯枝烹熟。万一爹爹不回，我们胡乱充饥也好。

（母）这也使得。既系王陵隙地，料没有人啰唣，我就同孩儿去。

德溥归来，与妻子共食苦菜而睡。夜半空中有声云："今夜烹苦菜，来科中状元。"

宁王长史麻逢之，与德溥邻，欲得其居，以置台榭，德溥以祖遗，坚执不可。

麻拟以盗陵（指挑菜一事）罪陷德溥。王馒头闻之，飞告德溥，并请其与芬立即逃避。中途芬为歹人"脱空祖师"拐卖，幸得主即德溥之学生卢大诰也。芬改姓卢，次年入京应试，即中状元。

德溥失子，不欲再生，遂自行投案。县尹胡世宁，知德溥冤，不为具狱。麻搆尹于宁王，用他事夺其职，而使仆持王府令牌，往狱中擒德溥，半夜与群盗同戮。惟为时尚早，且逢之宴后大醉，尚未实行也。逢之知德溥已逃，遂强占其产。

逢之之女翡英，怜德溥受诬，欲为解救。方苦无策，适有赵女翠儿来园。翡与翠素善，谈及舒冤，遂窃令牌，密付王馒头往狱中救出德溥。王知事必败露，亦即遁去。

德溥改易八字，先卖字为活，后遇胡世宁，为其记室（书记）。

赵媪素爱芬之才品，以翠许芬，并携舒母远避。

德溥之学生卢大诰，赴新任时，偶遇王役，访得师之实情。卢因王役仗义，重用之。

后宁王造反，麻逢之助之，被擒解京。

舒芬中状元后，经抚臣（王守仁）具其事奏。诏以翡英仗义，赐婚舒芬，因女故并宽父罪，仅削其职。芬奏已聘赵氏。诏翠与翡并婚。

本剧第一出，实为最简明之提要，兹录之如下：

【沁园春】舒子善良，为捐金完配，甘受凄凉。恨势宦生端，计图占产，盗陵诬陷，父子逃亡。子鬻朱门，父投法网，反覆成招最可伤。赖侠女，令牌夜窃，救免云阳。　　豪强助逆披猖，逆耳忠言负女郎。岂穷隶施恩，累遭刑辱，改移八字，运际非常。师弟同心，叛臣受缚，并奏肤功沐宠光。翡翠园共膺冠诰，双绾鸾凤。

此剧以富贵团圆为主旨，真所谓“不是一番寒彻骨，怎得梅花扑鼻香”也。

（四）诏

诏之文字，无不极美，而赐舒芬并婚之诏尤甚，兹转录如下：

朕以渺躬凉德，祸起宗藩，赖诸臣效力于疆场，赖兆姓奠安于衽席。先因抚臣王守仁题叙军功，据新科状元历陈冤迹，朕已一一洞悉，盗陵等罪，并与赦除，状元复姓舒芬，除授编修。麻氏忠言谏父，赵女义侠可嘉，并赐舒芬为配，各封恭人。父德溥以军功实授鄱阳府同知，母卫氏封孺人。卢大诰升南昌知府，王尚（即王馒头）授锦衣卫经历。麻逢之助逆反叛，本应正法。姑念伊女大贤，且以抚臣辨奏从宽，免罪放归田里。其所占房屋，准赐给还，特赐御书翡翠园金匾，以示优异。……

三十一年十一月九日

大统历与时宪书

（一）小引

大统历与时宪书，皆俗所谓“历本”也。前者，系明朝之名，后者，至清朝始用之。宋代已有历书，如仁和丁氏之《宝祐四年会天具注历》是也。此书旧归盋山，今不知何往。余家藏历书之最旧者，明嘉靖元年（公历一五二二年）大统历，其最新者，清宣统四年（公元一九一二年，即中华民国元年）时宪书也。余家有大统历四册，时宪书二十二册，为数虽小，已足以见明清两朝制度之不同。在本篇中，余当略述明清历法之异，并开列各藏本之“年岁”。

（二）明清历书之异

明清两代历书不同之要点有六，如下：

（甲）明代大统历每月上旬，只称“一日，二日，……十日”而无“初”字。清代时宪书则有“初”字，称“初一日，初二日，……初十日”。

（乙）明历于“一日”上无“合朔”两字（见图一）。清历于“初一日”上书“合朔”两字，并注明时刻（见图二）。如光绪三十二年正月初一日上有“合朔，子正三刻十一分”是也。

（丙）明历书“上弦”“望”“下弦”，皆不记时刻，如万历二十三年三月八日“上弦”，十五日“望”日，二十二日“下弦”是也。清历记时刻分数，如光绪三十年三月初八日“上弦，午正三刻十二分”，十五日“望，卯正三刻六分”，二十二日“下弦，戌初三刻”是也。

（丁）明历月内有“盈”“虚”二字标于日上，清历无之。

（戊）明历中之节气，与上下弦等，只标时刻而无分数，如“十一月二十二日庚寅巳正刻冬至”是也。清历记刻记分，如“十一月十六日庚寅未正二刻七分冬至”是也。

（己）明历建除十二辰在二十八宿（音秀）之下，如“建鬼”是也。清历反之，建除十二辰在二十八宿之下，如“危建”是也。十二辰者，“建除满平定执破危成收开闭”也。二十八宿有南东北西之分。南方七宿，“井鬼柳星张冀轸”也。东方七宿，“角亢氐房心尾箕”也。北方七宿，“斗牛女虚危室壁”也。西方七宿，“奎娄胃昴毕觜参”也。

上举六例，已足以见明历之疏，清历之密，后人胜于前人矣。但清人推算所以较精者，另有一番历史，请于下文言之。

德人汤若望（Jean Adam Schall Von Bell）精科学，明历法，于清顺治二年（公历一六四五年）重来中华时，上书言西法，得旨：“令与南怀仁（Ferdinand Verbjest）同入钦天监造时宪书。”南怀仁，比国[①]人，以精于推算历法，为清圣祖所信任，卒赐工部尚书衔，谥“勤悫”。当时有皖人杨光先者，上书攻西人之误谬。清世祖听其言，罢西法不用，以光先为钦天监正。康熙六年，光先推闰失实，放归；复起汤若望、南怀仁为钦天监正副监。杨光先非难西人西法之故事极长，余当于篇末略述之。兹先开列余家藏之时宪书。

---

① 即比利时。

（三）清时宪书

下列者，余家所藏时宪书之“年岁”也，共二十二卷，如下：

（一）《大清乾隆二十五年岁次庚辰时宪书》一卷。（二）又二十七年壬午一卷。（三）嘉庆四年己未一卷。（四）道光十三年癸巳一卷。（五）又十九年己亥一卷。（六）又二十年庚子一卷。（七）又二十二年壬寅一卷。（八）又二十六年丙午一卷。（九）同治十年辛未一卷。（十）光绪十五年己丑一卷。（一一）二十年甲午一卷。（一二）又二十六年庚子一卷。（一三）又二十七年辛丑一卷。（一四）又二十八年壬寅一卷。（一五）又三十年甲辰一卷。（一六）又三十一年乙巳一卷。（一七）又三十二年丙午一卷。（一八）又三十三年丁未一卷。（一九）又三十四年戊申一卷。（二〇）宣统二年庚戌一卷。（二一）又三年辛亥一卷。（二二）又四年壬子一卷。

以上清历，皆原刊本。

清代之时宪书，有以黄色为封面者，亦有以红色为封面者。纸料除宣统四年外皆用国货（白纸）。宣统四年用有光洋纸，并将版框改小。明代版框极大。嘉靖元年者，高九英寸半有馀，广约十一英寸。清初略减。乾隆二十五年者，高九英寸，广十一英寸；光绪三十一年者，高七英寸，广十一英寸。宣统四年最小，高六英寸半有馀，广不及十一英寸。据此可知清末之物力，不如明初之丰也。

时宪书封面上，除左边题“大清某（年号）某（岁）时宪书”外，居中有双栏长方框，内含“钦天监钦遵御制数理精蕴印时宪书颁行天下”十九字（见右图）。

（四）明大统历

继言余家所藏之明历，如下：

（一）《大明嘉靖元年岁次壬午大统历》一卷，原刊本。

（二）《大明嘉靖二十九年岁次庚戌大统历》一卷，原刊本。

（三）《大明万历二十三年岁次乙未大统历》一卷，原刊本。

（四）《大明万历四十七年岁次己未大统历》一卷，原刊蓝印本。

明刻大统历，珍贵难求。清代大儒如钱大昕只见万历八年大统历残本一卷。余有四卷，且有嘉靖元年者，可以自豪矣。

大统历封面，除左边题“大明某（年号）某（岁）大统历”外，中间长方格内有“钦天监奏准印造大统历书，颁行天下。伪造者依律处斩；有能告捕者，官给赏银五十两。如无本监历日印信，即同私历”字样（见左图）。可知历书在明代为政府专卖品，不如今日之可以自由印行历本与日历也。

（五）杨光先事略

杨光先与清历，大有关系，兹将其简史述之如下：

杨光先，字长公，安徽歙县人，清顺治十七年，抗疏，斥西洋教之非，以西人耶稣会非中土圣人之教，且汤若望所造时宪书，其面上不当用上传批“依西洋新法”五字等语。具呈礼部，不准。康熙三年七月，光先叩阍，进所著《摘谬论》一篇，摘汤若望新法十谬，又《选择议》一篇，摘汤若望选择荣亲王安葬日期，误用洪范五行；下“议政王等会同确议”。四年三月，议政王等逐款鞫问所摘十谬，杨光先、汤若望各言已是。历法深微，难以分别。但历代旧法，每日十二时分一百刻，新法改为九十六刻。又康熙三年，立春候气先期起管，汤若望谎奏“候至其时，春气已应”，又二十八宿次序分定已久，汤若望私将参紫二宿，改调前后，又私将四馀中删去紫炁；又汤若望进二百年历，夫天祐皇上，历祚无疆，而汤若望只进二百年历，俱大不合；其选择荣亲王葬期，汤若望等不用正五行，反用洪范五行，山向年月，俱犯忌杀。事犯重大，拟钦天监正汤若望，刻漏科杜如预，五品挈壶正杨宏量，历科李祖白，春官正宋可成，秋官正宋发，冬官正朱光显，中官正刘有泰等，皆凌迟处死。已故刘有庆子刘必远，贾良琦子贾文郁，宋可成子宋哲，李祖白子李实，汤若望义子潘尽孝，俱斩立决。得旨："汤若望系掌印之官，于选择事情，不加详慎，辄尔遵行，本当依议处死。但念专司天文，选择非其所习，且效力多年，又复衰老，着免死。杜如预、杨宏量本当依议处死，但念永陵、福陵、昭陵、孝陵风水，皆伊等看定，曾经效力，亦着免死。汤若望等，并其干连人等，应得何罪，仍着议政王，贝勒大臣，九卿科道，再加详核，分明确义具奏。"

康熙三年四月，议政王等遵旨再议："汤若望、杜如预、杨宏量、潘尽孝，及案内干连人犯等，俱责打流徒，馀俱照前议。"得旨："李祖白、宋可成、宋发、朱光显、刘有泰俱着即处斩。汤若望、杜如预、杨宏量责打流徒，俱着免。伊等既免，其汤若望义子潘尽孝及杜如预、杨宏量，干连族人，责打流徒，亦着俱免。馀依议。"

杨光先疏言汤若望之历法，"件件悖理，件件舛谬"，授钦天监右监副，旋授监正。光先以但知推步之理，不知推步之数，叩阍辞职，疏凡五上，不准辞。五年二月光先奏"今气候之法，久失其传。十二月中气不应。乞准臣延访博学有心计之人，与之制器测候"。从之。七年诏求直言，光先条陈十款，悉见采纳。

同年南怀仁劾奏钦天监所造康熙八年七政（越案：清代于普通时宪外，另制七政时宪书。余家藏者有《大清光绪二十八年七政经纬躔度时宪书》一卷）。民历内“康熙八年闰十二月”，应是“康熙九年正月”，又有一年两春分、两秋分种种差误。得旨：“历法关系重大，着议政王，贝勒大臣，九卿科道会同确议具奏。”

八年正月，二月两次会议查问后，知南怀仁历，皆合天象。杨光先革职放归，卒于途。《徽州府志》称光先南归，至山东暴卒，盖为西洋人毒死，似不可信，但杨光先确为吾国辟西洋“邪”教之第一人，其有胆力，且富于爱国心，可想而知也。

（六）清代典礼

清代“每岁十月朔钦天监进时宪书，由乾清门正门进至御前，候皇帝阅毕，交懋勤殿收贮。进皇后时宪书，交安泰殿。其皇贵妃等时宪书，各进本宫”。——此定制也，亦典礼也。

三十一年十一月二十九日

举人进士

（一）引言

本篇虽以“举人进士”为题，但不专言科举之法，而兼言乡试录与登科录也，简言之，本篇之主旨，半在制度，半在书本。科举之法，在周已悬为科则，例如王制所记之秀士、选士、俊士、进士是也。至汉代始以孝廉为常科，馀如贤良方正者，茂才异等者，文学高第者，直言极谏者，治狱平者，明兵法有远虑者，通天文历算，钟律方术本草者……或诏征，或特试——名目繁多，不能尽述。唐之博学鸿词，专试选人而非大科。大科之以词学举者，岁易其制，故其名不一。哲宗绍圣以后，专取词章，有文艺优长科，文以经国科，文史兼优科，风雅古调科等等。制艺（即“八股”，亦称“时文”）始于王荆公（安石）；以之取士，明洪武戊辰年也。清顺治二年，议定以子、午、卯、酉年乡试，丑、辰、未、戌年会试。殿试之名，创于武曌，而进士科，则昉于炀帝。

（二）乡试与乡试录

清代重视科场，作弊者死。顺治十四年乡试，顺天（北场）江南均兴大狱。同考官李振邺、张我璞，受科臣陆贻杏、博士蔡元禧、进士项绍芳贿，致田耕、邬作霖二人中式，奉旨鞫实，七人斩决没籍。江南闱撤棘后，有人作《万（不作“萬”字）金记传奇》，刊播京城，以“方”除一点，“钱”去二“戈”，指两主考姓，是科主考为方猷与钱开宗也。皇帝大怒，诏三司杂治之，论实，骈斩东市。嗣后如咸丰戊午、光绪癸巳，亦有投递关节之发生，事露后皆伏法。

但举人亦可购买。光绪十六年，浙江副贡生庞元济，捐直赈银三万两，李鸿章奏准赏作举人。又二十一年户部议定举人事例，以百名为限，由生员（秀才）捐银二万两，即作为举人，一体会试。

考试举人之故事已毕，兹开列余家藏明清两代乡试录，如下：

（一）《嘉靖二十八年浙江乡试录》（见右图）一卷（原刊本，每半叶九行，每行十八字，大黑口，单鱼尾，有刘鹤翔前序，冯继科后序）。

（二）《隆庆元年浙江乡试录》一卷（原刊本，半叶九行，行十八字，黑口，单鱼尾，有郭大伦、林世章序）。

（三）《雍正二年湖南乡试录》一卷（有庄清度、陈万策序）。

（四）《光绪十五年浙江武乡试录》一卷（有崧骏、德寿序）。

（五）《光绪十五年浙江乡试录》一卷（有李文田、陈鼎序）。

（六）《光绪十七年浙江武乡试录》一卷（有崧骏、惠年序）。

（七）《光绪十七年浙江乡试录》一卷（有李端遇、费念慈序）。

（八）《光绪十九年浙江武乡试录》一卷（有崧骏、世春序）。

（九）《光绪十九年浙江乡试录》一卷（有殷如璋、周锡恩序）。

（十）《光绪十九年浙江文闱乡试题名录》二叶（原刊，有红纸面）。

（十一）《光绪十九年湖北乡试录》一卷（有吴鸿甲、彭述序）。

（十二）《光绪廿年浙江武乡试录》一卷（有廖寿丰、丁彦序）。

（十三）《光绪二十年浙江乡试录》一卷（有梁仲衡、秦夔扬序）。

（十四）《光绪二十三年浙江武乡试录》一卷（有廖寿丰、

世杰序）。

（十五）《光绪二十三年浙江乡试录》一卷（有徐树铭、吴郁生序）。

（十六）《光绪二十三年江西乡试题名录》一卷（原刊本）。

（十七）《光绪二十七年广东乡试录》一卷（原刊本）。

（十八）《光绪二十七年广西乡试录》一卷（有李传元、伍钰萃序）。

（十九）《光绪二十七年贵州乡试录》一卷（有吕珮芬、华学澜序）。

（三）会试与进士录

余家所藏进士录，共计四卷，皆明代物也，兹开列其年岁如下：

（一）《永乐九年进士登科录》（见右图）一卷（原刊本，半叶，十行，行二十字，大黑口，双鱼尾，四周双栏，有吕震等奏折）。

（二）《永乐十三年会试录》一卷（原刊本，一至十四叶，每半叶九行，行十八字，十四叶后，十一行，十四字，有梁潜、王洪序）。

（三）《正统元年进士登科录》一卷（原刊本，半叶十行，行二十字，大黑口，双鱼尾，四周双栏）。

（四）《嘉靖二十年进士登科录》一卷（原刊本，半叶十行，行十九字，大黑口，单鱼尾，四周双栏）。

清制，每科太和殿策试，钦命读卷大臣八人校阅。传胪前一日辰刻以前，列十本进呈御览，亲定甲乙。皇帝御乾清宫，引前列十人至丹陛跪，以次奏名籍毕，退立阶下，帝便还殿。读卷大臣捧卷至内阁，填写金榜。翌日，皇帝升太和殿，陈仪奏乐，百官序班。大学士进奉黄榜，出授礼部尚书，陈于丹陛案。序班官东西引诸贡士就位跪。宣旨曰：“某年月日，策试天下贡士，第一甲赐进士及第，第二甲赐进士出身，第三甲赐同进士出身。”传胪官唱第一甲第一名，以次接传至丹陛下。序班官引出班次，就御道左跪，二名就道右跪，三名就道左又次——皆传胪者三次唱。第二甲某等若干名，第三甲某等若干名，不引班出。诸进士听赞，行三跪五叩礼。礼部尚书奉榜，承以云盘，张黄盖，出太和门中门，一甲三名进士随出，诸进左出昭德门，右出贞度门。礼成——真洪大且严肃也。

（四）停止科举

科举之制，废于光绪三十一年。先是，八股已废，改以策论经义取士，盖从二十六年张之洞，刘坤一会奏中之言也。废止科举之议，其实清初已有之。康熙三年，以选人壅滞，暂停科目。后因梁清标、黄巩之言而复之。乾隆九年，兵部侍郎舒赫德请废科目，行古选举法。诏九卿科道会议，时鄂文端为首相，力持议驳之。其疏文极长，不能转录于此。大意谓“人之贤愚能否，有非文字所能决者。故立法取士，不过如是，而治乱兴衰，初不由此，无俟更张定制为也”。疏上，奉旨依议。

科举时代，曾发生种种离奇之故事。如大兴朱文正公年十八即成进士，粤东诸生谢启祚年九十八犹入秋闱是也。又如肃山毛奇龄，以明季诸生，避地祝发，康熙己未，召试鸿博，授检讨。明钱世熹，南渡时官副总兵，旋为浮屠，久之还俗，补弟子员，则先修行而后登第矣。类此之事，见于史传者，想必不少也。

三十一年十一月二十四日

《中山诗话》

《中山诗话》，吾国奇书之一也。“中山”不指国父，而指徐达。“诗话”亦不专言音韵，而注重恋爱。作者似是沈白，清江苏华亭人，字涛思，号赍园，又号天庸子。高隐不仕，工书能诗，善画山水。

此书向无刊本，而传钞者亦极罕见。余本似出华亭艺人改七芗家，但无法为之证实。书中言一女子怀春，女子姓徐名琇，中山王徐达之后裔也，故著者以“中山女”称之。

中山女徐琇，居疁城（嘉定），曾作《秋闺》诗（原诗不传），沈白和之。有好事者持以示琇，琇见之沉吟不去手，并欲师事沈白。未果而“痴”而死——此柏拉图恋爱（Platonic love）之过度者也。全书一千馀言，所记之事可歌可泣——可作小说看，亦可作剧本看。余恐其日久淹没也，特加标点而转录于后：

沈白叙述

癸丑九日，余过槎溪李氏苍楼，平子适至。余以离垢园晚桂乍开，幡然有归志。时陶庄将赴二碧轩社集，“平子盍共载而访城北古桂乎？”余欣然偕行。陶庄赴城西，余与平子、荣园，放舟而北叩何氏园。主人肃客入登小楼。楼在丛桂间，香气馝馞，从风去来，令人欲醉。荣园携尊邀主人共饮，询知余姓氏，语平子曰：“得非和中山女《秋闺》诗者耶？”因诵“瑶阶花落”二语。

余问：“何以知之？”因道中山女徐琹者，来寓瞟城，去此园数武。主人之母贤怜其才，而惜其遇，时招致园中看花瀹茗，欢然相得也。客有持余和诗来者，因传示琹。琹沉吟不去手，询知为余作，良久曰：“是沈先生诗耶？今安在？幸要与偕来。请以弟子礼见。”客报命。知余归梅花源，黯然者久之。写余诗于所钞唐诗之首帙，小楷精妍，末署余姓氏，出入吟诵不辍于口。先是，琹与何母晤对，笑言款洽，无羁旅忧愁态。至是辄终朝嗟叹，如不欲生。何母询其故。云：“薄命如许，何以生为？”然不解其何谓也，主人偶与客饮，至夜分步月前村。经琹居，隔篱遥见纸窗火荧荧然，琴声达林外，伫而听之，一再弹辄不成曲。微吟前诗句，拊几长叹。顷之，呼其母以瓯茗来。母劝之寝，问“有何心事耶？”琹曰：“我胸中自不快，何庸问也？”麾其母去。复援琴而弹，弹已复吟，吟已复叹。二客以风露侵肌骨，各归去，竟不知何时罢琴寝。且若此夕者，更不知其几何夕也，无何，武陵严某客于瞟见琹画，数数请见，峻却之。某时从隔水窥其居，冀一望见而不可得，则以计绐其父云：“若女画甚工，惜此间无识者。能篴游我乡，不患无厚润也。”其父以乏资斧辞。某捐五十金与之，为治装计。琹闻之，愕然曰：“是必少年无行者，何可与俱往？请谢之。”父若母勿许也。琹涕泣，剪发自誓，坚不肯行。毁妆饰，却饮膳，竟日凝坐，若有所思。行有日矣，母捧镜以进曰：“尔首有飞蓬，盍稍加膏沐？何自苦乃尔！”琹手镜掷池水中。至暮，复索镜理妆。琹生平修洁自好，清华暎人，著碧霞冠，垂带二尺许，翩跹若蕊珠宫中人。妆罢，对镜敛眉，凄怨欲绝，其母不知也。谓菉意稍解，心窃自喜。黄昏键户，微闻菉抚琴低语云："汝伴我有年，何意一旦与汝永别。"呜咽不出声。母闻之，大惊，亟排闼。撑拒甚固，不得入。复求救于何翁，相与撤篱棘以进。菉已悬水碧鸾绦于庭中桂树上，竹几承足而自经矣。母抱持解救，绝而复苏曰："若辈何事苦我耶？要终有一死，何必今夕？"翁及邻媪相慰藉而散。母持之至晓，与其父强之登舟。幅巾掩面，鬓发乱垂，双泪阑干，情不自胜。菉寓城两年，里人无识其面者。至是群聚而观，相与太息。登舟复起曰："我欲一别何母，有所言也。"奋身跃而上，母随之至何氏园。持何母大恸，欲言不言者数四。及叩之，云："我得死于此地，幸矣，实不愿委骨他乡也。"何母为开导百端，且曰："此行不过泛览湖山，以翰墨问世，非劫娶掠嫁者比。君往当走一介候问，仍扫径以待君还耳。"强譬再三，其母若父挟之登舟而别。主人为余述其概如此。沈子慨然曰，嗟乎，余何意得此于中山氏哉！犹忆庚戌冬，吾乡张翁以潭星游海滨之高桥里。为余言徐氏菉实魏国中山王之裔勋。卫子某性好外，结褵后，绝无伉俪情。已而自江宁移家高桥，身为臬司椽还，留旧京，弃家不顾。菉与父母相依卖画自给。曾以生年月日属翁推算时，年廿三耳，知翁附居梅花源，因言向嗜沈先生八分书，手画海棠花一枝属寄，乞书于余。余为写古篆隶行草数种报之。辛亥秋，余客鄮城时，菉亦移居城北。客言其掩关匿影，或有访之者，终不得见也。余虽不往，而心窃重之。玉峰归，恒轩高士出菉画扇头梨花白燕属余题，为赋二绝句。剩斋李翁亦以琜画菊索句，余复以一绝应之。客有持《秋闺》诗见示者，曰："此中山氏所作也，先生其和之。"余走笔次韵，甫属草，客即持去。余谓此或假托以绐余，或借余诗以欺中山氏者。初不问所繇来也，而岂意为千秋之诗话耶？乌乎，知己之感，今古同之。汉武帝读司马长卿词赋，有生不同时之叹。逮琴心相感，不耻当垆，持节西南，雄图稍展，君臣伉俪间，两无负矣。余狂逊太白，而嵚崎历落，自为过之。少陵云："世人皆欲杀，我意独怜才。"余何幸得此于若人也！往琜之寓畱也，蜂喧蝶妒，时时有之。流言不根，青蝇点壁，将谓逐水桃花，不知流向何处。讵意慧眼有神，贞心匪石，一至于此。琜不负白，白负琜矣。白玉无瑕，青鸾有信，他时相遇，余将何辞以对耶？为次其事而书之，并录重和诗于后，以志我悔云。

沈白和诗

辛亥秋次和中山女士《秋闺》原韵：

空闺月冷画帘深，独坐更阑理素琴。别鹄离鸾嗟往事，高山流水待知音。瑶阶花落年年恨，绣帐香销夜夜心。回首不堪思故国，天涯飘泊到如今。

癸丑九日偕太原陇西三子访桂畱城何氏园。主人备述秋闺诗话，小楼凭眺，黄雪飘香，而桃花人面，不可复问矣。怆然久之！归舟翦烛叠前韵三首：

不信畱城别恨深，无端秋思感人琴。当年枉自称同调，千古谁堪托赏音。丛桂楼孤羁客梦，青天月正美人心。

寻芳悔煞蹉跎甚，辜负幽怀直到今。

平生最苦是情深，求凤怜君数援琴。永叹微吟何所事，一谭再鼓不成音。未须沾洒英雄泪，岂是寻常儿女心。今昔深宵同翦烛，悬知他日胜而今。

一棹祁川秋水深，天涯何处觅瑶琴。红笺题句思前事，青鸟传书待好音。莫以菱花悲破镜，留将鸾带结同心。五湖终遂扁舟愿，风月烟波无古今。

三十一年十月十日

吴平斋家训

吴平斋，名云，晚号退楼，又号愉庭，清嘉庆、同治间浙江归安（吴兴）县人。历官苏州府知府，性嗜古器，精于书法。其著作有《焦山志》《古铜印存》《古官印考》及《两罍轩彝器图说》等。余儿时初习字时，本身先母即授以吴平斋双钩之《九成宫》，故四十馀年前已知吴云之名。后读先大父岷帆公（讳学源）之《螟巢日记》（未刊稿本），内有记吴平斋云："……未刻，吴平斋来。平斋，名云，太湖乔溇人，善诗画，时报捐通判，赴部验看。余向者但耳其名，未曾识面也。"（清嘉庆二十五年，即公历一八四五年，五月初七日。）又在箱中查获先父镜芙公（讳蓉第）小像一帧，上有吴云题诗云："之子吾乡秀，梓然腴且清。二十成进士，声闻满帝京。观政在铨曹，激扬励官箴。中原正多故，盗贼尚纵横。所贵干济才，为国致治平。义利析茧丝，陋彼囿蹄泠。拭目作霖雨，润泽遍苍生。"——据此二者，知愉庭老人与余家有两代世交。惜吴氏旅苏，吾族宅湖，因此后辈彼此无相遇之机也。去冬书友送来愉庭老人家训手稿一册，共二十三首，索价甚昂，余因一时手头缺钱，无力购买。然见其中富多教导语，皆有益于后辈者，遂竭半日之力而尽录之。如后：

一

论源儿、桢孙、官孙知悉：明日月朔，家祠拈香，吾当亲诣。老不能跪，长揖而已。往后遇朔望，尔等以一人轮往——拂拭座埃，置一鸡毛帚。夏季，只须长衫。冬、秋、春，常服，换一红帽子可也。事期持久，礼节应简也。源儿现病未痊，准予给假，馥绶代行。馥绶或遇有事，官孙代行。朱子家训所云“祖宗虽远，祭祀不可不诚”，即此事也。六月三十日，愉白。

（越案：此教孝也，故列之第一。红帽子，红缨帽也，礼帽也。）

二

《多宝塔碑》一本，付福叔临写；又《灵飞经》一本，付尔临写——以两人笔致所近也。外《餐霞阁帖》两本，留在案头，随时观看，则楷书自有长进。

（越案：科举时代，最重书法，最重楷书，故父兄往往嘱其子弟习字。然当此科学昌明之日，打字机盛行之时，字仍不可不习。余一生吃亏，就是不善书法。其他实学，更不必谈。）

三

吾生平所到之区，无论阛阓之中，与夫茅第湫溢之地，必设一书桌。否则身无归束。自十数岁至今，五十馀年如一日也。前日嘱尔在皕镜室设一书桌，借可与篆香先生周旋受教。何以至今不设耶？读书人家中不摆书案，一味闲散，尚得谓之读书人耶？此纸试质篆香先生，以吾言为如何？廿六日晨初，愉老人示桢孙悉。

越案：“工欲善其事，必先利其器。”读书人而无书桌，焉能用功（写，读）？但今日之学生，有睡卧而阅小说者……此岂真心用功乎？不良之习惯耳！

四

盛暑体中或小有不适，则新鲜藿香叶泡茶，闻些行军散，磨服扬州紫金锭，再服藿香正气丸（南浔大全药店尚可靠，乡下店靠不住）。此至稳至妙之□，□□轻易服药，以医生极少能人也。此纸宜置案头，不可拉杂。

此等确切手谕，惜尔等年轻，不解珍重。他日学与年进，阅及之，当知宝贵也。已卯六月初五日手书。

三伯父已于初四日巳刻抵沪，明后可以到家矣，又花椒袋三只。其交福叔。

（越案：老人嘱其子孙不信庸医，不轻易服药，诚哉是也。但自己又何以介绍所谓藿香叶、行军散、紫金锭、正气丸——种种不合科学之物耶？南浔，镇名，离湖城约七十里。花椒袋昔时视为避疫之物。）

五

七儿览：吾今日午刻到署，署中均好，昨在唯亭发一信，想必收到。福绥旷课过久，我临行嘱其不可作辍。课文并试帖诗，望随时寄来为盼。尔无正经应酬，亦不可出门。均此切嘱！六妹方子，潘宅礼单（初七八必要送）开于另纸，可照办。京靴记得有新者，可找之。钦韵珊倘又不在家，只好稍从缓办。凡借出物事，须要有记认，免得归还时舛误。初六日父字。

平华怀庭均此。并付福绶同阅。

（越案：署，想是苏州府署。试帖诗，五言六韵或八韵，专为考试之用。方子，即药方。唯亭，苏属地名。）

六

（录出窗课，送几篇与朱姑夫加批，亦可。）作文之道，须要知行并进。全在平日读文时，用心体会。“人有鸡犬放”题，本不难做，而题旨不清，又无书卷，便难著笔。“夫闻也者”题，忽中间夹入突起“夫达也者”四字，此岂作者所未知耶？皆由粗心之故也。脱字仍有，尤宜留心，为嘱！

（越案：两题均见四书。）

七

文理非不清疏，特以思路不开，故但粘定题面四字立说。须待先生改后，玩其所用书卷及层次意思，久之，自有领会，惟不可轻心掉之耳。

以后一题到手，即须赶做，庶无来不及之患。盖场屋中风檐寸晷，稍纵即逝，不可不赶紧耳。切记，切记！十月三十日退老人书示。

（越案：文章非独要好，并且要快。老人之言，一点不错。）

八

三、六、九课题，取来在家作。福侄可进来同作。天凉后再作试帖。

每日录文一篇，或窗课，或陈文皆可。读文二十遍。

温经传拾叶，只须朗诵两遍，读试帖诗一首（要熟背）。凡经传诗文，有未晓者，必须询问，依此功课，倘肯上紧勤习，不过半日可了。了后，准予出书房渐息，特不准出大门。八月廿一日愉老人定。

（越案：此暑中功课也，并不难行。）

九

手书已悉。窗课八篇寄还，望查收。两生于书义题旨，每欠讲究，且别字亦多，须嘱加意留心。转瞬赴考，以期拔帜而登。墨俟八月间到家，面付可也，亮甫墨色亦坏极，皆宜切究。世家大族，每每联得鼎甲词林者，其用墨用笔，皆有家授也。新闻纸检上。即问怀庭贤侄刻佳。初七日愉老人手书。

松宝并无病痛，前日不过体弱，没笔力而已。

（越案：怀庭虽系“先生”，然为老人之侄，故书中亦隐含教训之词也。）

十

屡次命尔抄录窗稿，不啻舌敝唇焦。观尔之意，全不领会，殊堪怪异。今与尔约，从今日起，除文期外，每日将录出窗课，送吾阅看。并可分出若干篇，交福叔代抄，只须数十日工夫，两人合抄，便将从前所作，全行抄完。凡抄窗课，大有益于文思，故福叔亦可抄也。此付馥绶收目。初八日。

（越案：初学者抄录文课，其得益实不在“创作”之下。）

十一

馥绶览：来禀并功课单均悉，功课似嫌太密，望请先生酌减另定。定后仍录出寄来为要。外寄去天津苹果十二只，以四只转送先生可也。七月二十日愉老人手示。

观所来各件，字迹颇有进功，此第一切要事也。勉之！

（越案：“先生”想是怀庭。当时天津苹果，苏浙不易得，故老人特寄之。）

十二

馥绶览：凡读书子弟，其上者早起晚息，孜孜用功。文期三、六、九，限定功课，终年不辍。其次者，平日即不能埋头用功，每遇场前亦必奋发有为。人一己百，期于一击而中。断无有悠悠忽忽，全不着紧者。尔天资并非愚笨，特不肯用心研磨耳。为今之计，只有多读多做。凡遇字有不识（批改本，行草书，为尤甚），句有不解者，务必询问。前后所作窗课，钉成一本，读得烂熟。此外读考卷，读试帖。尔资质尚好，如此数月，保尔必大有长进矣。记之记之！退老人字，十月二十。

遇文期，无论好歹，总得交卷，为考试地步。

（越案：老人亦知“开夜车”之法，奇哉！）

十三

馥绥览：尔自道考以后，能否认真用功。何以窗课从未送来？当此长日如年，正宜奋发有为，转瞬秋冬将至，又届考期矣。明年县府试，岂能不往？年已及冠，全在自己刻刻在念也。退老人手示。

（越案：此书主旨，在“刻刻在念”四字。）

十四

馥绥孙览：尔到馆已两月，并无只字到家。凡事必先难后获，即作书修禀，亦须时时习练，不可因其吃力而畏难废弃。人生随笔数行，同于布帛粟菽，不能须臾离者，岂可不加之意乎？尔与福叔共思之思之！到馆诗文共作几篇？可寄一阅。食物四种，祖母所寄，可查收。伯父十六日乘轮北上。闰三月十八日，愉老人手示。

（越案：此与上一信大同小异。其主旨在“不可畏难废弃”及“不能须臾离”两语。）

十五

起比——出句——是诗（疑误）之所必到处。对句忽少一“之”字。中股——出句——斯时研求之心苦矣。对句忽多一“之”字，此非关乎文理之优绌，直是粗心浮气，全不用心检点，以至如此。（尔试自问，于心安乎？）以后脱稿，誊写完毕，须要细细点句勾股，切不可草率了事。（宁从容，毋急遽！）此为至要！

（文字欠佳，楷书能好，亦可争胜，今字又恶劣，奈何奈何！）

观尔楷书，愈写愈坏，无一笔整齐，且甚潦草。尔字，本尚可观，今忽改样，可恨之至。

（越案：“起比”“出句”“中股”，皆作“时文”时之专名也。清末改试策论，此种名称亦取消矣。）

十六

到城后，距考尚有十日，每日功课必不可间断，为至要！每日作六韵诗一首。无论如何，总要立限交卷。此外或做一开讲，做一前八行起比，则间日一做亦可。惟六韵诗不可少也。

摘录典故，温习四书，默识窗课，量力为之。院考毕后，方可疏散。此时真一刻千金也。勉之，勉之！

（越案：城，指湖城言。“六韵诗”，即五言六韵之试帖诗。每篇时文，大概分为：（一）破题，（二）承题，（三）起讲（即开讲），（四）起股（即起比），（五）中股，（六）后股等。院考，亦称道考，在城中右文馆行之。）

十七

文似渐有进机，而中间别字之多，与平仄不谐处，竟有非夷所思者，倘场屋一遇此疵，虽锦绣文字，亦必遭斥。岂可不牢记牢记乎？凡事总要用一番苦功，始能与人角胜，全在自为之也。九月初一日，退老人示付福绥收目。

（越案：别字连篇，平仄不调者，其文字必无“进机”。老人所以誉之者，欲其反省而加力用功也。）

十八

桢孙收目：十二由家动身，计十四必到。初至西湖，如入仙境，游览之后，必须静坐。录遗，第一要字体整齐，务与福叔格外小心。题目万万不可有讹。试帖谨防失韵。前寄还之八韵诗，中间奇谬。吾不欲显斥其非，故寄尔自看。乃接尔回禀，并未刻责引咎，盖不甚经心也。刻下正在要紧关键，故谆谆告诫。七十老翁，力疾挥汗，不惮烦劳。尔须仰体此意，福叔亦同此知照也。前所需《毛诗疏证》各种书籍，因卷帙太繁，故不寄上，然此等书，近日庠序中不但从未寓目，甚有不能举其名者。尔能索及此书，吾虽未寄，心颇喜之。昨沈笏山兄到杭，吾检尔应用纨扇二握。又寄尔缩临《郑文公碑》——此中颇寓奖借之意也。

（越案：此时老人之子与孙皆已入泮而赴乡试矣。凡秀才未曾过岁考者，或经岁考而不及格者，非经过“录遗”之手续不可。录遗，即预试或补考之意。）

十九

计尔早日到省，甚盼禀至也。正在写此，适值篆师信，欣悉廿二录遗。千万小心，与福叔互为检点阅看。至嘱至嘱！即呈篆师一阅。十九日愉老人手示。

（越案：阅此足见老人之关心也。）

二十

桢孙览：前寄尔信并食物，曾接尔覆禀。此后多时杳无续禀，盖动笔艰难也。凡事先难后获，畏其难辄向后退，则无形而□□□□，不特写信一端已也。秋闱将届，既进场屋，则必奋发有为，期有万一之想。尔太岳丈欲看尔近课，望即录出寄来（前嘱尔六月初寄来，想未忘）。馀详与先生书中。家内均安勿念。六月初三日愉老人手书。

叔福均此。寄去扬州紫金锭四枚，自留二，以二枚呈送先生。真戴春林紫金锭，为治痧圣药，必须随身佩带。另一锭可交福叔，共五锭。

（越案：老人之孙，连家信都不肯写，可谓懒矣！倘祖父管教不严，不加催促，想决无获得秀才之可能。）

二十一

毓桢览：近日新闻纸寄去，望与先生同阅。此中大有见闻，不可不熟看也。前教尔用墨之法，已领略否？凡事皆要用一番心也。窗课至十月必寄。设或先生未批，即将来批者寄来。是为至嘱！福侄亦照此办理。家中长幼俱各安好，无须寄念。并呈先生一阅，不另书。七月初二日愉老人示。

（越案：老人知报纸之足以广见闻，盖非顽固者也。）

二十二

桢孙览：昨交柯仆带去方罩子一只，望问姨婆取烟膏六七两（可用秤数），装在磁缸内（务必封好）。恐其翻侧，故用方罩，以便手提。再取桂元膏一瓶。倘嫌瓶高，装不下盖，则另换盖碗（小样）亦可，不必定要满瓶也。又鞋店来收帐，可付钱二千文（鞋已收到）。馀由杭局另信再示。廿六日愉老人手书。

（越案：据此可知老人有阿片烟瘾。但当时之阿片，不及现在卷烟之贵！）

二十三

桢孙览：来禀已悉。辫带收到（松仁、青果均收明）。昨来松子糖，食之甚佳。吾到署身子颇健，惟大便竟至半月始解，艰苦可想而知。松子糖最相宜也。七婶母与长弟均已全愈，闻之甚慰。小儿第一要紧，在撙节食物。阿松与桐弟奎弟，皆要小心，为嘱！阿英稚幼，尤在保携之人当心也。大伯父到后，坐船即放至署，因伯父即欲动身到家，料理一切也。鹤笙钞件，索性待至喜事毕后，再行动笔。望将已钞、未钞，将洋布包好，收存在诲如处。是为至要！尔每日作家禀，借此练习行书。老人家信，虽随手拉杂，苟得其二三，便可将就应酬矣。十五日愉老人书。

篆师、诲如、笙卿均此。鹤笙即此致意。前禀“寥寥数家”，“寥”字误书“了”。

（越案：老人之便秘，盖阿片烟之为害耳。）

三十二年三月一日

书·书·书

日记选录

余之日记，最不可靠，或多日不写一字，或连日只记晴雨。自省之语，劝人之言，全然无有，绝无刊刻行世之价值也。后见日记中，每年必有关于购买书籍之事数则，似乎尚有兴味。特选录十条，以供同好。阅众中有读书较多，研究版本之学较深者，万勿笑我浅薄。

一　占晴雨法

（二十一年六月廿六日）在申杭两地购得《姚弓斋日记》手稿本多册，计（一）道光十三年正月初一日至七月十四日，（二）光绪四年全年，（三）五年正月初一日至四月十三日，（四）八年十一月二十三日至十二月三十日，（五）九年正月初一日至六月初二日，（六）十年全年，（七）十五年正二两月，（八）十六年四月十三日至十月朔日。所用之纸，尺寸行格，逐年不同。丝栏之色，或红或蓝，亦不一律。惟书法饱满，甚为悦目。

《姚弓斋日记》所载者，或为学问，或为经验，虽不及李莼客之详尽，然皆为有益之谈。他日倘有机会，当影印之以广流传。

其光绪十四年正月十二日所载之“占晴雨法”，颇饶兴味，照录于此，以便查用：

“、（点）晴｜（直）雨宀（盖）滂沱，丿（撇）雾一（横）风雨不多，惟有糸（搅丝）连夜雨，亅（勾）𠃌（环）午后唱晴歌。”（其法可信，手拈一字，以起笔为验。）

姚弓斋，名觐元，字彦侍，浙江吴兴人，刻有《咫进斋丛书》。

二　巨书巨价

（二十二年十月八日）美国牛顿（Edward Newton）氏所著之四书：（一）《大笑剧》，（二）《聚书之乐》，（三）《聚书之愉快》，（四）《最巨之书》。余于一·二八时均失之矣。书已绝版，不能向外洋补购。其中所言，皆西洋买卖古书之轶事，足供吾人参考之处不少。余欲得之而不能，颇为不乐。今晨偶入愚园路俄国旧书铺，见四书全在，且索价不昂，余立购之，自觉得意之至。

三　人皮书面

（二十三年二月二十五日）余购读中西书籍二十馀年，不知有所谓“人皮书面”者。吾国书面，大都以纸为之。竹纸最下，连宣较善。皆染色糊裱，使之且美观耐久也。宋金元刊本，或精校精刻之本，藏家往往以绸绢为面，且撒金于其上。日本书面，有以光滑之布为之，既雅观而又牢固，甚合爱护之道。洋装书籍，于纸板之外，覆以薄纸薄布，贵重之书，则覆以羊皮。——此世界书面之大概也。今日阅西文杂志，始知西人有以人皮作书面者，兹略述其事如后，以见世界之大，无奇不有也。

公历一八二八年，英国有高德（Corder）者，将一女子名马鼎（Mortin）者杀死，并将其尸藏于“红棚”中。被害者之母，常常梦见一红棚。心觉奇异，托人访问，果得其地。暗杀案因之而破。

高德审实有罪后，即受死刑。其尸送入医院，以作解剖之用。当时有葛理德（Creed）医生者，将其皮剥下，制成干革（即熟皮）并以之为装钉高德暗杀案各种文件之封面。闻此书现尚有存在，且全不损坏。

上述者，尚非人皮装书之始。先此有一罪人名霍武德（Horwood）者，其犯案文件亦有以其自己之皮装钉之者。但人皮装书，不限于罪案一种。当法国革命时，羊皮难得，人皮易求，名家诗文集，以人皮为面而代羊皮者不少。

四 《御制文集》

（二十四年一月十日）去年底余所获之明太祖《御制文集》，经厂本也。全书二十卷，版框高十英寸又四分之三，广十三英寸，大黑口，四周双栏，半叶十行，行二十字，前有细目二十叶。分钉四册，明代蓝色粗绢封面及原有黄纸签条均存，极可珍贵。

明太祖好"打官话"，其《谕西番诏》全用土白，如"俺（我）大位子里坐地有"，又如"你西番每（们）怕也那不怕。你若怕时节呵，将俺每礼拜者"是也。

《明太祖文集》，另有洪武本、嘉靖本及万历本。

五《圣散子方》

（二十五年九月十六日）余家藏书中有一特异之医书，题曰"圣散子方"，似为宋刊本也。全书共计二十七叶（原缺第二十五叶），每半叶九行，每行十七字，小字双行，字数同。大黑口，单鱼尾，四周双栏，序文无撰人姓氏，惟内有"谪居黄州"一语，知为宋苏文忠公（轼）所制。

是书南北藏家各目均不载，惟钱遵王之《读书敏求记》中有之。钱氏提要云："此方不过二十二味，诸病可治。东坡得之于眉山人巢谷：谪居黄州时，时疫甚行，合此药散之，所活不可胜数。因制序以传不朽。惜其方世罕之见。郭五常得之于都宪袁公，即为梓行于郧阳，附录华佗危病十方及经验三方。继得者复刊为续录。坡序称济世之具，卫家之具，真此书之谓也。"

余之藏本与钱氏云云，完全符合，但决非也是翁旧物也。

六　小版书籍

（二十六年五月五日）当清末科举时代，书肆中有所谓铜版四书者，高约三寸，广约二寸，可谓书本之至小者矣。此种书专为场屋之用，字细如蚁，非用显微镜，不能读其正文或注释。

吾国古书——宋刊元椠——均以尺寸高大著称。宋版《博古图》高约一尺，广约一尺七寸，栏外空白不计。然此决非古书之最大者。

但古书亦有奇小者，余家所藏之元刻本《山堂先生章宫讲考索》，版框高约四寸，广约二寸（栏外空白不计），似甚小矣。未知尚有较此更细者否。

元刻《山堂考索》，半叶十三行，行二十字，白口，双鱼尾，左右双栏，栏外有耳。常熟翟氏有元刻十五行，二十四字本，想与余家所藏者不同也。

西文书亦有极小者，高一英寸之四分之三，广一英寸之八分之五，厚一英寸之八分之三，英国某氏所藏《新约》全部是也，出版于公历一八九五年。

七　分量最少

（二十七年一月二日）今晨整理藏书，发现分量最少之诗集两种：（一）《南明纪游诗》，（二）《高峣十二景诗》，均明刊本也。

《纪游诗》，明黄中著，嘉靖刊本，蓝印，白口，单鱼尾，双栏，半叶八行，行十九字。全书十四叶，内前后序四叶，图一叶，纪游诗四叶，诸家次韵五叶。黄中，字西野，括苍人，平那氏之乱，滇人德之。

《十二景诗》，共计四叶，每半叶七行，每行十五字，字大如钱，统作颜体。上白口，题“高峣诗”三字。下黑口，其上作横乌丝二。单黑鱼尾，鱼尾与乌丝间记叶数，四周单栏。此书不著撰人，据说乃明杨慎所作。

杨慎，字用修，号升庵，其著作甚富，清《四库》所收所存者有三十一种之多。

八　米珠薪桂

（二十八年六月三日）《金山野史》全书，余已今日阅毕矣。其中奇闻轶事甚多，他日有暇，当全译之。兹节译物价篇，以见现今上海之衣食住行（生活程度），尚不及当时金山之高也。

一八五〇年前后，旧金山发现大量黄金，开掘极易。凡在其地工作者无不大发横财，于是“米珠薪桂”矣。当时鲜菜最贵，非十分富有者，无力购食。但农产物并不稀少，且皆绝佳。例如萝葡有长至三英尺者，甜菜有巨如水桶者是也。然苹果每枚五元，鸡蛋每打十元至五十元，小面包每个七角半至一元，茶或咖啡每磅五十元——此皆黄金太多之故。

房屋之租金尤贵。所谓房屋者，木棚布篷而已。在堡子末次方场（Portsmouth Square）之某铺，其铺面约阔十五英尺，每月租金三千元。街角一烟店，其中空间约容一人站立，每月四千元。派克公寓造价三万元，每年可得租金十二万元。

金山当时铁一磅可换黄金一磅。黄金每磅十六元。砖每片一元，屠刀每把三十元。医师出诊，每次百元，否则不肯开方。安眠药最贵，某矿工因失眠需要鸦片少许，其价竟在五十元以上。

公历一八五〇年旧金山物价之高涨，因地方畸形发展也，非因国家战争离乱也。

九 借书还书

（二十九年四月十四日）“借书一痴，还书一痴”之说，始于宋代。杜元凯遗其子书云：“书勿借人。”赵令畤在《侯鲭录》中云：“比来士大夫借人之书，不录，不读，不还，便为已有。”可知有书不肯借人，实因借人之书者，不肯归还之故。余意：书不可不借，亦不可不还。“借书一痴，还书一痴”，应改为“有书不借为一痴，借书不还亦为一痴”。

数日前余向西友某君借得一书，其封面背后粘一短歌，兹译其大意为三字经体如下：

一　君姓谢，我名夏；我有书，君可借。

二　我购书，化大价；君取去，莫乱卸。

三　要读书，趁闲暇；读完了，速归架。

四　第三者，最可怕；他人产，毋转借。

此公肯借书与人，但不许转借，似甚合理，且大方也。

十 柳抄钱跋

（三十年六月二十六日）今日午后在四马路朱姓书摊上购获北方精写本《双珠记》两卷三十八折，价储币五十元。卷首书名下有“柳如是手抄”五字，又卷末有钱大昕手跋一则——两者皆伪造也。

《双珠记》演王楫（字济川）事。唐明皇时，天下承平。后遭安禄山之变，朝廷有通查天下军籍之举。王楫从军立功，授靖虏将军。当其离家之时，其母将明珠二颗，一赠其子，一留为日后“合浦还珠”之用，故名“双珠记”。

余家藏精写剧本之类此者，尚有《玉环记》二十二折，《幻奇缘》二十六折，《玉尺楼》三十二折及王国维旧藏之《金锁记》等等。此种写本，一望而知其可贵，何必加以柳抄钱跋等伪造，以为号召耶？贩卖古书者，其注意之！

三十二年四月廿七日

版本与书籍

1945年8月上海知行出版社初版

自　序

又要讲书籍了——不，又要做序文了。我不怕讲书籍，我最怕做序文。

那末怎样呢？书可不可以无序？

一册书，不论大小，总要有篇序文。但是我写不来，我真的不能写。让我讲几句嗜书之益，以为序之代替罢。

嗜书有什么益处？买书不要钱么？藏书不要屋么？

要的，当然要的。不过我的钱这样少，我的屋这样小，我依旧购买书籍，并且把它们宝藏起来。我已经六十一岁了，还要买书，还不散书——这是我真性嗜书的一个实据。

嗜书是嗜好。但这种嗜好，与他种嗜好不同。他种嗜好，有出无入；这种嗜好，有入无出。譬如你嗜好蛋糕。你买一块，吃一块；买两块，吃两块——买了一年，买到岁终，一无所存。

买书的嗜好，与买蛋糕的嗜好，全然不同。你今天买一册，过了三天又买一册——不论你读或不读——到了岁终，你总有一二箱了。倘然你好好地阅读，倘然你好好地保存——倘然你所买的又是“善”本——它们不会贬值，一定增价。西方有句古话，叫做“你能吃蛋糕，又能保存它”（You can take the cake and still have it）。吃过了依旧仍在——这不是指书而言的么？阅过之后，非独不贬值，并且可以增价——这不是书籍么？除了书籍之外，不论吃的、着的、穿的、住的，哪里能够用过之后，依然存在？

购书真的有益！

民国三十四年八月一日　周越然

古书的研究

欲研究古书者，非备有几种工具及明白几个术语不可。本篇的前半言工具，后半解术语，——虽缺失尚多，但亦不无小补。

（甲）版本

有人问，“版本是学问么？值得研究么？”

我的回答是肯定的，如下：版本确是学问，不论新旧学者，都应研究。让我把理由说出来。

研究版本，就是审视刻得好、印得好的书籍，譬如《史记》一书，有宋刊本，有元刊本，有明清各种刊本，又有近时的石印本及铅字本。行格既各不相同，字句亦间有差别。嗜书的人，总称宋元本最佳。为什么呢？（一）因为纸墨古雅，字大悦目。（二）因为虽有讹字，尚近情理。

又有人说，“我们读书，只要白的是纸，黑的是字，没有破损残缺，取价便宜就罢了。何必考究纸的新旧、字的形式呢？况且宋元版也难免讹字么？我们遇到必要的时候，只要买一部影印本。何必出重价，购原本呢？”

对于这种读书不考究版本的人，我可设一比喻，以见他们的错误。宋元本和各精刊本，可比闺女，翻刻本或影印本，好比寡妇。至于随便石印或排印的本子，简直是下贱的“野鸡”。青年人娶妻，总希望一个好人家的女儿，不愿意与寡妇结识，或与“野鸡”谈恋爱的。所以真能读书者，必求精善的本子。

精善的书本，不外下列诸种：

（一）宋金元刊本。

（二）元明覆宋本。

（三）明初刻本或活字本。

（四）清初精校初印本。

（五）名家手稿本或精钞本。

（六）名家手校或手跋本。

（七）海内或海内外孤本。

（八）高丽活字本或日本古本。

研究古书版本的人，大概可分为三类：（一）富闲的人，旧学略有根底，在家没有事做，借此以为消遣。（二）售书的人，出贱价购得大批书后，因阅历充足的缘故，往往能提出较精的本子，取善价出售。（三）求学的人，不满意于通行本，必求获精本，以为细读或校勘等用。这三种人，或保存文化，或营业谋利，都有功于艺林，都可称版本学者。否则宋金元明的印本，早已泯没了。

研究版本，与研究其他的学术相同，非有工具不可。工具者何？就是书目与书影。最完备的书目，当然是《四库全书总目》。但是总目不载版本，故初学者，必备《郘亭书目》，或相似者，随时参考。书影有瞿氏《宋元书影》《盋山书影》等，然终不及宋元真本的好。商务印书馆出版的《四部丛刊》，不啻一部大书影。

除了书目和书影之外，初学者又不得不读一种谈论版本的书籍。最简易的，是叶德辉的《书林清话》。

（乙）书叶

吾国线装书与西人之硬面卷册（volume）不同。西书页（不作叶字）只有所谓边白（margin）者。吾国书叶（不作页字）则有口有脑，有眼有目，有头有尾，有面有眉，有心有耳，有角并有根，惟无手足，无腿臂，无肝肠，无肺肾，无鼻无腮，无颈无腰。研究版本者对于此类术语，不可不知，兹各作一定义如下：

（一）口。口，折缝也。吾国古书先将文字印于纸之一面，再在其中间折齐而成前后两个半叶。——古书应称“叶”，不宜称“页”。中间折叠之直缝，即谓之“口”。

口有“白口”与“黑口”之分。白口者，折缝中无乌丝也；黑口者，折缝中有乌丝也。——乌丝，即黑线之意。口又有“大黑口”与“小黑口”之别。大黑口者，粗阔之乌丝也；小黑口者，细狭之乌丝也。大黑口与小黑口，皆所以助折叠之整齐也，想原发明者必无其他用意。宋元本及明初刊本，黑口居多。

（二）脑。脑，即各叶钻孔穿线之空白处，亦即书本阖闭时之右边。纸大版小则脑阔，脑阔则“天地头”（另有定义）亦高广。

古书有不穿线者，但脑际必有细孔，必有纸线。普通穿线之书，至少有六孔，且封面之内，护叶之外，另有两孔，以为纸钉之用。纸线者，用纸搓成线状之物也。纸钉者，用纸捏成钉状之物也。两者皆所以接合散叶使之不易分离。

（三）眼。眼，孔也，用以穿线或插钉也。眼孔愈小愈好，大者伤脑。打眼有专器，不可以普通之铁钉代之。

（四）目。目即目录。书之卷帙多者，总目之外必有分目，卷帙少者，无此需要。购古书时，吾人不可不注重目录。缺目之书，果然可疑，即有目录者亦应审慎。书买得到残缺之本，往往抽目挖目，已充足本。

（五）头。头有（一）天头与（二）地头之别。天头者，一叶上面之空白也。地头者，一叶下面之空白也。天头亦称“眉”。

（六）尾。尾，“鱼尾”也，即版心（另有定义），即作或

冈之形是也。体黑者曰“黑鱼尾”，体白者曰“白鱼尾”。在版心之上端而两角下向者曰“上鱼尾”，在版心之下端而两角或上向或下者曰“下鱼尾”。上端下端，或上下两端有两个鱼尾者，谓之“双鱼尾”。

（七）面。面有两义：（一）封面，（二）叶面。封面者，保护书叶之物也。叶面者，文字所在之处也。

（八）心。心为“版心”，即前后两半叶之中间也。心与口（见定义一）不同：心为两叶分界之空隙，口为两半叶正中之折缝。鱼尾、叶数、字数及刻工姓氏，皆在版心。

（九）耳。耳之全名为“耳子”，附于下半叶（版外）左首上角，以识书之篇名，见于经传者最多，如明仿宋相台本《春秋经传集解》之各叶是也。

（十）角与根。角与根虽在叶上而又不在叶上，合数十叶或百余叶而成一册，切齐，“沙”（用沙皮摩擦也），钉好后，右边及上下两边，完全平滑，左边为口，故无不整齐。右边上下两隅，其名曰“角”，珍贵之书，人以湖色或蓝绫包之。包角固可保护书叶，但亦易受虫伤。

根在全书地头切齐之处。卷帙繁多之书，藏家往往倩人“号书根”，即于角隅线之右边写书之册数，而于其左边写书之名称与分类是也。大部书非号书根不可，否则不易检查，且不易整理。商务印书馆之《四部丛刊》，皆于发行之前，印成书根。

（十一）行格。行格边栏，亦术语也。直者为行，横者为格。诸家藏目所称“每半叶 × 行，每行 × 字”或简称“× 行 × 字”，即是此意。研究版本者，有行格专书，如江标之《宋元本行格表》两卷是也。

边栏者，书版四周之丝（线）也。边栏有单双之分：“单栏”

即单线之意，“双栏”即双线之意。

双栏一粗一细，粗者在外，细者在内。双栏有左右双栏，又有四周双栏。单栏粗而不细，总在四周。抄本有有栏者，有无栏者，无栏者，名为素纸钞本。西书无栏。

诸家藏目中，所以详言行格边栏，黑口白口，鱼尾印记者，因旧时写真（照相）之术未曾广行，不能影印耳。杨守敬手摹古本之叶，复刻之而成《留真谱》初二两编，其用意可谓巧矣，但终不及故宫、盋山、瞿式、刘氏、陶氏各家书影之明晰正确。惟边栏表、鱼尾表、藏书印记谱、刻工姓名录，尚未见过，将来或亦有好事者为之也。

上文合（一）二十三年九月二十日《版本》篇及（二）三十一年九月二日《古书一叶》篇两文而成。越然附识。

三十四年七月一日

清乾嘉间东南第一藏书家

看了这个题目，我推想阅者们已经知道我所指的是什么人了。当然——他当然是黄丕烈，号荛圃，苏州人。

元朝以前，下及明代，下及清初，吾国有许多性喜搜集书籍的人，例如：晁公武、叶梦得、赵孟頫、祁承业、范钦、毛子晋、钱谦益、季振宜、朱彝尊、徐乾学、鲍廷博、李南涧、周永年等等。但他们不皆属于东南。与黄丕烈同一时期且同一地带者，也有许多嗜书之士，如吴骞、吴翊凤、陈鳣、顾广圻。此外还有聊城杨氏、常熟瞿氏、吴兴陆氏、钱唐丁氏、吴兴刘氏。他们所集古本的数量，虽然有超过黄氏者，他们虽然大半属于东南，但不得称为“第一”。为什么呢？因为他们有后起的，不尽为乾嘉间人，并且他们只知收藏，不善校读的缘故。他们固然好（去声）书，但终不及黄氏那样真诚。

黄氏对于古书，怎样真诚呢？让我来引用几句石韫玉、王芑孙两人所讲的话，以为证据：

（一）石韫玉在他的《秋清居士（即黄丕烈）家传》中说道，“……平生无声色鸡狗之好，惟性喜聚书。遇一善本，不惜破产购之。……每获一书，必手自雠校，一字一句之异同，必研索以求其是。……”（石韫玉，苏州人，乾隆进士，著有《独学庐诗文稿》）

（二）王芑孙在他的《陶陶室（黄氏书斋之名）记》中说道，“……今天下好宋版书，未有如荛圃者也。荛圃非惟好之，实能读之。于其版本之后先，篇第之多寡，音训之异同，及其授受源流，翻摹本末，下至行幅之疏密广狭，装缀之精粗敝好，莫不心营目识，条分缕析。……”（王芑孙，苏州人，乾隆举人，官华亭教授，著有《渊雅堂诗文集》）

据此，我们知道要做一个藏书家第一，非具有下列各条件不可：

（一）要真性好书。——碰到精本，虽质衣典屋，也要购买。

（二）要亲自校读。——得到的书，要一一读过校过。倘然专买不读，那末不是藏书家，而是采办员了。校书要对照古本，不可依己意或新本，改易原书。黄氏校书，每以异字书于书叶之上下方（天地头）。

（三）要识别版刻。——不论宋刻元刻，都不可依时代之先后而定其优劣。大半宋本固较元本为善，然亦有不及者。善于鉴别的藏书家，非独知道这些事情，并且要提出证据来。

（四）要知道源流。——例如，某书最初为某氏收藏，后归何氏——等等。

（五）要装钉得法。——应否补蛀，应否衬钉，应用何种封面，应雇何处匠人，应在何时修理。——此种问题，皆应注意。

黄氏是不是完完全全地具有这五个条件呀？

是的，他全具这些条件。

我们怎能知道呢？

因为我们可以读他所写的题识。

题识，亦称跋语。他所校过的书，或者他所读过的书，每部总有一个题识。黄氏书跋，最初由苏州潘氏集合成书。后又由江阴缪氏增广，刻成《荛圃藏书题识》十卷。近年吴县王大隆君又续刻四卷。黄氏的书跋，大概已经收尽，遗漏的想必不多。

黄氏书跋，多趣味，近人情，百读不厌。兹录数则于后，以见乾嘉间东南第一藏书家的特性。

（甲）《文温州集》。——“《文温州集》，相传为其子徵明手书以付剞劂者，故藏书家于明人集中最为珍重。余向从东城顾八愚家得旧刻名钞不下四百馀册，而是集亦在所蓄，则其可贵益见矣。今孟陬下浣，观书学馀书林，主人以新得光福徐氏书，故邀余鉴别之。翻阅一过，大都是有明及国初诸人文集，苦无当意者，惟此尚为名书，且需值不昂，以青趺三星易之。书友相视而笑，莫解其故，余亦未明告之也。近日书价踊贵，遇此等书反有贱售者，坐不识古耳。爰书此以告后之藏书者。嘉庆元年二月八日，书于养恬书屋，棘人黄丕烈”。

（乙）《笠泽丛书》。——“海宁吴槎客老而嗜书。今年春偕陈简庄泛舟访余于县桥（案：苏城街名），尽出行箧所携书相质。宋元旧刻颇有可观者。余因询以唐人文集，可有佳本否。槎客以旧钞陆鲁望先生《笠泽丛书》对。既归，遂寄余一校本，即碧筠草堂刻一钞本于《耒耜经》补《拨去》已下并五歌序，又多《笠泽丛书补遗》一卷并王益祥跋、朱衮记、十一世孙悳原后序、都穆跋、雍正辛亥江都陆锺辉后跋。余病校本冗杂，无可据依。钞本自八卷后，又以他本续入，罗列新旧人题跋，若欲定为何本，几成火枣儿糕，不敢传录。适槎客又寄到一钞本，略旧于前一本，因遂影写传之。卷中间有朱笔，仍用录出，示不紊也。余谓《笠泽丛书》据《敏求记》（案：书名，钱曾著）所载，以为元符庚辰樊开序而镂诸板，政和改元毗陵朱衮又为后序，止分上下二卷。补遗一卷，则此本卷第不符，未必遂为古本。聊存之以备参考云尔。嘉庆乙丑秋分后二日荛翁题。”

覆检槎客先寄钞本，知此所校朱笔，皆据彼也。注云“刻本作某”，亦与钞本同，并记。荛翁。

有上面黄跋的两种书，现为余家收藏。《文温州集》系明刊本，白皮纸初印，每半叶十二行，每行二十字。《笠泽丛书》系素纸抄本，每半叶九行，每行二十字。黄跋之书，十余年前市上偶或发现，今则完全绝迹。余家除《文温州集》及《笠泽丛书》外，尚有黄跋之书两种：《唐语林》（刻本）与《明皇十七事》（抄本）。黄氏书跋，后来藏家除叶德辉外，无不赞美。叶氏对于黄氏，似有微词。他在《郎园读书志》卷四说道：“荛翁题跋，于书目别开一派；既非直斋之解题（案：宋陈振孙著《直斋书录解题》一书），亦非敏求之骨董（案：清钱曾著《读书敏求记》一书）。笔稍多芜累，而溺古佞宋之趣，时流溢于行间。”

黄跋诸书初散时，大概归下开各家：

（一）常熟瞿氏铁琴铜剑楼。

（二）吴兴陆氏皕宋楼。陆氏书后归日本静嘉堂。

（三）吴县汪氏艺芸书舍。汪氏书归山东杨氏，今杨氏书亦散。

（四）仁和丁氏善本书室。丁氏书归盔山。

（五）云间韩氏。韩氏为黄氏至戚，所得最精，今亦散亡。

最末，我当述黄氏的事略。不，不，我将再引石韫玉所写的《秋清居士家传》：

居士姓黄氏，名丕烈，字绍武，一字荛圃。先世居闽之莆田……及曾祖琅始移居吴门。再传至君考维，号耐庵，以忠信直谅训其子弟。君……少岁读书，务为精纯，发为文章，必以六经为根柢……年十九补学官弟子，寻食饩。二十六举于乡，屡赴公车不售，意泊如也。嘉庆六年由举人挑一等，以知县用，签发直隶，君意不欲就，则纳赀议叙得六部主事。旋归里，杜门著书二十馀年，未尝作士宦想。性孝友……与朋友交，然诺必信……惟性喜聚书……得宋刻书百馀种……所刻书有《周礼郑注》《国语》《国策》《焦氏易林》等书，一以宋刻为准，盖惟恐古学之沦亡也，可谓有功艺苑者矣。……道光乙酉春秋六十三，秋八月微示疾，遂不起。当易箦之时，神明不乱，识者知其得力于直养无害云……

除上引家传外，欲知黄氏全史，不可不读江标所辑的《黄荛圃先生年谱》两卷。

三十四年三月一日

书能治病

余近来常常染病，或咳嗽，或头痛，此去彼来，真所谓“诸病百出”也。虽每日工作如常，虽每夜睡眠如常，然身不自由，医药又贵，自觉烦恼之极。五日前忽忆焦循有以书代医代药之法，即自藏书中提取其手录道家六种而读之。余不觉心平气和，而头痛全停，咳嗽亦几乎止矣。

焦氏所录道家六种为：（一）文子，（二）尹文子，（三）亢仓子，（四）黄石公，（五）无能子，（六）天隐子。六子之文字，当在本篇后幅备引数语以见之。兹先述焦氏对于六子治病之意见。焦氏之言曰：“余庚戌岁之冬患吐血病，虽愈而精气不足。或劝服丸药。余谓以药石若以书，乃留心于道家者流；日诵老子、庄、列及《黄帝素问》凡二年，不知病之何所失也。壬子癸丑间馆于郭舍人家，与黄解元居相近，时时相过论诗。黄所藏崇德书院所刻诸子书，有余未之见者。无能，天隐尤为当时所好，乃借而写之，得六种。越十年癸亥正月八日，风雪之下，不能出户，取此诵之，憧憧之心，颇为之平，乃知却无病之病，更良于却吐血之病也。灯下书此。江都焦循记。”

据此可知书籍可疗头痛，疗咳嗽，即吐血及“心病”等重症，亦有治之之能力。兹将焦录六种各引数语，以见其文字焉。

一　文子《通玄真经》

文子姓辛，名钘，一名计然，葵邱濮上人也，师事老子。楚平王问曰：“闻子得道于老聃，可得闻乎？”对曰：“道德匡邪以为正，振乱以为治。醇德复生，天下安宁，要在一人。故积德成王，积怨成亡。尧舜以是昌，桀纣以是殃。”王曰：“敬闻命矣。”下引者，《通玄真经》中之一节也：

老子曰，其施厚者其报美，其怨大者其祸深。薄施而厚望，畜怨而无患者，未之有也。察其所以往者，即知其所以来矣。

二　尹文子

尹文子，齐宣王时人，学老子之道，著书二篇，以“愿天下之安宁，以活民命”为主旨。下引者，上篇最末数语也：

国乱有三事：年饥民散，无食以聚之，则乱治国无法，则乱有法而不能用，则乱。有食以聚民，有法而能行，国不治，未之有也。

三　亢仓子《洞灵真经》

亢仓子，一名庚桑子，即庚桑楚，陈人也，得老子之道，后成仙。著书九篇，名《洞灵真经》。下引者，录自《全道》篇：

夫好货甚者，不见他物之所可好。好马甚者，不见他物之可好。好书甚者，不见他物之可好。吾又安知天下之果可好者、果可恶者哉？

四　黄石公

黄石公，秦之隐君子也，其所著书，言简而意深。兹录数语如下：

德足以怀远，信足以一异，义足以得众，才足以鉴古，明足以照下，此人之俊也。行足以为仪表，智足以决嫌疑，信可以使守约，廉可以使分财，此人之豪也。守职而不废，处义而不回，见嫌而不苟免，见利而不苟得，此人之杰也。

五　无能子

撰人姓氏不详。请阅引语：

夫鸟飞于空，鱼游于渊，非术也，自然而然也。（中略）亦犹人之足驰手捉，耳听目视，不待习（？）而能之也。（中略）今人手足耳目，则任其自然而驰捉听视焉。至于心，则不任其自然而挠焉欲其至和而灵通也难矣！

六　天隐子

天隐子，姓氏不传，其著书八篇，以“神仙之道，以长生为本。长生之道，以养气为先”为宗旨。今录其《存想》篇中数语如下：

存谓存我之神，想谓想我之身。闭目即见自己之目，收心即见自己之心。心与目皆不离我身，不伤我神，则存想之渐也。凡人目终日视他人，故心亦逐外走；终日接他事，故目亦逐外瞻。营营浮光，未尝复照，奈何不病且夭邪？

焦循于其所录之六子中，尚有三跋，兹照录如后：

（一）丁卯偶病寒，为劣医所误，几死复苏，精神遂不振。谢绝世事，静居村中，仍理道家者流。此书更阅一过。戊辰二月二日循记。

（二）嘉庆己卯三月望日细雨，群花竞开，坐雕菰楼阅此。

（三）壬申夏，天凉如深秋，湖水大溢，灯下阅此。

焦抄道家八种，每半叶十行，每行二十二字，有（一）焦循之印，（二）焦循手录及（三）焦循藏书等图记。焦循，字理堂，江苏甘泉人，嘉庆六年举人，一应礼部试后，以生母殷病愈而神未健，不复北上。闭户著书，有《易章句》《易通释》《孟子正义》等。又通天算，著《天元一释》《开方通释》。文学柳宗元，有《雕菰楼集》。雕菰楼，循自构之屋也，其老屋经葺治后，改名“半九书塾”。循于经无所不通，壮年即名重海内。钱大昕、王鸣盛、程瑶田皆推敬之。阮元督学山东浙江，俱招循往游。嘉庆二十五年卒，年五十八。

三十二年三月二十三日

上海两志

余家藏书中有最可珍宝之县志两种：（一）《万历上海县志》十卷，（二）《嘉靖上海县志》八卷。此两志皆在民廿之春以重价购获。后经“一·二八”之劫而丝毫未曾受伤。岂上天知我爱书之诚，暗暗为之护卫乎？抑沪邑旧文献，非此不传，故使之存于世乎？兹先述上海简史，再言两志之版本与内容。

上海之为县也，始于元朝。其地古属扬州。春秋时为吴，为越，或为楚。秦汉为会稽吴郡。唐天宝十年，此地曰“华亭海”。宋末，海舶辐辏，乃即其地立市舶提举司及榷货场，改称“上海镇”。元至元二十九年壬辰（公历一二九二年），从知府仆散翰文议，割华亭、长人、高昌、北亭、新江——海隅五乡——为县，隶松江府。泰定三年罢府，隶嘉兴路。天历元年复府，仍以隶之。元末，张士诚据有其地。至正二十七年，知府王立中归附明太祖，编户凡六百二十里。嘉靖二十二年，巡按御史舒汀建议立青浦县。割上海三乡隶之；三十二年给事中朱某议废青浦所割，复故。万历元年，用郡人给事中蔡汝贤议，复青浦县，仍割三乡隶焉。清代不易其名，不变其制。民国十九年，改称“上海市”，直隶行政院。

《永乐大典》谓松江南有大浦十八，中有上海、下海二浦。今县治之左有大川曰“黄浦”，亦曰“上海”。浦县之得名以此。若夫“上洋”之名，即旧志所谓“海之上洋”是也。今亦有称“上海”为“海上”者。

或谓“宋初诸番市舶，直达青龙江。后江流渐隘，市舶在今县治处登岸，故称上海”。

上海在道光二十二年（公历一八四二年）辟为租界。惟乾隆时已有东印度公司英人比谷者来申察看形势，又道光十二年复有林德赛、葛劳甫二人，由广州北航至上海，皆称为通商要地。可见英人之垂涎上海，远在鸦片战争（道光十九年，即公历一八三九年）之前，远在白门（南京）订约（公历一八四二年）、五口通商之前也。

上海初辟时之所谓“英租界”（公历一八四二年南京条约）与“美租界”（公历一八四四年望厦条约）者，至光绪二十五年（公历一八九九年）止。自是年起，西辟泥城桥以西至静安寺路，东北辟虹口迤东之地，以迄引翔港，由各国公使议决，将旧时英美租界，并东西新辟之地，统名曰“公共租界”。法租界之成立，在“法律”上，系根据一八四四年之黄埔条约。但另一方面，实因水师提督卜华德助清剿洪有功，特辟小东门一带，以为酬劳也。

《上海县志》之最初出现时期，为明弘治癸亥（公历一五〇三年）。是后嘉靖甲申（公历一五二四年），万历戊子（公历一五八八年），均有续修本。弘治志，经名家细究，知已散佚，则嘉靖、万历两志为最古者矣。余之嘉靖志，不载中外诸家藏目，其为孤本也无疑。万历志，除余家藏本外，徐家汇图书馆亦有之。兹将此二志之卷数、行格、内容等开列如后：

（一）《万历上海县志》十卷，明万历十六年（公历一五八八年）知县颜洪范领修，张之象司其事。竹纸印本，白口，单鱼尾，左右双栏，每半叶九行。每行大十八字，小双行，不顶格，十七字。版框高约市尺六寸半，广约八寸七分。卷首有万历丙戌陆树声序，明弘治甲子王鏊序，同岁钱福后序，徐阶序，郑洛书序，明嘉靖甲申高企后序，又图三叶，目录三叶，纂修名氏一叶。

(二)《嘉靖上海县志》八卷，明嘉靖三年(公历一五二四年)知县郑洛书领修，高企司其事。白皮纸印本，白口，单鱼尾，左右双栏。每半叶十行，每行二十一字，版框高约六寸，广约九寸。卷首有嘉靖三年徐阶序及郑洛书序，又上海县境图，上海县市图，各一叶，又目录二叶。卷末有高企书后。收藏印记五：(一)曾为徐紫珊所藏，(二)汲古阁，(三)封城开国，(四)绣谷亭续藏书，(五)吴城字敦复，旧封面有徐紫珊手跋一则，附录于此：

□庵农部修县志时，以未见此书为恨。余从嘉兴吴氏得之，为绝无仅有之本。渭仁记。

万历志之要目为：地理志(卷一)，河渠志(卷二)，赋役志(卷三、卷四)，建设志(卷五)，秩祀志(卷六)，官师志(卷七)，选举志(卷八)，人物志(卷九)，艺文志、杂志(卷十)。嘉靖志之要目为：总叙、山水、风俗、物产(卷一)，户役、贡赋(卷二)，建置、祠祀(卷三)，官师、名宦(卷四)，登用、人物(卷五)，古迹、杂志(卷六)，文志(卷七、卷八)。嘉志之郑氏序，及万志之陆氏序，皆为研求上海掌故者所不可不读，兹节录而附加标点如下：

(甲)郑序

上海据吴会之东，负海带江，天下称壮县。予以正德十五年冬为之宰，及是邑沿海分野疆域之故，山水之胜，风俗之变，物产之宜，户役之烦简，贡赋之盈缩，建置之古合，祠祀之邪正，官师之姓名邑里，名宦之闻望德业，登用之途，人物之彦，与凡古迹之可知，杂事之可纪，文之可读者，盖已四载见闻。乃县志之修，自弘治癸亥，越今嘉靖甲申，廿有馀年矣。嗟乎！迹往述遗，今日之事，有明日弗知者矣；同室之情，有闭户弗知者矣。况于地里，非徧年数寝，远微书契纪传，是安足知乎？故往者来之则也，亿者一之积也。今人耳目，后之聪明寄焉。辍不自揣，授意于邑儒高企，撰志十五篇，分为八卷。（中略）（高）生经明行修，思齐古人，编校之事咸属焉。后有作者，更加厘正，勒成一家，传之四方——是固所愿也。八月朔日，前进士莆阳郑洛书谨序。

（乙）陆序

上海在宋末犹镇也，而县于至元间。县未志也，而创于弘治癸亥，修于嘉靖甲申，续于今万历戊子。志成，学士大夫属余序首简。余惟志者史也。周官外史掌邦国之志；上自星野，下逮山川，疆域，户版，田赋及官师，选举，人物，风俗，艺文，建置，秩祀之典，属之掌故，以体裁纪传。其事之贵乎核而文之贵乎直也，故发凡起例，则准之史；摛青掞藻，则击之文，删述取舍，则裁之义。义立而以辩名物，以备传信，以垂劝戒。斯数者，志之大者也。上海（中略）志之修，始卢龙郭尹，越世庙甲申，盖六十馀祺。一修于莆阳郑君，以迄于今，若有待焉者。中间吏治之得失，建置之沿革，民生之利病，财赋之瀛缩，俗尚之淳漓，与夫筑城，浚隍，海防，河渠，经赋，均则之类——诸凡嗣起所宜续入者，参互采摭，条分胪列，较若指掌。总之，则义达而事例明，文核而体要备，盖斌斌乎质有其文，于邑志称良焉。（中略）志凡若干卷，始事于万历丙戌，越岁戊子告成。主其事者，上虞顾侯洪范司纂辑，以事雠校者藩幕张君之象暨黄君炎辈六文学也。（中略）郡人陆树声撰。

《上海县志》，除嘉靖、万历两本外，尚有后来所修各种，如下：

（一）清康熙二十二年知县史彩领修本十二卷。

（二）清乾隆十五年知县李文耀领修本十二卷。

（三）清乾隆四十九年知县范廷杰领修本十二卷。

（四）清嘉庆十九年知县王大同领修本二十卷。

（五）清同治六年巡道应宝时领修，十年刻成，共三十二卷。

（六）民国元年上海县民政长吴馨发起续修，由姚文柟主纂，七年修成，共三十卷。

三十二年九月一日

吴兴三绝

昔人有以（一）赵子昂之字，（二）钱舜举之画，与（三）冯应科之笔，为湖州（吴兴）三绝者——是耶否耶？本篇不加评断。本篇所言，非字，非画，非笔，而为书籍三种，其名如下：

（一）《吴兴掌故集》。

（二）《见闻杂记》。

（三）《武康县志》。

（一）《吴兴掌故集》十七卷，明徐献忠撰。献忠，字伯臣，一号长谷，江苏华亭人，嘉靖进士，官奉化知县，《明史》有传。此书入清《四库全书》总目地理类存目三，乃其侨寓湖州时所作。《提要》云：

> 考订多未详审，如所载寓贤，以作《渔隐丛话》（书名）之胡仔列入明代，尤为舛误也。

胡仔一条，见原书卷三第十四页。其文曰："胡仔，字元任，新安人，待制舜陟之子，迁居湖州，自号苕溪渔隐，所著有《丛话》一百卷。"

此条事实甚确，所误者时代也——宋人胡仔反在明人郑如几之后。

《吴兴掌故集》，分十七卷十三类：卷一宦业，卷二乡贤，卷三游寓，卷四著述，卷二金石刻，卷六艺文上，卷七艺文下，卷八名园，卷九古迹，卷十山墟，卷十一水利（附田粮），卷十二风土，卷十三物产，卷十四杂考一，卷十五杂考（人物余），卷十六杂考（宦余），卷十七杂考（记异）。明万历间刻本，每半叶八行，每行十六字；卷首有范唯一序，茅瑞徵序，献忠自序，卷末有李松手启，茅献徵跋。

（二）《见闻杂记》十一卷，明朱乐撰。余家藏者，系万历间刻本，每半叶十行，每行十八字；白口，单鱼尾。收藏有“唐风楼”“罗印振玉”两印。卷首护叶，有罗氏手跋一则，足以说明本书之优点，兹照录如下：

此书明吴兴李乐撰。《四库》存目子部小说家曾著录，作四卷，谓前二卷全录董氏《古今粹言》，及郑晓《今言》，后二卷乃自记所见闻，凡百八十六条。此本则两卷一：一录《古今粹言》，一录《今言》。卷二、三则所记一百八十六条，与四库本合。卷四以下至卷九，则为四库本所无。卷十至十一为续记。总计十一卷，实则两卷一，乃十四卷也。书中多迂拘琐碎之谈，然间亦有遗闻佚事，所俾掌故者。盖李氏年齿颇迈，见闻自多也。前有朱国祯、须之彦、余化淳、张大绅序，及乐自序。后有祈绍芳，冯时昇跋，颜欲章手启。光绪戊申正月晦上虞罗振玉记。（下钤“丱言”二字朱文方印）

“《文瑞楼书目》作十一卷，与此本同。寒中又记。”

（三）《武康县志》八卷，明骆文盛修，清冯圣泽重修。余家藏者，系清康熙间原刻初印本，每半叶九行，每行二十字。卷首有冯圣泽序，陈琳、程嗣功、骆文盛旧序；卷末有骆维恭后序。张复旦附跋。

此书南北及东洋藏家，均无刻本。间或有传写本者，亦往往缺字缺叶。余家藏本，全不缺脱，真可珍也。余在“一·二八”事变前，另有一刻本，得自来青阁。今已失去矣，但有漫漶处，远不及此本之佳。

三十三年一月五日

《红楼梦》的版本和传说

二十五年以前（民国八年），某星期日的上午，我正在四马路某某书店讲价还价，购买王希廉评《红楼梦》的时候，忽然步入一位全市闻名，全国闻名的老学者。他也来掬书。他东张西望，最初没有看见我。我早已看见他了。我不愿意和他多说活，想要避他，然而来不及了。他忽然回头一顾，我就被他“找着”了。他快步跑到我的身旁问道：“你买什么好书？”我答道：“没有什么——一部很普通的《红楼梦》。”他接口道：“噢，《红楼梦》？为什么买《红楼梦》？《红楼梦》还没有买够么？还没有看够么？”他有意取笑我，但是我向他微微一笑，付去书价十六元，马上就离开那爿书店。

近来《红楼梦》已经编成话剧，并且已经上了银幕。某刊主编不肯落时，要我写一篇关于《红楼梦》的文字。她知道我不像那位老学者；她知道我不反对《红楼梦》，不取笑少年人。《红楼梦》的的确确有研究的价值——“买不够”、“看不够”的。但是我非红学专家，哪里有资格谈宝玉和黛玉呢？我在十八岁，开始看《红楼梦》；不到十回，就抛弃了。二十岁入泮之后，闲时较多，又重复读它；不到二十回，又抛弃了。嗣后每年必读一次，每年必不全读；直至三十多岁，我竟向办事处告了一星期假，把那部名作从头至尾细读一遍。当时我并非想做红学家，我的目的全在找它的优点，察它的结构。我全读《红楼梦》的时候，新派红学专家，如蔡元培及胡适，已经出现了。

“红学”两字有出典，不是我所杜撰。《清稗类钞》中说道：“《红楼梦》一书，风行久矣。士大夫有习之者，称为红学，而嘉道两朝，则以讲求经学为风尚。朱子美尝讪笑之，谓其穿凿附会，曲学阿世也。独嗜说部书，曾遇目者，几百种，尤精熟《红楼梦》。与朋辈闲话，辄及之。一日，有友过访，语之曰：‘君何不治经？’朱曰：‘予亦攻经学，第与世人所治之经不同耳。’友大诧。曰：‘予之经学，所少于人者，一划三曲也。’友瞠目。朱曰：‘红学耳。’盖经字少巛，即为红也。朱名鼎昌，华亭人。”

《红楼梦》，亦名《石头记》，又名《金玉缘》《情僧录》《风月宝鉴》《金陵十二钗》，有八十回本，有一百二十回本。朱子美所研究者，想是高鹗增补的百廿回本。鹗字兰墅，汉军镶黄旗人，乾隆进士。高本最初出现在清乾隆五十六年辛亥，由程伟元用木活字排印。书中有高程两氏序，并图像二十四叶（前图后赞）。正文每半叶十行，每行二十四字。次年（乾隆壬子）萃文书屋出版的活字改订本，除校去讹字外，其他如图像行格，与辛亥本同。卷末有一跋云：“初印时不及细校，间有纰缪。今复聚集各原本，详加校阅，改订无讹。”余于十余年前，曾出巨价，购获壬子本，惟至今无暇细阅，实在可惜之至。王希廉评本，有图像，每叶十行，每行二十二字，出自高本无疑。后来一切木刻本铅字本，大都出自王本。至于八十回的原本，传世极稀；有正书局据旧钞本石印者（每半叶九行，每行二十字，有戚蓼生序），不知是否为确实可靠的原本。百廿回本《红楼梦》，尚有仝（从人从工）卜年的《妙复轩评石头记》，几乎每句有批，比较《四书》上的朱注更多；“语虽近击，而于《红楼梦》味之亦深矣”（刘铨福跋语）。此外另有两本，刷印精良，皆便携带：（一）悟真道人的《红楼梦索隐》（中华书局），（二）胡适的《红楼梦》（亚东图书馆）。这两种都是铅字排印本，校对着实可靠。

因《红楼梦》而产生的书有下列者：

（一）《续红楼梦》× × 回，秦子忱撰。

（二）《绮楼重梦》四十八回，王 × × 撰。

（三）《红楼复梦》一百回，× × × 撰。

（四）《红楼梦补》四十八回，× × × 撰。

（五）《补红楼梦》四十八回，魏 × × 撰。

（六）《增补红楼梦》三十二回，魏 × × 撰。

（七）《红楼幻梦》二十四回，× × × 撰。

（八）《红楼梦影》二十四回，× × × 撰。

（九）《红楼梦偶说》二卷，× × × 撰。

（十）《红楼梦论赞》一卷，涂瀛撰。

（十一）《读红楼梦杂记》一卷，江顺怡撰。

（十二）《红楼梦偶评》× 卷，张其信撰。

（十三）《红楼梦约编》× 卷，× × × 撰。

（十四）《红楼梦广义》× 卷，× × × 撰。

上面开列之书，虽不详尽，然而关于《红楼梦》的版本，关于《红楼梦》的研究，关于《红楼梦》在嘉道间的“红而且紫”，我们可以知道了。现在让我来略述《红楼梦》的传说。

《红楼梦》作者曹雪芹，名霑（？），系曹寅之孙。曹寅，号楝亭，清康熙间为江宁织造（官名）。或谓作者系江南一士子，为六王、七王的上宾。六王七王，即《红楼梦》中的宁国公荣国公，为雍乾间赫赫有名者。江南的那位士子，“才气纵横，不可一世。二王倚之如左右手，时出其爱姬（即书中的金陵十二钗），使执经问难，从学文字。以才投才，如磁引石；久之，遂不能自持也。

事机不密，终为二王侦悉；遂斥，不予深究。士子落拓京师，穷无聊赖，乃成是书以志感”。又《能静居笔记》称“曹寅楝亭先生子（孙）素放浪，至衣食不给。其父执某，钥空室中，三年遂成此书云”。然则江南士子，就是曹雪芹么？

曹雪芹为《红楼梦》作者，经胡适的考证而更确定。但寿鹏飞及马水臣则不承认。寿氏谓芹非曹霑。马氏谓《红楼梦》作者系上海人曹一士。一士字鹗廷，号济寰，雍正进士，工诗文，有《四马斋集》。若是，则《红楼梦》究为何人之著作？

《红楼梦》全书的纲要如下：

贾宝玉、林黛玉和薛宝钗等同居大观园中。宝玉善于奉迎女性。黛玉多愁多病。宝钗倒是一个贤惠女子，但是性格不及黛玉那样爽直。这一男两女，形成三角恋爱，常常发生暗斗。宝玉自幼便和姑娘们及丫头辈鬼混。后来年长，他的父亲贾政欲先为他完姻，然后赴外任作官。因为黛玉身体不佳，恐怕不能生育，故决定娶宝钗，婚事由从嫂王熙凤谋划。熙凤知宝玉属意黛玉，不得已采用偷梁换柱之计，待结婚晚上，始令宝玉知道所娶者，不是黛玉，而是宝钗。黛玉就在宝玉成婚的那一天咯血而亡。宝玉愤婚姻之不如意，恹恹成病，后来随僧道亡去。

《红楼梦》所隐何事，谈者纷如。陈康祺《郎潜记闻》云：“小说《红楼梦》一书，即记故相明珠家事。”金武祥《粟香随笔》云：“纳兰容若，名性德，原名成德，满洲人。十八举乡试，十九成进士，大学士明珠子。生长华朊，勤于学问，有绝句云：‘绿槐影转小栏干，八尺龙须玉箪寒。自把红窗开一扇，放他明月枕边看。’”张船山《诗人征略》云：“世所传《红楼梦》，盖即指容若也。书中所云，乃其髫龄时事。其诗善言情，又好言愁。有句云：‘幽谷有美女，无言若有思。含颦但斜睇，吁嗟怜者谁？予本多情人，寸心聊自持。私心托远梦，初日照廉帷。’书中美人，即林黛玉耶？”《赁庑笔记》云：“纳兰容若眷一女，绝色也，有婚姻之约。旋此女入宫，顿成陌路。容若愁思郁结，誓必一见，了此夙因。会遭国丧，喇嘛每日应入宫唪经。容若赇通喇嘛，披袈裟居然入宫。果得彼姝一见。而宫禁森严，竟不能通一语，怅然而出。故书中林黛玉之称潇湘妃子，乃系事实。否则黛玉未嫁，而诗社遽以妃子题名，以作者心思之周密，不应疏忽乃尔。其第一百十六回，宝玉重游幻境，即指入宫事，故始终亦未与妃子通一语。而宝玉出家做和尚，即指披袈裟，冒充喇嘛事。”

上述陈金张诸氏，均言《红楼梦》为刺明珠而作。惟《瀛室随笔》则谓此书系刺和珅家庭。其言曰：“和珅秉政时，内宠甚多。自妻以下，内嬖如夫人者二十四人，即《红楼梦》所指正副十二金钗是也。……”原文甚长，不便全录。阅众倘然有意红学，请自己去翻查那部笔记罢。

我最末应该报告诸君的，是我家那部英译本。它的译者裘理氏（H.B.Joly）颇能明白我们的北方土白，竟把原书的大意表达了出来，真难得呀！可惜他的译本不完全，只有五十六回。其实看《红楼梦》看到这一回，已经够了。再看下去，岂不太伤心么？裘氏书于公历一六九二年、一八九三年在澳门出版。英文另有节译本。西人看了，倒可以过过《红楼梦》的瘾。但是文字太简，原本中情节，十九伤失，阅读的时候，全无兴味。

三十三年二月一日

古滑稽文汇

本篇所讲，是一部传世极稀，并且极可珍贵的明刊本。这五个字——古滑稽文汇——不是它的名书，它的书名叫做“广谐史”。我在“一·二八”前购买的时候，并不明白它的真价值，我见它纸张佳，刷印精，所以付以重价。后来翻阅董先生（康）的《东游日记》，才知道《广谐史》之可贵。

《广谐史》是《谐史》的增补。《谐史》成于明万历七年（公历一五七九年），著者徐常吉。常吉，字士彰，武进人，万历进士，著有《事词类奇》《六经类集》，清《四库总目》皆入类书存目二。《谐史》在清初，想已失传；馆臣未曾遇目，故不能将其收存，只于《广谐史》的提要中，一提其名。

《谐史》原本，虽已失传，但常吉自序尚保存于《广谐史》中。兹录其全文如下：

> 齐谐者，志怪者也，又谐者，谑也。何言乎怪与谑也？天地之间，无知者为木石，无情者为禽兽，以至服食器用，皆块然物也，蠢然物也。今一旦饰之以言动举止，灵觉应变，又举所谓须眉面目，衣冠革带者而与之相酬酢焉，岂不可怪而近于谑哉？嗟夫！天地之间，神奇为臭腐，臭腐复为神奇，何所不化，何所不育！故苌私之化碧，青宁之生程，亦理之不能无。今吾安知须眉面目者之不

幻而为物乎？吾安知块然蠢然者之不幻而为人乎？吾又安知真者之非幻，而幻者之非真乎？是其怪也不足怪，而即其谑也为善谑矣！于是刻所谓谐史者，而书之时万历七年八月也。

《广谐史》成于万历四十三年乙卯（即公历一六一五年），著者陈邦俊，字良卿，秀水人。清《四库总目》，不收此书而入存目（小说家类存目二），其“批评”如下：

> 明陈邦俊编。邦俊，字良卿，秀水人。先是徐常吉尝采录唐宋以来以物为传者，七十馀篇，汇而录之，名曰“谐史”。邦俊因复为增补，得二百四十馀首。夫寓言十九，原比诸史传之滑稽，一时游戏成文，未尝不可少资讽谕。至于效尤滋甚，面目转同，无益文章，徒烦楮墨。搜罗虽富，亦难免于叠床架屋之讥矣。

《广谐史》所载之文，共计二百四十二首。撰著人一百十四，其姓氏如下：（唐）韩愈、司空图，（南唐）李从谦、（宋）苏轼、陈元规、马揖、林景熙、王柏、吴应紫，（元）胡长孺、吴观望、任士林、杨维祯、程文、高明、陈基、涂几、牟献之，（释）克新，（明）贝瓊、孙作、唐肃、叶绶、王景、何文渊、支立、杨守陈、何乔新、姚绶、程敏政、吴宽、王鏊、沈周、卢格、程楷、罗玘、钱福、姚镆、易宗周、孙承恩、严时泰、王銮、常伦、陈九川、董榖、卢恩、鲁藩中立王讳观炬者、浦南金、徐珊、王经、孟思、赵时春、陆埛、范言、陆奎章、沈恺、陈恺、陶泽、徐袍、王宗沐、胡膏、徐子英、陈师、徐爌、王君赏、闵文振、方宇、丘云霄、龚持宪、毛有伦、萧韶、王格、俞允文、贾三近、张应文、徐熥、袁宗道、周应愿、项良枋、焦竑、刘启元、胡光盛、沈玄锡、罗冲点、许锺岳、周念祖、陈诗教，（世次不详）文嵩、洪璐、李珮、方清、尹二文、史致詹、林金、高应经、杨攀龙、危恕斋、刘鸿，（释）祖秀，又（姓氏不详）周云望家藏抄本，荣谦吾手录本，张凤岩手录本。

上列人名中，固然有许多“不见经传”者，但大半皆唐宋元明知名之士。可见良卿此作，确然用过苦功，决非今之随意“剪割”者可比。清《四库》之所以不收此书，因其“叠床架屋”的缘故——增补之文，超过原书两倍。但吾国许多稀见之奇文，因得借以传世，陈良卿亦算不得无功。请看下面的《混沌子（蛋）传》：

> 混沌子不知何许人，或曰鲁人也，为人多含容，不露圭角，因号曰混沌子。着胎息，兼通黄白，人或叩之，辄倾尽肝胆，未尝有忤容。尝语人曰：“此特躯壳耳。若羽翼既成，不当委之如蜕耶？”居恒好居糠秕中以自全，召为光禄卿，不起。或诮之曰：“大丈夫当雄飞，安能雌伏？”曰，“吾岂坚匿不出乎？顾世无覆翼我者，纵欲无翼而飞，不胫而走，乌可得也？”人服其论。既闻五德君名，往受脱胎换骨之法。旬余忽跃然而起曰：“我飞腾有日矣。”遂尸解去。后有遇之于桃都，冠缨甚伟，闻者异焉。
>
> 谐史氏曰，广成子有言：知雄守雌，为天下谿，知白守黑，为天下式。混沌子其殆是与！宜乎结圣胎而登仙籍也。

上文系陈诗教作。诗教，字四可，号绿天，明万历间嘉兴府人。

《广谐史》十卷，明万历间写刻本，白口，单栏，每半叶九行，每行二十字。余家藏者，系最初印本，序目凡例等等均全。现在我节录李日华为本书所写的序文，以为全篇之结束：

> 余昔与良卿同学，日购隐文奇牒，对案雠校研摩为乐……余不自坚，中岁折而之今，以薄技售……不若良卿之广也。余自戊申迄今乙卯，手翻二十一史乘竟，良卿手所汇《广谐史》一编，闯余关曰："子史功适竟乎？夫史职记载而其神骏在，描绘物情，宛然若睹，然而可悲可愉，可诧可愕，未必尽可按也……于是滑稽于艺林者，史裁悉具，又宁独才局意度与其际用之微，可借形以托，即……人间亹亹之故，悉伍楮墨出之，若天造然。是则反若有可按者……因记载而可思者实也，而未必一一可按者，不能不属之虚。借形以托者，虚也。而反若一一可按者，不能不属之实。古至人之治心，虚者实之，实者虚之。实者虚之故不系，虚者实之故不脱，不脱不系，生机灵趣……"余跃然曰："然！然则是编也，不徒广谐，亦可广史，不徒广史，亦可广读史者之心……"

三十四年五月一日

《四游记》

《四游记》者，（一）《西游记》，（二）《北游记》，（三）《东游记》，（四）《南游记》也。

（一）《西游记》四卷，齐云杨致和编，天水赵毓真校。余家藏者，系绣谷锦盛堂梓本。每叶上图下文，图粗劣，文半叶十二行，行二十字。

（二）《北游记》，亦名《北方真武玄天上帝出身志传》，共四卷，三台余象斗编，许湾大经堂梓。余家藏者，非明刊原本而为清代覆本也。每叶上图下文，图劣，文半叶十行，行十七字。

（三）《东游记》，亦名《上洞八仙传》，又名《八仙出处东游记》，分上下两卷，兰江吴元泰著，凌云龙校。余家藏者，亦覆明本也。图像行格，与《东游记》等。

（四）《南游记》，亦名《五显灵位大帝华光天王传》，计四卷，三台余象斗编。余家藏本之图与文，完全与前两种相同。

《四游记》为灵怪小说，其荒诞与《平妖传》《西游真诠》《封神演义》《济公传》等相似。惟明刊《四游记》全部最不易得，即十行十七字之覆本，市上亦极难求。孙子书兄在日本所见者，只明刻《东游记》一种。其他三记，或为清道光时之全传本，或为小蓬莱仙馆合传本，市上间有发现者也。四记中除《西游记》全为释教外，其余三记，均劝道家为释家之言也。《西游记》说猴王，说唐僧……释而不道。本书所说，与普通《西游记》同，惟分段不分回，较简略而已。兹引开首七言诗一首，以见本书之旨：

混沌未分天地乱，
茫茫渺渺无人见。
自从盘古破鸿蒙，
开辟从兹清浊辨。
覆载群生仰至仁，
发明万物皆成善。
欲知造化会元功，
须看三藏释尼传。

本书分段不分回。第一段之标题为“猴王得仙赐姓”，最末一段之标题为“唐三藏取经团圆”。

《北游记》之主旨：行善可以成仙成佛。兹节录原书以见之：

却说广西府牢中犯人甚众。有一禁狱姓孟名山，在府当禁子。有一岁，年终十二月二十五，众囚于禁中悲悲哭哭，惨声震天。孟山问曰：“汝等往日不哭，至今日各各悲哭何故？”众囚曰：“我等本非好人，亦有一点孝心，至年终不见父母，思思切切，故有此哭。”孟山道：“吾听汝等之言……我不如行个方便，放你们回去过年。待等下年正月初五，你各人俱要到来，勿误我事。”……知府姓滕名公义，下牢不见半个人。知府大惊，问孟山。孟山禀说曰：“是小人放去，不日就来。”知府大怒，将孟山打了四十，着令去寻……（孟山出禁门而行，拟自尽以救八百残生）。玉帝一闻其情，即……

封孟山为酆都孟元帅。

《东游记》所载，皆“荒唐”故事。请阅众看下面引文：

> 国王祷毕，将檄文烧化，自回太庙，与群臣商议破妖之策去了。却说玄女览过檄文，登云一看，乃知青牛作祸，因……托梦于国王曰：“可于明日点兵攻击……”国王惊醒，……即起呼群臣曰：“适来梦一女子，教我点兵攻击……此梦果可信乎？”群臣曰：“此必玄女指示，可依其言行之，必有应验。”国王次晨即下旨，点兵五万，围定后宫。那妖正在宫中作法，闻兵四面围壅，即喷一口法水，化成火轮火箭。正待要烧秦兵，忽一女子手持净水瓶，从空撒下，其火尽灭。青牛向前一望，只见玄女在上，急欲变去，被玄女将剑一指，现出真形，不能得脱。

《南游记》即华光天王传。华光实“叛徒”。后来皈依佛道，非独自己封为天王，即其父母亦得救可往西方。“华光永镇中界，凡民求男生男，求女生女，买卖一本万利，读书者金榜标名。感灵应验，永收祭享。”

关于四记，鲁迅在《中国小说史略》中，记之极详（见第十六篇，一八九页至一九二页），阅众可参观之。

三十二年十二月二十九日

谈《游仙窟》

《游仙窟》当然是个虚构的故事，是个理想的妙境。旧时西欧的文家，岂不是写了好几种“乌托邦”（Utopia）么？《游仙窟》就是这一类的文章，就是这一类的理想。不过乌托邦与仙窟，有一大大不同之点：乌托邦论政治，仙窟讲妇女；乌托邦中有明君，有贤相，有清洁的道路，有公平的法律，仙窟中有十娘，有五嫂，有五彩龙鬓席，有八尺象牙床。……

闲话少说，言归正传——让我来讲《游仙窟》罢。

《游仙窟》是唐人所写的小说，不传于中国而传于日本。日本传本，卷首题“唐宁州襄乐县尉张文成作”，世人因定为张鷟（从“族”从“鸟”，仕角切）所撰。鷟字文成，深州陆泽人。调露初，登进士第，授歧王府参军。八举皆登甲科，大有文誉。调长安尉，迁鸿胪丞；凡四参选，判策为铨府之最。然性褊躁，不持士行，姚崇很瞧不起他。开元初，御史李全交劾鷟讥刺时政，贬岭南；旋得内徙，为司门员外郎。他不久就死了。

鷟下笔敏捷，言颇诙谐。日本人颇重其文，凡到吾国来者莫不购其所著而去。鷟书之传者，有《龙筋凤髓判》及《朝野佥载》，均入《四库》。据汪辟疆君云：“（此书）辞旨浅鄙，文气卑下，了无足取。惟唐人口语，尚赖此略存。……唐人著述，日就湮没，此书虽为猥琐之小记，治唐稗者，要未能废。”汪君在《游仙窟》中发见之唐语，有下列者：（一）穷鬼，（二）古老，（三）面子（即颜面），（四）眼皮，（五）眼尾，（六）腰支，（七）手子，（八）牙床，（九）筵，（十）玉叠（唐人以玉为叠子），（十一）条（如鱼条），（十二）脯（音甫，如凤脯），（十三）臎（音翠，作鸟尾肉解，如雉臎）。

姚灵犀君，极赞美张鷟的诗。他在《思无邪小记》中说道："幼年翻阅《知不足斋丛书》中之《全唐诗逸》，序谓'此书系自日本抄传者。内有张文成崔五嫂赠答之诗数章，写儿女昵语，极浅白而缠绵'。注载'全作有过于淫秽者未录'，私心耿耿，常以未窥全豹为憾。前岁见某书舍租书目录，中有《游仙窟》一书，知即为张崔赠答之全文。亟借阅一过，果有数章，较《全唐诗逸》所载，尤为裸亵，而文词之华赡典丽，确为唐作无疑。惜卷帙稍长，未暇抄录。嗣拟购之，询之书肆，据云'只有一部，不能出售'。于他书肆中访问，亦不可得。此书原本藏日本图书馆，今尚存。至张文成之名确否，已不详记，惟知此书著者，即著《龙筋凤髓判》者也。"

"文成"是张鷟之子，那末我们知道唐代的确有此一人。汪君又在《游仙窟》中查见许多唐语，那末我们可以知道这书决非后人伪造。从前这本书，固然不行于中国，但是现在传本已经很多了。据我所知，共有三本。——我暂且不谈版本，我先把《游仙窟》的故事，略述如下：

张生奉敕授关内道县尉。赴任的时候，途经积石山，险峻非常，向上则有青壁万寻，直下则有碧潭千仞。他洁斋三日，缘细葛，返轻舟，不久抵达一处，香风触地，光彩遍天。见一女子在水侧浣衣，他就问道："我闻此处是神仙窟，故来伺候。山川阻隔，疲乏异常，乞赐停歇。"女子答曰："儿家堂舍贱陋，恐不堪耳。"张曰："下官但避风尘，已属大幸。"

女子就引了他到门侧草亭中。他问道：“此是谁家？”女子道：“此是崔女郎家。”他又问道：“崔女郎是谁？”她答道：“博陵王之苗裔，清河公之旧族；容貌如舅（潘安仁），气调如兄（崔季珪），天上无俦，人间少匹。”话犹未毕，内里忽有调筝之声，须臾，十娘（即崔女郎）露半面于门中。张生即咏道：“敛笑偷残靥，含羞露半唇。一眉犹叵耐，双眼定伤人。”片时十娘遣婢桂心以诗来报。诗曰：“好是他家好，人非着意人。何须漫相弄？几许费精神！”

张生坐睡（瞌睡），梦见十娘，惊醒之后，两手空空。他又吟诗道：“梦中疑是实，觉后忽非真。诚知肠欲断，穷鬼故调人！”

十娘见诗，不读而欲烧却。张又吟道：“未必由诗得，将诗故表怜。闻渠掷入火，定是欲相燃。”

十娘得诗后，向匣中取镜，箱里拈衣，袨服靓妆，当阶正履。张生赶快出草亭去止住她道：“既有好意，何须却人？”

十娘敛手向张再拜，张亦低额尽礼而说道：“向见称扬，谓言虚假。谁知对面，却是神仙？——此是神仙窟也。”十娘答道：“向见诗篇，谓非凡俗。今逢玉貌，更胜文章。——此是文章窟也。”

十娘引张生升阶。张问曰：“未见五嫂（即在水侧洗衣者），可否去请？”十娘曰：“五嫂亦应自来。吾公遣通，亦是周匝。”

不久，五嫂果至，带笑向十娘说道：“今朝闻鹊语，真成好客来。”张生道：“昨夜眼皮瞤，今朝见好人。”于是相阶上堂，唤婢取酒。席间说笑吟诗，弹筝唱曲，极尽宾主之乐。后来十娘欲与张生赌酒。张生道：“下官不能赌酒，共娘子赌宿。”十娘问道：“何为赌宿？”张答道：“十娘输筹，则共下官卧一宿。下官输筹，则共十娘卧一宿。”五嫂道：“不须赌来赌去。今夜定知娘子不免。”

他们这样调笑，这样调情，直至日落西山而止。其时五嫂道：

“时既黄昏，不如归房。”遂导张生至十娘卧室。

十娘在后，迟迟不来。张生问五嫂道：“十娘何处去？”五嫂道：“女人羞嫁，方便待渠招。”语未毕而十娘至。两人对坐，未敢相触。张生情急，咏道：“千看千意密，一见一怜深。但当把手子，寸斩亦甘心。”十娘敛色却行。时张生忍心不得，提手挽，两人争力。十娘失声而笑，婉转入怀。……

五嫂起立而说道：“女因媒而嫁，不因媒而亲。……娘子安稳！新妇卧也！”

于是十娘唤桂心，并呼芍药，为张生（以下转录原文）“脱靴履，叠袍衣，开幞头，挂腰带。然后自与十娘施绫帔，解罗裙，脱红衫，去绿袜；花容满面，香风裂鼻，心去无人制，情来不自禁；插手红裈，交脚翠被，两唇对口，一臂枕头，拍搦奶房间，摩挲髀子上，一吃一意快，一勒一心伤。……少时，眼花耳热，脉胀筋舒，始知难逢难见，可贵可重。……谁知可憎病鹊，夜半惊人？薄媚狂鸡，三更唱晓？遂则披衣对坐，泣泪相看。下官拭泪而言曰：‘所恨别易会难，去留乖隔。王事有限，不敢稽停。每一寻思，痛深骨髓。’十娘曰：‘儿与少府（即张生），平生未展，邂逅新交，未尽欢娱，忽嗟别离。人生集散，知复如何！’”

“少时天晓，两人俱泣。……侍婢数人，并皆歔欷。……五嫂曰：‘有同必异，自昔攸然。乐尽哀生，古来常事。愿娘子稍自割舍！’下官乃将衣袖与娘子拭泪。”

故事已毕，继言版本：

（一）民国二十七年光华书局铅字本，每页（不作叶）十行，每行二十七字。

（二）汪辟疆《唐人小说》本，下卷自四一三起至四四〇页止，铅字本每页十二行，每行三十二字至三十五字不等。《唐人小说》，出版于民国二十年，发行者神州国光社。

（三）民国己巳（十八年）海宁陈氏慎初堂校印本，每半叶（不作页）十六行，每行二十四字。陈本出版最早，校印亦精，其卷首题要，虽只四百馀字，实开后来研讨之门。非精于古书者，哪里能够这样简而赅呀！

三十四年六月一日

《中东大战演义》

这是一部半虚半实的四本头——半虚，因为是演义（小说），半实，因为是战事（历史）。原著者在序文的开始就说道：“从来创说者，事贵出乎实，不宜尽出于虚，然实之中，虚亦不可无者也。苟事事皆实，则必出于平庸，无以动诙谐者一时之听。苟事事皆虚，则必过于诞妄，无以服稽古者之心。是以余之创说也，虚实而兼用焉。”可知此书虽记五十年前的中东大战，但读者不可深信它为历史，只可当作小说看。

五十年前（清光绪二十年甲午，即公历一八九五年）的中东大战，——不，不，我不应该先讲大战；我谈书本应该先说明上面所提的一个名词，就是“四本头”。

“四本头”指清光绪间一种小石印本而言——长约五寸，阔约二寸半，虽间有订成两本者，但大多数总分为四本。此类书中，“百宝全书”也有，“庵堂相会”也有。我不知道它们一共有多少种类。不过我有一位现已逝世的好友——他所收集的，约一千种。寒斋所藏——献丑得很——不到五十本。四本头的印行者，不记姓氏，不详地址。他们总在书名叶的后面，作“光绪 ××（甲子）×（春夏秋冬）月仿泰西法石印”字样。他们所用的纸，厚而不薄，不是连史，而是洋连。在四本头没有发现以前，我们岂不是有许许多多铜版精印的石印书么？同文的最佳。他们所出的《二十四史》《十三经注疏》等等，至今受人珍视。四本头绝无正书，全是闲书；四本头是偷工减料的书，是东掼西掼的书。所以到了今天，我们不知道谁是创始者，我们也不知道他们共有多少种类。因此，目下留存的，好好保存的，反而可贵了——尤其是有历史性的《中东大战演义》。后来铅印本大行，价廉物美；四本头的营业，就一日一日地冷淡下去。就是在他们盛行之际，他们的名誉，也似乎不及“一·二八”后“一折八扣”的好。

现在我可以“言归正传”，讲中东大战了。

中东大战，因朝鲜东学党的叛逆而起。朝鲜亦称高丽，又名韩国。他们的东学党揭竿起乱，势极披猖，初则四方劫掠，鸡犬不宁，继而羽翼渐生，竟思侵犯疆土。韩官屡战屡败，百僚俯首无策。首相闵镕全奏韩王曰：“中国我上邦也。可速发电文求救。”韩王闻言，喜极，遂着闵相依奏而行。

中国派叶志超领兵三千救韩，以平东学党之乱。

东学党系乌合之众，绝无纪律，竟为清兵所败。

叶志超伸报朝廷，谓“全军大捷，因未奉谕旨，未敢班师”等语。

有总署大臣奏曰：“班师之事，不必着急。探闻日人借保商为名，分兵入韩。……中韩有虞虢唇亡齿寒之势，须宜三思。”

皇上遂着总署下哀的美敦书，限日本于一月内退兵，否则干戈从事。日本不理，两国失和。以后的大事，如下：

（一）（六月）日兵袭据汉城，幽朝王。中国遣兵东渡，日本击沉大部分运输舰。

（二）（七月）中国对日本宣战。

（三）（八月）日本攻平壤，叶志超大败。同时中国海军亦大败于黄海。

（四）（九月）九连城及安东失守。日本进攻大连、旅顺。

（五）（十月）旅顺要塞失守。

（六）（十一月）海城、复州失守。张荫桓往日议和，不成。

（以上光绪二十年事）

（七）（正月）刘公岛沦陷，海军全覆。李鸿章往日论和。

（八）（二月）营口陷，澎湖陷。吴 × 帅退走。

（九）（三月）《马关条约》成立。

（以上光绪二十一年事）

上面所提诸事，都是历史，两国人民共知的。以下所言，采自原书，是半虚半实的小说了。

> （第六回）叶志超闻日军又到，不觉胆落……乃勉强点兵应敌，战未数合，全军奔溃。……叶志超……心中忧闷，暗想一日从军，必有一日伤于日人之手，倒不如远远逃去，尚可保全。又虑将来沿途上，或有人认出破绽，一时传扬出来，岂不是反为不美？遂心思一计：伸报朝廷，假传芽山大捷，连日逃出韩邦，走往别国。那时人皆以我芽山大捷，谁疑我逃走？……即发电北京，声言芽山大捷，斩了日将数十名，又杀日兵无数。一时北京莫不雷动欢声。
>
> （第十一回）据言日军攻至旅顺之时，中国海军中人，尚多有在戏场观剧者。丁统领禹昌，亦在其间，后闻告惊，方始遁回兵舰。
>
> （第十四回）且说湖南巡抚吴××，自中日开仗以来，每日讲求武事，颇为尽心尽力，募得兵士数营，名为湘军。此军虽由西员训练……所学尚未精熟。惟吴××乃是文官，从翰林出身……故视战事为儿戏，见所募各勇皆高长大汉……不觉雄心顿起，遂上表请命出征……圣

上见其一片心诚，遂准其所奏……吴 ×× 领了上谕，遂由湘省整队起行，直望山海关进发……投拜刘岘帅，刘岘帅……即命其领兵往天妆台镇守，倘有不测，即向凤凰城求救……吴 ×× 奉了军令，回营即发出告示，晓谕日兵。（其文甚长，不便照录。惟最多趣味者有下面数语：凡尔日本官兵逃生无路，但见本大臣所设投诚免死牌，即缴出枪刀，跪伏牌下，本大臣专派仁慈廉干之员，收尔入营，一日两餐，与中国民人一律看待，亦不派做苦工。事平之后，即遣轮船送尔归国。）

吴 ×× 将到天妆台时，每日闻接仗之炮声隆隆，未战已有几分胆怯……吴 × 帅自请从戎之事，后人有诗叹之：

书生厌乱起雄心，
阵上忘携退敌琴。
寇氛未灭先遭败，
谅此忠诚亦可钦。

原书第二十与二十一两回，载李鸿章与伊藤陆奥的会议全文。第三十三回是《马关条约》。两者均见《清史》。

全书三十三回，著者洪兴全子二氏，光绪庚子春月仿泰西法石印。前有自序，目录，图像。每半叶十二行，每行二十八字，白口，单鱼尾，四周双栏。此书传世极稀，然决非孤本。

三十四年五月一日

《西厢记》研究

我五六岁的时候，家中有一个“半痴半癫”的女仆，常在工作之际口中唱道，“……莺莺红娘出绣房……”。我不知道她所唱的是何种俗本；她所唱的，当然不止这一句。我今天听她唱，明天听她唱，天天听她唱——听惯了，听熟了，我自己也会唱十多句。现在除了“莺莺红娘出绣房”一句外——这一句开了我后来阅读《西厢》之门——其余的我都忘记了。

当时我听她唱得很悦耳，所以学她。我并不知道莺莺红娘是什么人，并不知道莺莺是小姐，红娘是侍婢，并不知道绣房是在哪里。我并不知道莺莺红娘之外，还有老夫人，还有张生，还有和尚与将军，还有郑恒与欢郎。我并不知道绣房就是西厢，就在普救寺中。后来——在廿岁后——我在书橱中偶然找到一部广东朱墨套印版的《西厢记》。一打开来，我就看见了多年老友（？）莺莺与红娘。我马上拿到书桌上来，竭两个半天，一个黄昏之力，把它粗粗念了一遍。我才知道我从前所唱的故事，完全出在那本书中。

《西厢记》的浮面故事，我知道了。不过它的词曲我实在不懂。后来我时常购版本不同的《西厢》（篇末有《西厢》版本考），时常翻读它；直至四十多岁，始知它的美丽。我现在先把《西厢》的故事，简述如下：

《西厢》是一个“一见钟情”（1ove at first sight）的故事。吾国古时的婚姻，无不成于“父母之命，媒妁之言”。所以道学家都不赞成张生莺莺的偷情，都蔑视《西厢》，并且禁阻少年人阅读。

张生名珙，字君瑞，西洛人，是唐朝的才子。他上京应试，经过山西蒲州时，因为要拜望好友白马将军杜确，所以在旅馆中住下。

住了一天，颇觉寂寞，想要出外游玩。他差小使琴童打听，知道本地的普救寺是一个著名之处。

当时暂居于寺中者，适有崔相国之眷属。相国已死，其妻郑氏，即“老夫人”，带了女儿莺莺，小厮欢郎，侍婢红娘，扶柩回籍；因路途不便，在寺中停息。《西厢记》中，老夫人的白道：“老生姓郑。夫主姓崔，官拜前朝相国。不幸因病告殂，只生得个小姐，小字莺莺，年一十九岁，针黹女工，诗词书算，无不能者。老相公在日，曾许下老身之侄，乃郑尚书之长子郑恒为妻。因俺孩儿父丧未满，未得成合。又有个小妮子，是自幼伏侍孩儿的，唤做红娘；一个小厮儿，唤做欢郎。先夫弃世之后，老身与女孩儿扶柩至博陵安葬，因路途有阻，不能得去。来到河中府，将这灵柩，寄在普救寺内。这寺是先夫相国修造的，……况兼法本长老又是俺相公剃度的和尚。因此俺就这西厢下一座宅子安下；一壁写书附京师去，唤郑恒来，相扶回博陵去。……”

张生到普救寺的那一天，却巧老和尚法本不在——赴斋去了。“小和尚”法聪，引他在佛殿、钟楼、塔院、罗汉堂、香积厨，各处盘桓一会之后，忽然间，无意中，张生遇见了莺莺。他问法聪道：“和尚，恰怎么观音现来？”法聪道：“休胡说！这是河中开府崔相国的小姐。”

张生遂暗暗决定不赴京师应举，向和尚借屋。次日即迁入。

三月十五日，老夫人为老相公做好事（法事）。张生付钱五千，带一分斋，追荐他的父母。那一天张生当然看得小姐。不过他在莺莺每夜带着红娘烧香时，早已把小姐偷看饱了。他称她“好女子”，称她“月殿嫦娥”。他又自言自语（唱）道：“……可喜娘的脸儿百媚生，兀的不引了魂灵。”

一方面张生这样情痴；另一方面，红娘已将张生的年貌籍贯告知莺莺了，并且莺莺自已也会见过张生，知道他是一个美貌多才之士。所以，一天晚上，小姐在烧香时听得墙角吟诗，即依韵和了一首。张生吟的是：“月色溶溶夜，花阴寂寂春。如何临皓魄，不见月中人？”莺莺和的是：“兰闺久寂寞，无事度芳春。料得行吟者，应怜长叹人。”可知两人于发生“免不了”的事情以前，莺莺早有文君之意，而张生亦自以为司马相如了。

后来贼将孙飞虎（名彪），围住寺门，要强掳莺莺为妻。正在无可如何之际，老夫人吩咐长老发命道：“两廊僧俗，但有退兵之计的，倒陪房奁，断送莺莺与他为妻。”张生鼓掌答道：“我有退兵之策。”张生此言，并不虚伪。因张识白马将军杜确，得以书札求其来助的缘故。

事平之后，老夫人设宴，招待张生，命莺莺作陪。她自称张生为“先生”，令女儿称他为“哥哥”，全然不守急难时的“合同”。君瑞因此成病。

莺莺差红娘去张生处问病——前夜又听得张生的琴声——心中着实不安。张生托红娘带去一信，莺莺以诗作复道：“待月西厢下，迎风户半开。隔墙花影动，疑是玉人来。”这就是着他跳墙过去，她在那边开门相待的意思。

等到张生跳过墙去，搂住莺莺时，她大怒道：“张生，你是何等之人？我在这里烧香，你无故至此？……”张生道：“呀！变了卦也！”

次日莺莺借送药方之名，送去一诗，末句道：“今宵端的云雨来。”是夜小姐果然“御驾亲征”，曲中最著最艳之句，所谓“……将柳腰款摆，花心轻折，露滴牡丹开”者，即在其时。莺莺在离开枕席之时，向张生说道：“妾千金之躯，一旦弃之，此身皆托于足下。勿以他日见弃，使妾有白头之叹。”

小姐如是暮出早归者，约一个月。老夫人见女儿的言语体态，与向日不同，遂满腹疑惑，唤红娘来问。红娘直言相告。老夫人无可奈何，只得差人招张生来，并对他说道：“好秀才呵！岂不闻非先王之德行不敢行？我待送你去官司里去来，恐辱没了俺家谱。我如今将莺莺与你为妻。则是俺三辈儿不招白衣女婿，你明日便上朝取应去。我与你养着媳妇。得官呵，来见我。驳落呵，休来见我。”

次日张生即启程赴京。

以上所述，王实甫正本的故事。正本分四本，每本分四折。第五本为关汉卿续本，亦分四折。续本张生赴京应试，中式状元；郑恒来蒲，要娶莺莺；状元归来，正式成婚等事。正本四，续本一，合称《西厢记五剧》——此为“西厢”之最通行者。

王关五剧，皆出自《董西厢》。董，金章宗时人，名字不详，世人皆称他为董解元。他的《西厢》是优人弦索弹唱体——自弹自唱并说白。诸般角色，都由一人担任。后来五剧，则变为般衍（戏文）者。

《董西厢》又出自唐元稹的《会真记》。稹字微之，唐河南人，元和初对策举制科第一，拜左拾遗，后拜监察御史。长庆中擢知制诰，未几入相。研究《西厢》史者，均称张生实无其人，而为微之的假托。微之在姨母郑氏墓志中云：“其既丧失遭军乱，微之为保护其家备至。”——与传奇所叙正合。白居易稹墓志云：

“以太和五年薨，年五十三。”则当以大历十四年已未生，至贞观十六年庚辰，正二十三岁——与传奇“生年二十三”又合。……此类研究，散见诸家著作者，当必不少。

上文谓五剧出自董著。所谓“出自”者，不是抄袭其文字而是采用其大意。我将两本中张生遇艳的词句抄录于后，以见他们的全异：

（一）董著

朱樱一点衬腮霞，斜分着个庞儿鬓似鸦，那多情媚脸儿，那鹘鸰渌老儿（作“双目”解），难道不清雅？见人不住偷睛抹，被你风魔了人也嗏，风魔了人也嗏。

（二）王本

想着他眉儿浅浅描，脸儿淡淡妆，粉香腻玉搓咽项。翠裙鸳绣裙金莲小，红袖鸾销玉笋长。不想呵其实强，你撇下半天风韵，我拾得万种思量。

两段引文所形容的，是一件事，但其文字何等不同呀！

不论董著，不论五剧，《西厢》的故事，并不希奇。简而言之，偷情而已。男女的偷情，随时随地总能发生。《西厢》的著称，《西厢》所以受人敬服的缘故，实在词曲的美丽。例如：

【元和令】绣鞋儿刚半折，柳腰儿勾一搦（音奈），羞答答不肯把头抬，只将鸳枕捱。云鬟仿佛坠金钗，偏宜鬏髻儿歪。（上张生唱）

【上马娇】我将这细扣儿松，把搂带儿解，兰麝散幽斋，不会把人禁害。唿，怎不肯回过脸儿来。（亦张生唱）

这种字句，还不艳么？古语说得好，“十种传奇九相思”。我以为《西厢》的相思，虽然与他种相差不远，但它的文字超过他种。我上面所引，不过两段。全书中类乎此者，指不胜屈。所以旧时少交游、少出门的“士子”，有读《西厢》而成相思病者。今之学生，多闻多见，又易接近女性，又无暇专在诗词上用功夫，偶然将《西厢》一瞥，决然不会发痴，决然不会暗想莺莺。

末言版本：

《西厢》传世之本甚多。我家所藏者，也有十馀种，开列如下：

（一）《董西厢》四卷，明汤显祖评。

明朱墨套印本，每半叶八行，每行十八字，前有清远道人序。商务印书馆《万有文库》曾借印此本。

（二）《董解元西厢》二卷，明屠隆校正，周居易校梓。

明写写本，白口，每半叶十行，每行二十四字，小字双行，字数同。前有无姓氏序。

（三）《西厢记》五本，元王实甫，关汉卿填词。

明朱墨套印本。每半叶八行，每行十八字，前有即空观主人凡例十则，旧目，及精图二十面。后附《对弈》《会真记》。每本末附解证。

（四）《西厢》六种：（一）王实甫《西厢记》四本，（二）李日华《南西厢》二本，（三）陆天池《南西厢》二本（附《园林午梦》），（四）关汉卿《续西厢记》，（五）《围棋闯局》（元晚进士王生撰），（六）《五剧笺疑》（明闵过五撰）。

明刊本，每半叶十行，每行二十字，小字双行，字数同。收藏有“王国维”印记。

（五）《西厢记》二卷二十出，明李卓吾批评。

明刊本，黑口，每半叶十行，每行二十二字，有图。末附《会真记》，又张楷《蒲东诗》。

（六）《西厢记》二卷二十出，明陈继儒评，萧鸣盛校，余文熙阅。

明萧腾鸿梓本，每半叶十行，每行二十六字。前有陈继儒序，《会真记》，及《钱塘梦》。每卷后附释义。末卷有《园林午梦》及《蒲东诗》。全书图二十面，皆极精细。

（七）《南西厢》二卷三十四出，不著撰人。明汲古阁《六十种曲》本，九行十九字。

（八）《北西厢》二卷二十九出，不著撰人。明汲古阁《六十种曲》本，九行十九字。

（九）《西厢记》五卷，清毛甡论定并参释。

清学者堂刊本，半叶十行，行二十二字。小字双行，不顶格，二十一字。前有延陵兴祚伯成序，毛甡序，杂论及崔娘遗照。此书有武进董氏石印本。

（十）《西厢记》八卷，清金圣叹批。贯华堂原刻初印本，半叶九行，行十九字。

（十一）《第六才子西厢记》八卷，清金圣叹评。巾箱本，八行十六字。前有吕延镛序，又图像二十二叶（不精）。

（十二）《西厢记》十六卷清朱璐评。稿本，十二行二十八字。

（十三）《西来意》四卷，渚山恒忍雪铠道人说意。

清康熙中刻本，九行二十二字。前有今释、净挺、查嗣馨、褚廷琯、俞汝言等序，后有《西厢辨伪》。此书反驳圣叹，识见甚长。

（十四）刘刻《西厢》：（一）《董西厢》一本，（二）《西厢记》五剧五本，（三）附录（重编《会真杂录》二卷，《商调蝶恋花词》一卷，《西厢记五剧五本解证》一卷，《元本北西厢记释义音字大全》一卷，《古本西厢记校注》一卷，《批评西厢记释义字音》一卷，

《五剧笺疑》一卷，《丝竹芙蓉亭》一折，《钱塘梦》一折，《园林午梦》一折，明李日华《南西厢记》二卷，明陆采《南西厢记》二卷）。

贵池刘氏暖红室刊本，半叶九行二十字。

（十五）英文译本，熊式一译。

英国伦敦美瑞安（Methuen）公司排印本，附图极精，文字亦佳。我从前有法文译本一种，不佳。

《西厢》的元代刊本，似无传世者；《董西厢》的金刊本，更不必谈。上列十五种中的一、三、四、五、六、十三，几乎等于凤毛麟角，目下极不易得。其实研究《西厢》者，不必广求多本，刘氏一种（即第十四种），已足应用。

三十三年九月一日

谈《上林春》

《上林春》是一部稀罕的剧本。它非独没有刻本，就是传世的写本也很少很少。吾家藏者系明崇祯十二年（公历一六三九年）的写本。

此剧演唐朝武则天皇后腊月游上林，下诏催春花开放的故事，所以它的名称叫做《上林春》。武后的诏语共二十个字，是一首五言诗，如下："明朝游上苑，火速报春知。花须连夜发，莫待晓风吹。"

内监去焚那首诗的时候，口中说道："……娘娘每当政事之余，时作游观之乐。昨日传下旨意，要往上林苑中游玩。只因时届严冬，园亭冷落。为此，御笔题诗一首，与天借春三日。叫那万花齐放，以供圣目。咱家奉谕焚诗，须往御园走一遭也。……"（引文见第一折）

全剧二十六折。其中最重要的人物，是安氏兄弟。兄名金鉴，弟名金藏。他们本是儒家。兄金鉴，因为他的弟弟金藏学习贱业（乐工），瞧他不起，与他断绝。金藏依父执皇甫翁以自活。

金鉴自己常与里中无赖子共游。他的至友有东方白与西门虎两人。他的妻子韩氏常常规谏他，叫他不要同他们兜搭。然而他总不肯听从。

一日，大雪，白与虎招鉴饮酒。那正是武后游上林，催春花的时候。"群芳烂熳，独牡丹不发。后怒，贬牡丹于洛阳。"

西门虎将此事告知金鉴，口称国家祥瑞，武后神圣。鉴以为“天翻地覆”，将“万花齐放”为题，制成一诗，隐讥武后云：“夹城簇锦异争传，感应如斯混混天。逐去六龙谁挽救？借来三日便春先。欲烧玉树投秦火，拟代华林作石鞭。自是万花俱贱种，牡丹待放故君前。”（见第三折）虎出扇索书，鉴即以此诗书扇而别。

鉴大醉，仆雪中。藏来探兄，扶掖以归。及醒，以弟扶己为虚伪，半夜中将他驱逐出门。嫂韩氏暗令乳妪持被服使宿门房，并嘱非俟天明不可离去。

鉴因寒得疾，甚危。……不久，白虎两人来告借银钱。乳妪因为他们弄醉主人，即得寒疾，心恨而痛骂他们，并且驱逐他们。

白虎二人愤恨之至。当时武后方置铜匦，使人告密。白虎遂定计以鉴诗投匦，告鉴谋反，说“安金鉴乃是卢陵王的心腹，这诗的是卢陵王所作”。

金藏同皇甫翁来探病的时候，刚巧遇到捉拿金鉴的人。全家当然仓皇失措。皇甫翁对鉴妻韩氏说道：“你们不要啼哭！我想那铜匦告密，是没有首人对质的。况且官府又不认得本人怎样的。只非寻一（形似的）人去代你官人认罪，这就有救了。”韩氏道：“此计虽妙，只是此去有死无生，谁人肯替么？”金藏插口道：“嫂嫂不消愁得！待我金藏去代便了。”（以上引文，均见第十折。）

金藏到理后，大理卿来俊臣加以酷刑。藏剖腹以明卢陵不反。剖腹一事，见于正史。《通鉴纲目》云：“有告皇嗣潜有异谋者，太后命来俊臣鞫其左右。左右不胜毒楚，皆欲自诬。太常工人安金藏大呼曰：‘请剖心以明皇嗣不反。’即引佩刀自剖其胸，五脏皆出。太后闻之，令舉入宫，使医内五脏，以桑皮线缝之，敷以药，经宿始苏。太后亲临视之，即命来俊臣停推。睿宗由是得免。”据此，可知金藏实有其人。但正史无金鉴，亦无题诗代行等事。

那是剧本的附会。

现在我依照剧本，继续言金鉴在弟弟代行后，自己大病后的情形：

鉴病愈后，韩氏将藏代行的事告知她的丈夫。鉴不相信，他反而与东方西门两人愈加亲密——非嫖即赌，家私荡尽。韩氏劝他不醒，乃与皇甫翁谋，等他回家的时，作改嫁状，与他永诀。

鉴愤恨之至，自言自语道："我被这泼贱出尽了丑，怎生见得人？还要这条性命何用？不如死了罢。"乳妪听到这种话，知道机会到了，即留他到自己的家中去，并且劝他"慢将丑事挂胸头"。她又说道，"自今以后，把那些狐群狗党别，花情柳债一齐休。还将黄卷勤心读，猛向青灯着意修。有朝一日登科甲，那时冤报冤来仇报仇。只教你大娘子总然掬尽湘江水，难洗姣娘面目羞。"（见第十四折）

金鉴的踪迹，被白虎探知了，他们来恐吓乳妪，说题诗的事，已经发作了。他们向乳妪告贷。乳妪转贷于皇甫翁，给他们百金。两人拿了钱，就到妓家去置酒。白想要全得，置毒酒中以饮虎。毒将发，虎持斧砍白。两人俱死。

到了这个时候，金鉴才知道白虎的危险，亲弟的可爱。他去了"安"字的姓，以"金鉴"二字应试。场中的题目是："万花齐放。"他最初想颂扬圣德，他说道："我如今须要换过一付肚肠，极口逢迎，颂扬圣德。再休似当初那些醉后狂言了。"后来一想，他又说道："我安金鉴好差矣。若是别的题目呢，我便好展那胸中学问。这'万花齐放'，乃是天公第一件不平之事。我今日怎为着一忿之气，把朝廷多阿谀起来。千古以后，看安金鉴为何如人也。况我兄弟代名认罪，于心何忍！岂可为了无情之妇，倒忘却有恩之弟？便使身居廊庙，终是名教中的罪人了。……吓，有了！

我不若把前日的诗，写在卷子上边，那时官里必然震怒，将我擒拿。我到彼辩明衷曲，不惟把兄弟释放，抑且伦理无亏。岂不一举而两得么？……”（引文均见第二十折）

鉴以前诗应试，主司果然上闻。武后心疑，命大臣审问。是时徐敬业起兵，以迎卢陵为词。卢陵王解散其兵，率敬业归房州，上表请命。太后大悦，召卢陵王。……忽报牡丹盛开，遂以金鉴为状元，金藏为指挥使。鉴藏兄弟同时给假还家。

兄弟两人都感谢乳妪之德，马上就去拜谒她，但是她不在家，到了皇甫翁那边去了。他们赶快去叩皇甫翁的时候，那老对鉴说道："你家大娘子，当初见你迷恋烟花，沉酣曲乐，狂徒起祸，不信好人，……与老夫商量；无可奈何，只得托名改嫁，激你读书上进。向日只恐漏泄机关，不好说得。今见大官人衣紫腰金，才敢明言。"（见第二十六折）于是夫妇欢然相见，兄弟益加友爱。

余家所藏的《上林春》二十六折，系明末素纸写本，每半叶七行，每行二十五，六，七，八字不等。卷首封面有明人题"上林春"三字，又"崇祯十二年仲冬录"八字，又王国维手书"上林春四本"五字，又"王国维"三字印记。此剧作者何人，全无查考。

三十四年四月一日

《遗山乐府》

书籍有不行于本国，而盛传于异域者，《遗山乐府》是也。著者元好问，字裕之，号遗山，金秀容（即今山西忻县西北）人，德明（即“生平不言世俗鄙事，放浪山水间，饮酒赋诗以自适”者）之子也。好问七岁能诗，中兴定进士第，仕至行尚书省左司员外郎。金亡不仕，以著作自任。有《遗山诗集》（别集存一），《遗山集》（别集十九），《中州集》（总集三），《续古今志》（杂家存三），《续夷坚志》（小说存二），《唐诗鼓吹》（总集三），《唐诗鼓吹笺注》（总集存一）及《遗山乐府》（未收五）。除《遗山乐府》为清四库馆臣所未见而不收不存外，其余七种，《总目》均有著录，余已在上文各书名之下注明矣。

《遗山乐府》一书，于《四库》编竣后，由阮元发现而进呈内府。其奏进之提要云：“《遗山乐府》五卷。——金元好问有《续夷坚志》《四库全书》已著录。伏读《御定历代诗余》，载词人姓氏云：‘遗山乐府，钱唐凌云翰编辑。’是编从抄本依样过录，无云翰姓氏，疑转为写者误脱耳。案《锦机集》(云)‘僧李菩萨洒酒作花，开牡丹二株。遗山为赋《满庭芳》（越案：此词牌名也），传诵一时’。是作今载集中，张炎（越案：宋临安人，工长短句）称其词‘深于用事，精于炼句，风流蕴藉，不减周秦’。合观诸作，良非虚美也。”

依此可知当时阮元所见所进者，抄本而非刻本也。余家藏有精美之刻本——高丽古刻本。兹将版框行格等，一一开列如下：

全书分上中下三卷，皮纸初印。大黑口，双鱼尾，四周双栏，版框高约五寸（市尺），广约八寸，每叶二十行，每行十七字。卷首有好问自序，又目录；卷末有弘治元年李宗准（高丽人）跋。收藏有,（一）杨印守敬,（二）向黄邨珍藏,（三）飞青阁藏书印,（四）宜都杨氏藏书记,（五）双鉴楼藏书记,（六）双鉴楼藏书印等图记。卷首护叶有杨惺吾（守敬）小像，上有两印:（一）惺吾五十岁小像,（二）杨印守敬。

书之版本既毕，兹当择其中之词一首，以见好问之“深于用事，精于炼句”焉：

（一）题目：——《永遇乐》。

（二）自序：——梦中有以王正之乐府相示者，予但记其末云：“莫嫌满镜星星白发，中有利名千丈。待明朝有酒如川，自歌自放。”然正之未尝有此作也。明日以示友人希颜、钦叔，谓“可作《永遇乐》”。补成之，因为赋此。二公亦曾同作。

（三）词：——绝壁孤云，冷泉高竹，茅舍相忘。留滞三年，相思千里，归梦风烟上。天公老大，依然儿戏，困我世间羁鞅。此身似扁舟一叶，浩浩拍天风浪。　中台黄放，官仓红腐，换得尘容俗状。枕上哦诗，梦中得句，笑了还惆怅。可怜满镜星星白发，中有利名千丈。问何时有酒如川，自歌自放。

余家所藏之高丽本《遗山乐府》，分卷与阮元所进，及诸家藏目所载者不同。兹将余所知各本，开列于后：

（甲）抄本一卷（或称两卷）。——藏之者杭州丁氏八千卷楼，江阴缪氏艺风堂。此本系明钱唐凌云翰彦翀编选，即《词综》所谓两卷本也。缪艺风云：“遗山旧乐府久佚，新乐府五卷。”然则高丽三卷本，其为旧乐府乎？抑不全之节本耶？

（乙）抄本五卷。——藏之者文渊阁，湖州陆氏皕宋楼，杭州丁氏八千卷楼，常熟瞿氏铁琴铜剑楼。五卷本实名《遗山新乐府》，即阮元所奏进者。

（丙）刻本三卷。——此即余所藏之高丽刊本也。卷首护叶之后背有旧时日本人题诗一首云："蜀魄千年尚怨谁？鲜鲜啼血染花枝。满山明月东风夜，正是愁人不寐时。希上七月廿六日生。"

多年前日本《文求堂书目》中曾影印高丽本《遗山乐府》之首叶，即得自此本者。《遗山乐府》，吾国南北各藏家只有抄本，而高丽反有精美之刊本。语云："礼失而求之野。"余曰："书籍亡可访之海外。"吾国已亡而访得之书，不止《遗山乐府》。其他如《三言》，如《六帖》皆是也。高丽本《遗山乐府》卷末李宗准之跋，为吾国抄本所不载，真"不传之秘"也。兹特照录如下：

> 乐府，诗家之大香奁也。遗山所著，清新婉丽，其自视似羞比秦、晁、贺、晏（越案：此四人即秦少游、晁无咎、贺方回、晏小山也）诸人，而直欲追配东坡、稼轩之作，岂是以东坡为第一，而作者之难得也耶？然后山以为："子瞻以诗为词，如教坊雷大使之舞，虽极天下之工，要非本色。"李易安亦云："子瞻歌词，皆句读不葺之诗耳，往往不协音律。王半山、曾南丰，文章似西汉，若作小歌词，则人必绝倒，不可读也。乃知别是一家，知之者少。"彼三先生之集大成，犹不免人之讥议，况其下者乎？夫诗文分平侧（越案："侧"即"仄"也，蔡元培先生亦常用"侧"字），而歌词分五音、五声，又分六律。清浊轻重，无不克谐，然后可以入腔矣。盖东坡自言平生三不如人，歌舞一也，故所作歌词，

间有不入腔处耳。然与半山、南丰，皆学际天人，其于作小歌词，直如酌蠡水于大海，岂可谤伤耶？吾东方（越案：以“东方”二字，古高丽人用以自指其国也）既与中国语音殊异，于其所谓乐府者，不知引声唱曲，只分字之平侧，句之长短，而协之以韵，皆所谓以诗为词者。捧心而颦，其里只见其丑陋耳！是以文章巨公，皆不敢强作，非才之不逮也，亦如使中国人若作《郑瓜亭》《小唐鸡》之解，则必且使人抚掌绝缨矣！唯益斋入侍忠宣王，与阎、赵诸学士游，备知诗馀众体者，吾东方一人而已。然使后山、易安可作，未知以弊衣缓步为真孙叔敖也耶？以此知人不可造次为之。虽未知乐府，亦非我国文章之累也。愚之诵此言久矣，今以告监司广原李相国。相国曰：“子之言是矣！然学者如欲依样画葫芦，不可不广布是集也。”于是就旧本考校残文误字，誊写净本，遂嘱晋州庆牧使任绣梓。时弘治纪元之五年壬子（越案：此即公历一四九二年）重阳后一日，都事月城李宗准仲钧识。

三十二年七月一日

外国《金瓶梅》

“外国有《金瓶梅》么？”

这是我许多友人的一个问题——口头的或者通信的。碰到这个问题，倘然是口头的，我笑笑不响；倘然是书写的，我不答复。友人责我“守秘密——卖关子”。其实，外国何尝有《金瓶梅》？

《金瓶梅》是中国的特产——是一部文章极美的巨著，是一部篇幅最大的淫书。“金瓶梅”三字是书中女主角潘金莲、李瓶儿及春梅的姓名。她们三人，都是西门庆（男主角）的同居者（妾）。外国人虽然也有好色者，虽然也有婚外行为者，虽然也有像西门庆那一类的人，但是他们只能偷偷摸摸，不能公然纳妾。并且在外表上，西洋女子决无甘心为人妾者，决无自愿为潘金莲、李瓶儿，或春梅者。小说固然是虚构的，但不能不描写人生，描写社会。东西洋的社会情形这样不同，他们哪里能够写《金瓶梅》？近来——近数十年来——他们西洋人很喜欢研究我们的生活，我们的社会情形——尤其是古代的。所以他们除了翻译四书五经之外，除了翻译《老子》《庄子》《杨子》《墨子》《论衡》《三国演义》《红楼梦》《西游记》之外，又把那部《金瓶梅》写成西文。写成西文的《金瓶梅》，在英语中，已有两种：一种是节译的（一厚册），一种是全译的（四厚册）。

照这样讲，外国岂不是已经有了《金瓶梅》么？不，不，翻译等于借贷。《金瓶梅》是创作，创作《金瓶梅》者是中国人。翻泽不是创作，西洋依旧没有《金瓶梅》。

西洋既然也有像中国一样的好色者，为什么他们还没有创造一部像中国一样的《金瓶梅》？

有，有——这是有的。像中国《金瓶梅》的淫书，西洋也有。赫立司的《我的生活和我的恋爱》就是一个例子。不过《金瓶梅》与赫氏书，虽然相似，但不相同。《金瓶梅》是小说，赫氏书是自传。小说虚构，自传实在。小说是随意描写的，自传是自己陈述的。那末，西洋人岂不是比我们“老实”，比我们呆笨——连那些丑事丑态，都肯用自己的笔来形容自己么？

西洋固然有呆笨的人，但是能够用笔写高级文章者哪里会傻得这个样式？他们所以写无耻的自传，有两个理由：（一）写那种自传者，天性好色；因为身体不合格，或者经济不充足，非独不能畅所欲为，并且连婚姻都不圆满。但是他们有笔，他们可以用他们的笔，作为报复的武器。他们说长说短，说来说去，总离不了称自己为“美男子”“伟丈夫”“力健者”。他们的自传以“全世界妇人，见了他们，没有不心心愿愿地服从他们”为主旨。其实，全是虚构事实，侮辱异性。赫氏一生，没有一个知心人，没有娶得贤妻；娶的离去。这是他“鼠牛比”的证据。赫氏在意大利某村时，招了许多本地女子，展开裸体大会，恣意行淫，颇似古代暴君。他用笔真健，他的描写，真能入神。然而全是虚伪的。那事在现代任何文明邦国中，决不能办。我想他不过在肮脏的下级妓院内大打“野鸡”而已。我们的《痴婆子传》《肉蒲团》《姑妄言》《灯草和尚》，及其他淫书的作者，都是自传，都是自“鼠牛比”，存心报复的自传。

（二）第二个理由是这样的：我们中国旧时“失意”的文人，颇多闲暇。女人因为他们的面目可憎，或者因为他们的“才力”不足，瞧不起他们，不理睬他们。他们到处碰壁，无法可想，只得用笔来写一本小说，以泄心头之愤。古时刻板之价甚廉。百叶的小本子，所费不多，文人虽穷，这一点点力量，总易求得。但是西洋人不能这样。他们写了淫书，无人排印，无法出版，写淫书以为泄愤之计者，无不失败。所以他们改变方法，改用自传式——在自传中插入几章污浊的故事，非独阅者信以为真，并且遇到禁止时可以抽去。你想这个方法巧不巧？妙不妙？法人卢梭的《忏悔录》中，也有许许多多淫句淫事。因为他夹杂在全书中，不能立时抽去，所以除法语外，没有足本，而法语的足本，非成年人不能购买。可见卢氏不及赫氏的“聪明”了。

但是外国也有真性的淫书，非自传式的淫书。阅众总还记得多年前流行的《银梨花下》（亦名《半日轻狂记》）罢。这本小说，太粗俗了，太不近情了。好好的一个处女，在数小时内，被人“前前后后”地奸污多次。她的“仇”人，立时变成“爱”人。她满心称意（？）地，行同绵羊地道谢而去。你想世界上有这种事情么？

《银梨花下》及其他类似的特制西洋淫书，专为狂嫖烂赌的英美水手而作。他们出售的地点是下级妓院。他们的笔墨虽然粗通，然而不像我国的《金瓶梅》，不为学者所知，亦不作文学看待。

我国的《金瓶梅》既然不是自传，而又写淫书，既然是淫书，而又不为文人所弃。这是什么道理呀？

我的答复如下：

《金瓶梅》这部巨著，一定出自名家之手。据说，那位名家的父亲，遭显宦某姓的暗算，不明不白地死了。他想要为父亲报仇，但显宦总是深居简出的，他又手无寸铁，全然无法行刺。后来他知道那位显宦最喜阅读小说，且于阅读之时，无不以手指先取唾液（口水）而后捻取书叶。得到这个消息之后，他就钩心斗角地写小说。结果：一部百回愉情悦性的《金瓶梅》。

写成之后，他请好手誊写。抄成装订之后，他在每叶角上，敷以浓重的砒质。他希望显宦于捻取书叶，沾取唾沫时，将砒素不知不觉地带入口中，吞入腹中，因之毒死。显宦死不死，我不知道；不过著者的用心，——倘然传说是确的——可谓苦矣。

那末，《金瓶梅》也是泄愤的。西人泄愤，西人为父报仇，决不动用笔墨，所以他们所写的小说虽多，然而至今还没有《金瓶梅》。我对于我众友的问题，已经在此处总答复了。我并非卖关子，并不为西洋人守秘密。

三十三年十二月二十五日

《草堂诗余》

《草堂诗余》一书，除明汲古阁翻刊之四卷本（甲）及卓人月与徐士俊编校之十六卷本（乙），已于“一二·八”时被焚外，余家尚存两种：（一）嘉靖庚戌顾氏刊本，（二）洪武壬申遵正书堂刊本。汲古阁本（甲），翻刻嘉靖本（一），并作无意义之删改；卓徐二氏本（乙），非独分卷过繁，且校刻不精——两书虽失，余不之惜也。

嘉靖本（一）四卷，题《类编草堂诗余》，武洪逸史编次，开云山农校正。小黑口，双鱼尾，左右双栏，每半叶十一行，每行十九字。卷首有何良俊序。刻工甚精，又为初印，阅之使人心喜。洪武本（二）两卷，题“增修笺注妙选群英草堂诗余”，不著撰人。大黑口，双鱼尾，左右双栏，每半叶十三行。每行大二十三字，小二十九字。卷首总目末有牌记云：“洪武壬申孟夏遵正书堂新刊。”洪武壬申（二十五年）离至正不远，故此书之“气派”，一如元代也。

嘉靖本（一）与洪武本（二）非独分卷不同，即“编排”亦异。嘉靖本四卷：卷一，小令；卷二，中调；卷三、卷四，长调。洪武本两卷，即前后两集：前集分春景、夏景、秋景、冬景四类；后集分节序、天文、地理、人物、人事、饮馔器用、花禽七类。除编排外，“内部”亦不相同。洪武本有笺注，嘉靖本无之。兹抄录两不同本之同题同文者一首，以见其异焉：

A 洪武本

冰肌玉骨，自清凉无汗（庄《逍遥游》，藐姑射之山有神人焉，肌肤着冰雪，绰约若处子。杜诗，清凉破炎毒），水殿风来暗香满。绣帘开，一点明月窥人（杜甫诗，关山同一点），人未寝，攲枕钗横鬓乱。〇起来携素手（《文选》，纤纤出素手。又李陵诗，携手上可梁，游子暮何之），庭户无声（李白诗，回风送无声），时见疏星渡河汉。试问夜如何（杜诗，明朝有封事，试问夜如何）？夜已三更，金波淡玉绳低转（《文选》谢眺诗，金波丽鳷鹊，玉绳低疑章）。但屈指西风几时来，又不道流年暗中偷换（柳子厚诗，从此发来非一事，岂容华发待流年）。

此词之原著人，苏子瞻也，题曰“洞仙歌——夏花”。嘉靖本之题无“洞仙歌”三字。

B 嘉靖本

嘉靖本无笺注，其正文与洪武本全同，故不赘录。至于词末所附之所谓“名贤词话”者，两本前同，照录如后：

（一）东坡自序云：“仆七岁时，见眉州老尼，姓朱，忘其名，年九十馀（嘉靖作‘余’，误也），自言尝随其师入蜀主孟昶宫中。一日大热，主与花蕊夫人夜起避暑摩诃池上，作一词，朱具能记之。今四十年，朱已死久矣。人无知此词者，独记其首两句，暇日寻味，岂洞仙歌令乎？乃为足之云。”

（二）《漫叟诗话》云：“杨元素作本事曲，记《洞仙歌》云云，谓钱塘有老尼，能诵后主诗首章两句，后人为足其意，以填此词。余尝见一士人诵全篇云：冰肌玉骨清无汗，水殿风来暗香满。帘开明月独窥人，敧枕钗横云鬓乱。　　起来琼户启无声，时见疏星渡河汉。屈指西风几时来，只恐流年暗中换。”

（三）《苕溪渔隐》云：“《漫叟诗话》所载本事曲云：钱塘一老尼，能诵后主诗首章两句，与东坡《洞仙歌序》全然不同，当以序为正也。”

上录词话三则，在汲古阁翻刻本中完全删除之。叶氏《郎园读书志》卷十六云：“原刻（指嘉靖顾氏本）各词后，多列宋人说部诗话，……取证本事。虽出顾氏增注，究不可没其苦心。今毛刻（指汲古阁本）一概删除，亦殊可惜。”其实，洪武本已有词话，非顾氏增添也。叶氏因未见洪武本，故有此误。

洪武本似乎传世极稀。商务《四部丛刊》初集书录有“与洪武壬申遵正书堂本同”，可知当时采印者，非洪武本也。清四库馆臣所见者，亦非洪武本，而为嘉靖本之《类编草堂诗余》也。

《草堂诗余》入清《四库》集部词曲种二。《提要》云：“词家小令、中调、长调之分，自此书始。（越案：洪武本分类不分调）。后来《词谱》依其字数以为定式，未免稍拘，故为万树《词律》所讥。……朱彝尊作《词综》，称草堂选词，可谓无目，其诟之甚至。今观所录，虽未免杂而不纯，……然利钝互陈，瑕瑜不掩，名章俊句，亦间出其间，一概诋排，亦未为公论。”

余家藏之洪武本，系袁寒云（克文）旧物。封面有袁氏题“明刊”二字，又“草堂诗余”四字，又“前集，后集”四字，又“丙辰春后百宋一廛重装”十字，又总目首叶有“上第二子”及“臣印克文”两朱文印记。克文系项城之次子，其母高丽人。

三十二年五月二十四日

《五代史补》

宋陶岳撰《五代史补》五卷，入清《四库》史部杂史类。《提要》云："宋初薛居正等《五代史》成，岳嫌其尚多阙略，因取诸国窃据，累朝创业事迹，编次成书，以补所未及。"又云："此书虽颇近小说，然叙事首尾详具，率得其实。故欧阳修《新五代史》，司马光《通鉴》，多采用之。"是称其有助于史学也。岳书行世之至普通者，为明末毛氏汲古阁刊本，每半叶十二行。每行二十五字。艺林因其传播太广，而轻视之。余家藏者，亦系毛氏本，惟已经名家手校，不可作普通本看待矣。余家藏毛刻《五代史补》共有两种，（一）沈廉仲校陈山长旧抄本（简称沈本），（二）李蕙临顾千里校冯氏家藏本（简称李本）。廉仲，禾人，其所藏书，皆普通本。数年前散出时，余家购得多种。李蕙，系周李贶（饴）之妻。人但知季贶富藏书，而不知其妻能校书也。兹将卷四第四叶"慕容彦超擒盗"条之原文，抄录以后，并将沈李二本之校文，插附于原文之中，以见余家藏校本之有实用焉：

慕容彦超素有钩距。兖州有盗者，诈作大官从人，跨驴于（李本于于字下添一通字）衢中，市罗十余匹，价值（沈本云，价值各本同，抄本无价字，值作直）既定，引物主诣一宅门（沈本云，宅门各本同，钞本宅下空一字，司勋校补入字），以驴付之，曰：“此本宅使，汝且在此，吾为汝（李本汝字下添一上字）白王（李本白王二字，改白于主三字。沈本云，白王各本作白主，钞本亦作王，司勋校改主），本使（李本删本使二字），以请直。”物主许之。既而声迹悄然，物主怒其不出，叩门呼之，则空宅也。于是连叫“贼”。巡司至，疑其诈，兼以（李本兼以二字改遂并其三字）驴收之（李本之字下添一以字）诣府。彦超悯之，且曰：“勿忧，吾为汝擒此贼。”乃留物主府中，复戒厩卒高系其驴，通宵不与水草，然后密召亲信者，牵于通衢中放之，且曰：“此盗者之驴耳，自昨日不与水草，其饥渴甚矣，放之必奔归家，但可蹑踪而观之，盗无不获也。”亲信者如其言随之，其驴果入一小巷，转数曲，忽有（李本有字下添一小字）儿戏于门侧，视其驴，连呼曰：“驴归，驴归！”盗者闻之，欣然出视，遂擒之。

沈本之末，有廉仲手跋二则云，（一）“月丙寅上元日，依陈山长所示宋人旧抄本校一过，未见原书，但录异文见示。”（二）“五月朔得秀水夏氏所藏旧抄本重校。晁氏云云，原钞有之，而皇朝连书，知非宋抄也。”

李本目录后，有朱笔手跋，附录于后：

（一）丁卯正月，外于福州陈氏购得顾涧蘋先生手写本一册，盖当时以赠士礼居黄荛圃主事，辗转流入闽中者。外重是名贤手泽，装成册子，属蕙掌之，乃以此册对临，以为副本。抄本与此刻间有不同，而大段以此刻为胜。字句小异，不复赘列，以所传各异，不可以彼相改，反失此刻面目也。此亦常熟派校书源流，当为顾黄诸公所许耳。今人呼官员寓庐曰公馆，《五代史补》周高祖擅替留守文有之，又今呼装束马驴等曰鞴，亦见于罗邺王戏判条；如世人俗语，大半起自唐末五代间耳。二事《恒言录》未采，故附载于此。五月瑞三日，会稽女子葆酚李蕙校讫，记于福州余府巷。

（二）端五日，季贶周星诒覆勘讫。

李本中有“祥符周氏珑瓜堂图书”“寿潜室手校”“季贶”“星诏印信”“李蕙之印”“葆酚”“东林复社后门”等图记。李沈两本之末，均附宋王禹偁之《五代史关文》，其行格与《五代史补》同。

三十三年一月一日

吴抄林集

抄本之最可珍贵者，不外四端：（一）著者系一畸人，（二）传本稀罕难求，（三）抄本出之名手，（四）曾经名家收藏。余家藏之吴梅村手抄《林公辅文集》，四者全具，实为至宝。兹将此书之四种特质，一一说明如后。

一　著者系一畸人

著者林右，字公辅，明临海人，洪武中官中书舍人，与方孝孺友善。进春坊大学士，命辅导皇太孙。以事谪中都教授，弃官归。闻孝孺死，为位哭于家。成祖（永乐）召之不至。械至京，犹欲官之。不屈，成祖怒，劓（劓音义，割鼻也，亦古刑也）之死。其所著文集三卷，入清《四库》集部别集类存目二。提要称“（上略）是集多记序应酬之作，惟题后（即题识）数则间及史事，亦无特识（下略）”。可知《四库》所以不“收”而“存”者，因公辅之文无特识也，非嫌恶其人格（倔强）也。余喜读林公辅文，但非评论家，不知其有无特识，今随便节录数段于后，阅众中之有文学天才者，必能辨别其优劣也：

> （甲）夫学之不至，非学者之罪也。譬如影之所随者形，形已倾然委堕，影欲端然有立，虽日求之不可得。（《送汪先生序》）

（上段言师范，颇合近时教育家之主张。）

（乙）一日，夜梦一医，冠囊甚古，来谓余曰：“吾神医也。神谓子有节义，于世当有所立，故使吾来视子。子所患者气也。气横于中而不洩，则血凝其道而不能行，是以内沉而外重也。然非汤药所能医，针石所能治，惟以术劫之。试以平旦使两从者挟之以行，疾趋数十里，手足不停止，则气复于源，血顺于道，病可愈也。”予曰：“斯病言于何书，斯术载于何方乎？”翁叹曰：“……人之得病……岂书所能尽言，方所能尽载乎？书不过言病之略，方特载术之粗耳。”（《赠医陈仲夷序》）

（上段反对书本医学，并主张运动。以梦开始，且夹入神明，虚拟之意也，非在重迷信也。公辅不尚迷信，请观下文。）

（丙）雨果可得而求乎？雨降自天，非人所能为也。今人有物藏之家，人欲得而用之，诣其家而讲焉，曰：“幸以是物见假。”犹或有得有否。况于雨乎？（《林齐民祷雨有感序》）

（上段虽非科学，然设譬极佳。）

二 传本稀罕难求

林集除旧时吴兴陆氏皕宋楼外，其他各家，虽“富”如丁氏八千卷楼，亦无藏本。林之全书共载（一）序三十六首，（二）记二十七首，（三）墓志铭七首，（四）传四首，（五）跋六首，（六）书二首，（七）题识十首，（八）操琴二首（并序）。

三　抄本出之名手

余家之林集系吴梅村（伟业）手抄。最末一叶有“梅邨手抄”四字，下钤（一）吴印伟业（白文），（二）梅邨（朱文）两方印。吴梅村，太仓人。明崇祯进士，官至少参事，与马士英、阮大铖不合，假归。清康熙时有司力追入都，官国子祭酒。善诗能画，著有《梅村集》。

四　曾经名家收藏

吴抄林集，每半叶十二行，每行二十字，收藏有（一）朱彝尊锡鬯印，（二）某会里朱氏潜采堂藏书，（三）谦牧堂藏书记，（四）谦牧堂书画记印记。潜采堂与谦牧堂，皆清初藏书名家也。（甲）潜采堂朱氏主人名彝尊，字锡鬯，秀水人，肆力古学，博及群书。康熙中举鸿博，授翰林院检讨。与修《明史》，体例多从其议。工古文，好为词。（乙）谦牧堂系清宗室揆叙之室名。揆叙，字恺功，号惟实居士，满洲正白旗人，大学士明珠之子也。康熙时官至左都御史，卒谥文端，著有《隙光亭杂识》。

三十二年六月一日

《信谳录》

不久之前，余向扬州书友购获皮纸精写本《信谳录》一厚册，高廷瑶之著作也。初视之，此书似为普通判牍，实则不然。《信谳录》系廷瑶自传，述其一生事迹，及其所办之要案也。

全书一百十余叶，计三十七篇。每篇各记一事，详言事实并自加断语。凡法家官吏阅之，可以增长才识，即一般人之嗜好传记文学者，亦觉文字优雅，读之多味也。本篇依据原书，择言行文字之有益于现代人者，重写或引用之如后：

高廷瑶，字雪庐，清贵筑洪边里北衙人，乾隆丙午（公历一七八六年）举人。嘉庆五年庚申（公历一八〇〇年）因抚苗有功，事闻于上，辛酉恩赏六品顶戴。明年大挑一等，奉旨加一等，以通判用。壬戌，选授安徽庐州。到任次日，即发生一事：府县司铎谒高，称“有府学生员孙某，欲为其子拜门墙（求师），愿送贽仪三百两”。高曰：“我是来做官，不是来教学也。伊既有三百金，尽可请一名师。何用余为？”高盖深知其欲结交官长，以为出入衙门地步，收此三百两，将来不得不听其父子使唤，故却之。

又一日，管门家人持一呈入，禀称“有人在途中拾得二百串钱票一纸，来求存案”。高曰：“得遗失物，应赴县呈明。何必来此？”家人曰：“伊有话面回。”见后，其人恳将票至钱店取钱，留以充公。彼则听凭赏赐。高曰：“失票人必至钱店挂失票。尔何不将此票至钱店，俟其人来挂明票时，将票还之？伊必以尔为德人，或酬尔一二十千，未可知也。若我取来，与尔瓜分，是我为窝家，与尔同伙做贼矣。官可做贼乎？”语毕。高即将其呈发还。

据此可知金钱不能引诱廷瑶矣。廷瑶对于金钱，有高太之意见，其言曰：“人每自矜曰，‘我不要钱。’此言非也。不要钱，乃本分事，非格外好处。何必言？又见有不要小钱而要大钱者，当时不要而事后送之则收者。此更善于要钱者也，亦曰‘我不要钱’。噫，果不要钱乎哉！……我行我法，我尽我心；不要钱，则心安而理得。求其心之所安而已，何必宣言于众也？……”

廷瑶在皖十年，平反全活无算。嘉庆七年，宿州教匪王朝名袭据州城，戕官焚掠。事甫定，大府檄廷瑶往权，又令其征本年钱粮。廷瑶曰：“天庾正供，何敢转言减免？惟宿州春夏遭水，继以兵乱逃亡，不能耕作。今虽逃者渐归，而已失时，补种不及，当奏请豁免，不则缓征，以纾民力。”大府犹豫，廷瑶力争，谓“与其追呼无益，无宁广施恩泽”。大府悟，立陈奏，诏如所请。又廷瑶夜坐斋中，忽闻东门外哗传教匪复至。登城四顾，见城外居民扶老携幼奔逃，号哭之声不绝。城中居民亦惊扰，往来乱窜。廷瑶谕居民曰：“若果有窃至，余能力擒之。尔等各闭户谨守，毋贪夜惊窜。”又谕兵勇留心巡逻，并曰：“我睡去矣。”天明四境寂然。

廷瑶到六安任三日，龙头桥集报一命案，即日诣验。验毕，见居民门贴有“官清民安”帖子。呼地保询所从来，以“百姓感恩”对。廷瑶曰：“我履任甫三日，百姓何知我清？纵我能清，免百姓之诅咒。我若不清，百姓其将告我。若谓民安，现有毙命之事。民果安乎？”语毕，即命地保将帖子除去。距尸厂数武，有一古庙，廷瑶与其书役小憩之所也。廷瑶见庭中列果筵一席，甚为整洁，问曰：“畴（‘谁’也）实为之？”地保应声而出。廷瑶曰：“尔昨夜必以官来供应为词，沿门骚扰，或百文，或数十文，龙头桥计五百余户，敛钱约二三十千。剥削闾阎，借公肥己——此端岂可开乎？尔诚劳心，责十五板以为赏犒。”此后廷瑶所至之处，无谀媚词，亦无供应事。

廷瑶在皖所审各案，奇奇怪怪，不知多少。兹转述一极滑稽者如下：

> 有告外甥买妾者。问之曰：“尔有几外甥？”曰：“一人。”“有功名乎？”曰：“监生。”“若干岁？”曰：“四十。”有父母乎？”曰：“有母。”“妾另住乎？”曰：“同住。”曰：“伊单传，年四十而买妾，不为早也。且与母同居，必奉母命也。尔来告状，伊母知之乎？”曰：“不知也。”曰：“是必索诈不遂。不然，即觊觎其家业，欲其无后也。尔外甥即无后，家业归于宗枝，亦无归外家之理。”语毕，廷瑶即责告状人而逐之。

后廷瑶以凤阳府同知升任广西平乐府，因安徽旧案镌级。两广总督蒋励堂知其能，特奏请捐复，调广东候补。在候补时，上司派其办沙田。兹转录其自记如后：

> 属员行事，纵使秘密，上司无不知之。嘉庆十九年，余来粤东候补，檄委查办香山番禺东关沙田。有势官某来谒，谓曰：“闻公有私累，沙田可通融，借可补苴。”余正色拒之曰：“尔来行贿乎？”呵逐之。次日谒制军蒋励堂先生，曰：“昨日来晤者，被尔逐出。其人身怀银票三万元，知否？”余曰：“伊开言便已逐出，并未深问。不知有银票，更何知其数也？”继谒抚军董观桥先生，曰：“尔初来，人不知尔，故有请托之事。经此番拒绝，人皆知尔操守矣。”广东谚有之曰：“没有不

要钱的老爷。”余查沙田七十馀起，一无所染。人复改其谚曰：“这老爷真不要钱。”不虞之誉，言之生愧。……

上面引文，不独可以见廷瑶操守之坚，并足以见其文字之洁也。廷瑶亦能作韵文。《信谳录》中有《劝农歌》四首，转录如下：

（一）春来矣，春气和。农民听我劝农歌：山种杂粮田种稻，收成全赖种得多。

（二）夏至矣，夏日长，原隰陌阡农正忙。芟除稂莠去蟊贼，转瞬秋成俱可望。

（三）秋稼成，望如云。一颗一粒田家珍。割稻筑场实仓廪，莫将至宝饷及禽。

（四）上下忙，完钱粮。农民莫欠官家账。县差里长不到门，一家妇子乐无恙。

廷瑶补广州府后，循声益著，大府皆以国士待之。任未满，引疾归。病愈，仍补广州府。丁亥，又引疾归。庚寅（道光十年，即公历一八三〇年）卒于里。廷瑶声若洪钟，每遇事高谈雄辩，折其座人。喜读书。始家贫不能得，及贵，藏书甚富，无弗阅者。性孝友，事二亲未尝离左右。子二人：以廉，以庄。

《信谳（音彦）录》者，即廷瑶之从政录也。余家藏之写本，每半叶八行，每行二十五字，行间有圈点，眉上有评语。此书似无刊本，他日纸价低落之时，有好事者可排印之。

三十二年七月六日

附注：此书于三十三年秋赠与杨君，现非余家藏物矣。

《凝道记》

《龙门子凝道记》三卷，清《四库》总目误作二卷，入子部道家类存目，原刻单行本世不易见。著者宋濂，字景濂，浦江（金华）人。元至正中荐授翰林院编修，以亲老辞不赴，入小龙门山著书。《龙门子凝道记》即成于此时。卷首有濂自题云："濂学道三十年，世不我知，不能见其一割之用。颠毛种种而老将至矣。于是入龙门山著书，曰四符，曰八枢，曰十二微。符言合，枢言奥，微言缊也。总二十有四篇，以按一岁之气，号之曰"凝道记"，用竹简正书藏诸石室。百世之下，庶几有好之者。於戏，德泽弗加于时，欲垂空言以诏来世，古志士所深悲也！仰瞻宇宙，操觚兀坐者久之。至正丁酉（公历一三五七年）春正月丙子朔金华宋濂题辞。"

濂隐居山中，十有余年。明兴后，除江南儒学提举，命授太子经，修《元史》，累转至翰林院学士承旨，知制诰，以老致仕。长孙慎坐法，举家谪茂州，中途遇疾卒，正统中追谥文宪。濂博极群书，为文醇深演迤。除《凝道记》外，《四库》所收所存者，尚有（一）《元史》（正史二），（二）《洪武圣政记》（杂史存一），（三）《浦阳人物记》（传记二），（四）《宋学士全集》（别集廿二），（五）《宋景濂未刻集》（别集廿二）。《四库总目提要》称"《龙门子凝道记》……旧载《潜溪集》中。嘉靖丙辰与刘基《郁离子》合刻于开封，李濂为之序"云云。李濂明祥符人，正德进士，以古文名于时。余家藏本，系元末刊行者，每半叶十二行，每行二十一字，大黑口，双鱼尾，四周双栏，卷首有宋濂题辞（见前），卷末有濂自跋，所以无李濂序者，因在嘉靖间开封刻本之前也。元本卷末濂跋，为嘉靖本所无，兹抄录如后：

> 濂于至正十六年丙申冬十月四日庚戌入小龙门山著书。十七年丁酉春正月一日丙子书成。夏四月五日己酉俾仲子璲重录成编，厘为上、中、下三卷。间常取而阅之，皆一时念虑所及之言，而潜思精索之功，盖蔑如也。故其辞芜以费，其理晦而不章，自度决不能行远。况自秦汉以来，著子书者不一姓，其果能流布于今者几家？似亦易知也。呜呼，濂何人斯，而敢犯是不韪乎？多见其不知量也。非惟人笑，而亦自笑之。立言之难也，盖如此！幸犬马之齿未衰，自时厥后，当求圣人之遗经，益精研而笺记之，以赎前者不知妄作之罪，或者其庶几云。秋八月十有六日戊午，濂题。

《凝道记》分四符，八枢，十二微等二十四篇。所谓四符者，采苓符、五矩符、终胥符、孔子符也——此为卷上。所谓八枢者，闵世枢、秋风枢、阴阳枢、天下枢、先王枢、乐书枢、河图枢、蔚迟枢也——此为卷中。所谓十二微者，段干微、君子微、司马微、哀公微、观渔微、虞丹微、士有微、大学微、越生微、积书微、林勋微、令狐微也——此为下卷。兹择全书中之简短者且有味者数段，以见宋濂著书之宗旨，如下：

（一）

> 晋人有好利者，入市区焉。遇物即攫之曰："此吾

可羞也，此吾可服也，此吾可资也，此吾可器也，此吾可器也。”攫已即去。市伯随而索其直。晋人曰：“吾利火炽时，双目晕热，四海之物，皆若己所固有，不知为尔物也。尔幸与我，我若富贵当尔偿。”市伯怒，鞭之，夺其物以去。傍有哂之者。晋人戟手骂曰：“世人好利甚于我，往往百计而阴夺之。吾犹取之白昼，岂不贤于彼哉？何哂之有？”

（越案：强盗与奸商，本无大别，濂之言是也。）

（二）

科举之文兴，天下无文辞矣。孝悌之名闻，天下无善俗矣。循廉之行著，天下无良吏矣。贞操之事彰，天下无烈妇矣。记诵之习胜，天下无真儒矣。穿凿之学多，天下无六经矣。忠直之行显，天下无全节矣。是皆衰代事也，治世则反是。

（越案：濂所谓“兴、闻、著、彰、胜、多、显”者，皆名而非实也。）

（三）

昔吴起出，遇故人而止之食。故人曰：“诺。”起曰：“待公而食。”故人至暮不来，起不食待之。明日早，令人求故人。故人来，方与之食。起之不食以俟者，恐自食其言也。其为信若此，宜其能服三军欤？欲服三军，非信不可也。

（越案：信为人生最要之事。巧诈用智，无不失败。）

（四）

古之为将者，将以生民；今之为将者，将以杀民。凡人君之命将者，为民也。民在死地而不能存，则思所以生之，去其害民者尔。今乃务杀之，草薙而禽狝之，民果何罪焉？三代之时无是也。汉之赵充国，唐之王忠嗣，宋之曹彬，其颇知三代为将之道乎？虽然，未也，舞干羽而格有苗者，吾安得而见之哉？

（越案：元末天下大乱，濂盖有所为而发也。）

三十二年七月十一日

《居事集》

今有一书也，上自格言，下至养身，上自读书作文，下至烹饪医药，无所不备，无所不包——此非近人所谓“百科全书”乎？百科全书，大者数十册，小者一二册，现已视为常物，无人不用，无国无之矣。但数百年前——明初，此种书本非独海外绝无，即吾国亦不多。据余所知者，且为余家所藏者，惟《居家必用事类全集》（以后在本篇中简称《居事集》）一种。

《居事集》不著撰人，亦无序跋，细察其纸印，似为明初产物。全书分十集，以甲乙丙丁戊己庚辛壬癸十干计之。版框高约市尺六寸半，广约七寸，大黑口，双鱼尾，四周双栏。每半页九行，每行十六字，行间有直栏。清《四库全书总目提要》称其“体例简洁”（见一百三十卷，子部杂家类存目七）。兹先将全书要目开列于后，再将本书中有“秘笈”性者三种略述之。

甲　各种要目

卷一甲集——为学，读书，作文，写字，切韵，书籍等。

卷二乙集——家法，家礼。

卷三丙集——仕宦。

卷四丁集——宅舍。

第五戊集——农桑类，种蓺类，种药类，种菜类，果木类，花草类，竹木类，文房适用。

卷六己集——诸品茶，诸品汤，酒曲类，诸酱类，腌藏鱼品等。

卷七庚集——饮食类，染作类，洗练，香谱，闺阁事宜等。

卷八辛集——吏学指南，为政九要。

卷九壬集——卫生。

卷十癸集——谨身。

乙 “秘笈”三种

“秘笈”者，除在《居事集》外，世无传本之意也。《居事集》中有秘笈三种：（一）孙氏荐飨仪范（见乙集家礼），（二）赵氏拜命历（见丙集仕宦），（三）周书秘奥营造宅经（见丁集宅舍）。叶郎园云：“……苟非此书（越案：指《居事集》言）全录其文，则亡佚久矣。”可知《居事集》虽为百科全书性质，然其中实包含不传之秘也。今将秘笈三种之序言，照录如后：

（一）孙氏荐飨仪范

……先王之制礼也，不欲数，数则烦；不欲疏，疏则怠。君子濡春露履秋霜，必有凄怆怵惕之心。是故春禘秋尝，夏商相袭。周公以禘为王者之祭，易名曰祠，而鲁人始杀而尝，闭蛰而烝。至于春以韭卵，夏以鱼麦，秋以豚黍，冬以稻雁，虽庶人不得废时荐也。经曰，祭从生者，盖视子孙之为大夫，为士，为庶人也。传曰，祭从先祖，又重于子孙改作也。礼固不敢轻议，酌古参今，唯其宜，唯其称，或庶几焉。故取上士祭飨之时，传古士庶人之礼，著孙氏荐飨仪范。……绍兴三年孙伟叙。

（二）赵拜命命历

余家旧藏此书，信而有验。略为增益，悉有据依。

凡弹冠愿仕，皆所欲知。因版行，以广其传。若选日时捷法，尤便于克择，并附于后。绍兴癸丑元夕，相庵赵师侠书。

（三）周书秘奥营造宅经

屋宅舍，欲左有流水，谓之青龙，右有长道，谓之白虎，前有汙池，谓之朱雀，后有丘陵，谓之玄武——为最贵地。若无此相凶。不然，种树——东种桃柳，南种梅枣，西栀榆北李杏。

三十二年六月八日

《鹤林玉露》

《鹤林玉露》十六卷，据《莫郘亭书目》，知有（一）稗海本，（二）谢天瑞增补二十四卷本，（三）明万历刊本，多补遗一卷，及（四）明刊小字本。余家藏者，系最后一种（明刊小字本），即莫目所称“佳”者是也。

余家藏之明刊小字本每半叶十一行，每行二十一字。四周单栏，行间有直格，无圈点。上黑口之下，题书名及卷第；下黑口之上记叶数。全书赵体，颇似元刊。收藏图记二：（一）赤松黄石，（二）独山莫氏□□[①]。

《鹤林玉露》之作者，宋罗大经也。大经字景纶，庐陵人，事迹无考。惟据卷十三《畏说》中“余同年欧阳景贤”一语，知其曾经登第也。又据卷十六《容南迁客》中“余为容法曹椽”一语，知其曾官岭南也。

书中所载，大抵为“奇闻轶事”。兹引数则以见之。

（一）（气之先见）岁将饥，小民餐必倍，俗谚谓之“作荒”。——此天地之气先见也……（见四）。

（二）（论菜）真西山论菜云：“百姓不可一日有此色。士大夫不可一日不知此味。”余谓百姓之有此色，正缘士大夫不知此味……（卷九）。

---

① 此处原刊脱漏二字，现以方框代之。

（三）（物无小）豺能杀虎，鼠可害象。一夫足以胜禹，三户可以亡秦（卷十三）。

（四）（奸富）本富为上，末富次之，奸富为下。今之富者，大抵皆奸富也，而务本之农皆为仆妾于奸富之家矣。呜呼，悲夫！

上引四则，皆小智小识也。但书中所载，有关苦学者，亦有关行政者，兹转录较多兴味两则如下：

（一）一钱斩吏

张乖崖为崇阳令，一吏自库中出，视其鬓傍巾下有一钱，诘之，乃库中钱也。乖崖命杖之，吏勃然曰："一钱何足道，乃杖我耶？尔能杖我，不能斩我也。"乖崖援笔判曰："一日一钱，千日一千。绳锯木断，水滴石穿。"自仗剑，下阶斩其首。申台府自劾。崇阳人至今传之。盖自五代以来，军卒凌将帅，胥吏凌长官，余风至此时尤未尽除。乖崖此举，非为一钱而设，其意深矣，其事伟矣（卷十）。

（二）静坐

伊川每见学者能静坐，便叹其善学。余谓静坐亦未可尽信。固有外若静而中未免胶扰者，正所谓坐驰也。尝闻南岳昔有住山僧，每夜必秉烛造檀林。众僧打坐者数百人，或拈竹篦痛箠之，或袖中出饼果置其前，盖有以窥其中之静不静，而为是惩劝也。彼异端也，尚能洞察其徒心术之隐微而提撕警策之。吾儒职教者有愧矣！（卷三）

三十二年四月七日

稀见小说五十种

余在过去之十年中，购获清末民初小说数十种，皆孙子书君书目所不载者也。兹择五十种，将书名、著者、出版家等，分组开明，以为研究小说者参考之用。第一组书十种如下：

第一组

（一）《学生现形记》八回，遁庐著，光绪三十二年丙午乐群小说社印行。

（二）《刺客谈》六回，新中国之废物著，南营蛮子评，光绪丙午年灌文新书社印行。

（三）《长岳烽》十六回，蛰园著，光绪丙午新世界小说社印行。

（四）《鹦粟花》二十五回，观我斋主人著，光绪三十三年丁未东京活版所印行。

（五）《扬州梦》十回，项苍园著，少老年评，光绪三十四年戊申集成图书公司印行。

（六）《十年梦》十二回，平坨著，唐绎如注释，宣统元年己酉毛上珍印行。

（七）《聪明误》十二回，寓沪医隐著，宣统己酉社会小说社印行。

（八）《宦海》四卷二十回，张春帆著，宣统己酉上海环球社印行。

（九）《血泪黄花》（一名《鄂州血》）十二回，陆士谔著，宣统三年辛亥新小说林社印行。

（十）《广东革命源》十四回，在家和尚著，宣统辛亥年出版。

第二组

（一）《支那哥伦波》（一名《狮子血》）十回，何迥著，光绪三十一年乙巳雅大书社印行。

（二）《忍不住》四卷（不分回），沈友莲著，光绪乙巳年文明书局印行。

（三）《白云塔》四十九段，冷血著，光绪乙巳有正书局印行（此书半译半著）。

（四）《绅董现形记》十回，白莲室主人著，光绪三十四年戊申汇通印书馆印行。

（五）《小额》不分回，松友梅著，光绪戊甲北京和记排印书局。

（六）《女界现形记》五集二十回，慧珠女士著，宣统元年已酉汇通信记书局发行。

（七）《社会秘密史》十四回，陆士谔著，宣统二年庚戌新新小说社发行。

（八）《未来世界》二十六回，春飘著，宣统庚戌群学社图书发行所印行。

（九）《商界现形记》上下两卷八回，天赘生著，商业会社印行，出版年月不详。

（十）《续镜花缘》四十回，古沪醉花生琴珊氏著，卷首有宣统二年庚戌胡宗堉序及著者自序（此系未刻稿本）。

第三组

此第三组书目也。前两组所列各书，皆撰著者而无翻译者，本组（一）、（八）两种，非创作也，所以加入者，一因名人之文笔，二因传本稀少也，本组之书亦有十种，如下：

（一）《十五小豪杰》十八回，新会饮冰子（梁启超），顺德披发生（？）合译。清光绪二十九年五月上海大马路同乐里广智书局印行。（此书有诗有词，决非呆译而成者。每回回目两语，或九字，或十字，或十一字，其作法一依吾国旧时小说。）

（二）《优孟衣冠传》六卷三十回，梦游上海人撰。清光绪二十九年癸卯笑林报印行，卷首有浣纱江上人序。

（三）《梦游天》九回，不著撰人，清光绪三十三年丁未上海科学仪器馆印行（此系最早出版之科学小说也）。

（四）《惨女界》二卷，十回，吕侠人撰，清光绪三十四年戊申三月上海商务印书馆印行。

（五）《新今古奇观》十六卷，不著撰人，清光绪 ×× 年改良小说社印行。

（六）《商界现形记》两卷八回，云间天赘生撰，湖上寄耘氏校，商业会社印行，此书之刊刻年月不详，惟外封面用龙旗，显系清代出品之证。

（七）《现身说法演义》二十回，古燕贾慕谊口述，武林吴和友编辑。刊刻年月不详，惟书中有“方今贤正摄政”之语，可知此书出版在清宣统时也。

（八）《尸光记》二十章，湘乡张黑君译述，清宣统三年辛亥群益书社印行，卷首有嘉定黄守恒序。

（九）《春梦留痕集》四十回，不著撰人，清宣统三年辛亥小说进步社印行。

（十）《十尾龟》四编四十回，青浦陆士谔撰，清光绪宣统三年辛亥新新小说社印行。

第四组

此第四组书目，亦市上罕见者也。

（一）《风流道台》十四回，惜花外史（即醉余）撰，清宣统二年游戏社印行，石印大字本，卷首有图像。

（二）《烈女惊魂》四卷三十回，浙宁陈润生撰。民国元年文兴书局发行，石印大字本，卷首有图像。

（三）《宵光剑》二十章，病瘿撰。铅字本，民国元年中国侦探研究社印行。

（四）《离鸾怨》不分回，指月撰，铅字本，民国元年商务印书馆代印，卷首有剑芬女士小影，卷末有《应庵诗话》。

（五）《绿波传》十六章，孤桐撰。铅字本，民国元年商务印书馆印行，卷首有孤桐自序。

（六）《春阿氏》五卷十八回，冷佛撰，民国二年铅字本，前有冷佛小影，戴鸿慈、绍昌、善佺、沈家本肖像，及春阿氏彩色图六叶，又马太璞序，石胜华等题词，及冷佛弁言。

（七）《不了缘》二十回，冷佛撰，民国二年爱国白话报刊行，卷首有冷佛自序及禅题词。

（八）《骗》二卷不分回，瘦郎撰，民国三年群强报社刊行。

（九）《红泪缘》十回，南天籁撰，民国二年北京天民报社发行，卷首有天籁肖像及题词自序。

（十）《不可说》不分回，小百姓撰，铅字本，民国二年时事新报馆发行。

以上十种书中，以《不可说》最多意义，因其中所述者，辛亥革命也，革命先烈之“隐秘”也。

第五组

此第五组目也，其名如下：

（一）《嬉笑怒骂》，啸庐编，清光绪三十二年上海愈愚书社发行。

（二）《中国梦》二十六回，笔述者绿天寄庐主人，批评者金圣叹后身（按绿天寄庐主人，即黄岩喻品衡也）。

铅字本，半叶十三行，每行三十五字，眉上有批评，行间有圈点，发行人姓氏及住所不详。

（三）《嫖界演义》十二回，俗子著，民国二年上海文艺编译社石印本，有图像。

（四）《情天宝鉴》十二回，毛谷生编，民国二年京话日报印行。

（五）《蚌蟹缘》六回，不著撰人，民国二年上海新华小说社铅字线装本，卷首有杨达奇序。

（六）《灰中犯》八回，懒侬编述，痴公校订，民国二年北平华盛印书局发行，铅字本，附彩色图两大叶。

（七）《博徒新史》十回，蒋君缄著，民国三年国学书室发行。

（八）《新冷眼观》十回，八宝王郎编纂。澹秋女士检校，民国三年自强轩铅字本。

（九）《翠花案》不分回，自了生著，民国三年北平富华印刷所铅字本，卷首有竹木川梓箴氏弁言。

（十）《�娘遗恨记》十一章，孤桐著，民国四年上海中国图书公司和记铅字本。

以上小说五十种，非名人笔墨，即市上稀见者。

三十二年七月十六日

稀见译本小说

一

清末翻译东西洋小说之风甚盛，《小说林》出版者最多，其次则为商务印书馆。商务出品，今日尚可查考。《小说林》重版虽多，不尽可考。他日有暇，当作一《小说林要目》。除此两家外，他家出版之小说，其种数想必不小，兹将寒斋所收藏者，分组在本书露布。每组十种，此第一组也，如后：

（一）《巴黎茶花女遗事》不分回。晓斋主人口述，冷红生笔记，清光绪二十五年素隐书屋托昌言报馆代印。

（二）《狱中花》两卷三十回（附图像），法国散颠原本，美国亮乐月口译，镇江陈春生笔述，清光绪二十七年广学会出版。

（三）《双碑记》不分回，法国金威登著，铁英生译。清光绪二十八年出版（此书原名《媚兰色期克》）。

（四）《瑞西独立警史》十六回，陆龙朔译，清光绪二十九年开明书店发行，卷首有上海脂车荣骥生及云间盛时培铁颜氏两序。

（五）《侠恋记》四十六回，上海时报馆记者译述，清光绪三十年时报馆发行。

（六）《杜德蕾冒险记》十二回，金匮裘锴译，清光绪三十一年文明书局发行。

（七）《青年镜》十八回，南野浣白子译，清光绪三十一年广智书局发行。

（八）《机器妻》上下两编十六回，日本罗张氏著，横竖无尽室主人译，清光绪三十三年新世界小说社发行。

（九）《毒蛇圈》二十回，法国鲍福原著，上海知新室主人译，清光绪三十二年广智书局发行。

（十）《海底漫游》十五回，英国露亚尼著，海外山人译，清光绪三十二年新小说社发行。

二

此第二组目也，书名如后：

（一）《新译包探案》（共五案），翻译者之姓氏不详。清光绪二十五年素隐书屋托昌言报馆代印。

（二）《长生术》二十八章，英国解佳撰，湘乡曾广铨译。清光绪二十七年素腾书屋托昌言报馆代印。

（三）《离魂病》不分回，披发生译，清光绪二十九年广智书局发行。

（四）《阿难小传》两卷二十五回，英国笠顿著，支那平公译，清光绪三十二年有正书局发行。

（五）《女人岛》三十二节，孔群子译，清光绪三十二年新世界小说社发行，卷首有驭狂氏序。

（六）《网中鱼》十六回，法国贾爱密著，上海少刚氏译，杭州戊公润词，清光绪三十二年新世界小说社发行。

（七）《司底芬侦探案》，颜茗琴、董漱珠合译，清光绪三十三年广智书局发行。

（八）《花因》十四章，英国几拉德著，林琴南、魏易合译，清光绪三十三年商务印书馆代印，中外日报馆发行，卷首有畏庐居士小引。

（九）《大侠盗》十四章，法国仲马原著，英国合立森初译，中国公短重译，清光绪三十三年新世界小说社发行。

（十）《女学生旅行记》十一节，曼陀译，清光绪三十三年有正书局发行。

三

此第三译本小说书目，亦不及商务或《小说林》之出品，书名如下：

（一）《双线记》六卷二十四回，英儒厄冷著，逸儒口译，秀玉笔述，清光绪廿九年上海中外日报馆发行。

（二）《侦探谈》三卷，冷血译，清光绪三十年上海开明书店发行。

（三）《奇瓶案》一卷，吴紫崖译，清光绪三十四年中国图书公司发行。

（四）《斯芬克斯之美人》三卷二十九章，甘麇伦夫人著，无闷居士译，清光绪三十年广智书局发行。

（五）《扣子记》十章，狄丁氏编，清光绪三十四年华美书局印行。

（六）《双鸽记》一卷，嘉路尔士著，洪如松译，清光绪三十三年新世界小说社发行。

（七）《新魔术》三十章，日本大泽天仙著，山阴金为钱唐吴铸同译，清光绪三十四年新世界小说社发行。

（八）《霜锋斗》三卷五十章，吴下步青译，清光绪三十四年新世界小说社发行。

（九）《血衣冤》一卷二十八章，昆陵逸者、平江浩然同译，清宣统元年集成图书公司发行。

（十）《醋鸳鸯》六编四十一章，盘山克兰著，西冷生译，清宣统元年改良小说社发行。

四

此第四期目也：

（一）《英伦之女贼》一卷，铁樵译，清宣统元年中国图书公司发行。

（二）《红泪影》四卷二十四回，巴达克礼著，息影卢主译，清宣统元年广智书局发行。

（三）《女学生旅行记》前后编，江岛松本楼著。曼陀译辑，清宣统元年有正书局发行。

（四）《美人手》三卷六十一回，红叶阁凤仙女史译述，清宣统元年广智书局发行。

（五）《冷笑丛谈》十三则，陈冷血、包天笑译著，清宣统二年群学社发行。

（六）《刺国敌》二十二回，角胜子译演，清宣统二年群学社发行。

（七）《酸海波》七章，英国哥林斯著，清宣统二年群学社发行。

（八）《左右敌》十二章，知新主人译，清宣统二年群学社发行。

（九）《最贫者》九回，日本筱岭叶著，剑影箫声馆主人译述，清宣统二年保定书局及萃英山房发行。

（十）《薛蕙霞》二十章，葛德耳著，陈鸿壁译，清宣统三年上海广智书局、群益书局及千顷堂代发行。

二十八年六月二十三日

西洋的性书与淫书

性书与淫书不同。性书是科学，淫书是小说。性书是医学，是心理学；淫书是谎言，是“鼠牛比”。西洋有性书，又有淫书。我国有淫书，而无性书。我们读了性书，多少总得些智识。我们看了淫书，多少总受些恶习。少年人还是多习科学，少阅小说的好。

本篇讲西洋的性史，又讲他们的淫书。我的目的，在分别这两种书，说明它们的特质，现在让我先讲性书。

西洋的性书，真是汗牛充栋。已经过时者不必提，非专家所写者也不必提。就是在最近十年内，医师或心理学家所作，而销行全世者，为数甚巨。我家藏的，亦几几乎有一百种。倘然我把他们的题名一一开出来，那末本篇就变成一篇《周氏家藏西洋性书全目》了。那岂不可笑么？并且阅众一定不欢迎。所以我集合各大家的著作，研究他们的特长，采取他们的优点，拟定一种（大学用本）初级性书的纲要。阅者粗粗一看，立即可以明白那类教科书的构造和内容。我的纲要如下：

（一）第一卷。细胞（细胞有阴有阳。阳者成男，阴者成女。欲成男女，必由甲方达至乙方，即由父体传至母体的意思——这就是俗所谓“交合”）。

（二）第二卷。生殖器（男人女人的形相，虽然大同小异，然而他们的性具完全不同——一赐一纳。赐者非先昂不可。纳者非产卵不孕。昂举的原因甚众，如饮酒过度，膀胱多尿……皆不正当。最正当的，是天然的亢进（多荷尔蒙）。产卵之期不定，有准四星期者，亦有两星期或十日者。准四星期者，最易怀胎；时间太短者不易受孕。天癸，亦称月经，是除旧卵产新卵的证据。日本名医有天癸时间表，专为婚姻中欲求子息者之用，最合科学。卵的大小，等于西书上句末的全点——极微，极微）。

（三）第三卷。求婚（西人结婚，虽亦有由父母作主者，但大都皆由当事人决意，再与父母商酌。西人求婚的各种步骤，想诸君已在银幕上见过，似乎不必细述。惟正式性书中，关于此点，讲得极多极明。他日当搜集各家资料，另作一篇《求婚说》）。

（四）第四卷。婚夕（西人虽自号文明，然至今仍主张初夜权，仍注重处女膜。西国丈夫，十九长（上声）于其妻；相差十岁者，很多很多。这就是我国"男子三十而娶，女子二十而嫁"的意思，性书上常常戒初次为丈夫者，不用强力，要有忍耐，疑是年岁相差的缘故。的确，初次动武，最易使对方寒心。我们中国人不可不知道这个道理。新婚之后，西人立即旅行，就是所谓"蜜月旅行"。那是他们一生中最快乐的日子）。

（五）第五卷。交合（交合有时间，有多寡，有位置。先言时间：西人不主张清晨，亦主张晚上。清早办"公"，易使神经衰弱。再言多寡：多寡无定率。体健者虽多不妨，体弱者虽少亦伤。但所谓"多"者，前后相隔，决不可在十小时以内。我国有一首讥刺新婚者的俚歌道："未曾满月一夜七，满月之后七夜一。早知如此不均匀，何不当初一夜一。"——也是讲多之为害。末言位置：天覆地载，是最普通，亦最妥当的位置。但尺寸不一，深浅不同，勉强凑合，不得不颠而倒之。除此两者外，旁敲侧击，或推独轮，也是凑合之法。至于其他三十馀种位置（参观《于飞经》）均非正派，既不易行，亦不易学，不必多费脑筋）。

（六）第六卷。生育（已结婚的夫妇，应当生几个儿女，然后可以保住一国的人口，使它不灭？这个问题，德国著名医师费鲁德氏已经答复过了。他引用鲍裘维克氏的议论说道：“我们假定一千个男女孩中，三百个幼年伤亡，七百个长大成人。那末每一对夫妇应该生的儿女，不是两人，而是——两人又百分之八十六。”算学上的公式是这样的：$\frac{1000\times2}{700}=2.86$。

“成年的男女，有不结婚的——大概是百分之八。所以结婚者的义务又加增了。每对夫妇应生小孩之数为——三个又百分之十一。”

“另外还有一件我们应该注意的事：我们的‘三个又百分之十一’没有计及结婚而不育者。倘然结婚而不育者之数为百分之十，那末结婚而育者，应生——三个又百分之四十六。”

世上有主张生育节制者，如山额夫人之类。吾人目下正在大战中，各国政府多奖励生育，增加人口，所以我不愿讲这个问题。并且穿衣戴套，吃药清洗，最易制造神经衰弱，本非美事。这个问题，还是不谈的好。

（七）第七卷。不育（妇女不育之因甚多，主要者十，如下：（一）膣道紧缩（即俗所谓“石女”），（二）位置不合，（三）子宫离中，（四）管内发炎，（五）天生冷淡，（六）液质过酸，（七）液质缺乏，（八）子宫生瘤，（九）胞卵互拒，（十）卵质不良。此外原因尚多。凡结婚不育而有意求子者，应访求名医，请其诊断。

男人亦有不能“传种接代”者。这种毛病不外（一）萎缩无力，（二）及门“投帖”，（三）分泌太速，（四）细胞太弱，（五）睾丸发炎。最后之病——睾丸发炎——大概因白浊而起）。

（八）第八卷。性病（所谓性病者，专指白浊及梅毒而言。

白浊是局部的，梅毒是全体的。前者当然不及后者之猛烈，但亦能“杀”人。白浊过时不治，能发生关节炎，能使人疯癫。梅毒吃药无效，非打针不治，且非打至断根不可。

此外另有一种似性病而非性病，就是蓬蓬中的虱。此由不洁而起，最易医治，用火油（不是汽油）揩擦多次，即可消灭。夫妇“行礼”，固不可免。但同时不可轻视卫生。当晚洗涤，或翌晨施行，万不可忘。洗涤之水宜温，其巾宜柔。阴性洗涤，不必深入膣道。

初级性书的纲要，已经完了。我现在继言淫书：

西洋淫书，不及中国的多，也不及中国的“出色”。中国最大的淫书是《金瓶梅》，最小的是《痴婆子传》。这两种文笔均佳，且近人情。此外如（一）《绣榻野史》，（二）《浪史》，（三）《肉蒲团》，（四）《杏花天》，（五）《灯草和尚》，（六）《株林野史》，（七）《昭阳趣史》，（八）《野叟曝言》，（九）《绿野仙踪》，（十）《姑妄言》……非独猥亵不堪，并且不合生理。它们主张吞药，主张“扩展”，主张采补，都是速死之道。这种书宜烧不宜读。——我离题了，“言归正传”讲西书罢。

西洋的淫书，没有“出色”的，我在上文已经提过了。它们的作者，都是用笔名的下流人。它们的读者也是缺教育的下流人。我们的新淫书，偷偷由瘪三兜售；他们的新淫书，“公”然由妓院出售。有作家具名，且由大书肆出版的西书，决非淫书。《蔡夫人传》之所以被禁，因为英国人“掩耳盗铃”，不喜欢别人知道他们家庭实情的缘故。

西洋的淫书，大都为上岸的水手或休息的士兵而作。欲迎合他们的心理，不得不以狂“玩”为主旨。我曾经见过两种代表作：（一）《半日轻狂记》（上下两卷），（二）《全夜在后宫中》。《半日轻狂记》，一名《银梨花下》，我国有译本。书中言某姓男子，因求婚不遂，将意中人骗入体育室（不是疯人院，译本误），一再强行无礼。那个“意中人”，经过“大辱”之后，反而心悦诚服，情愿同他结婚。……此种“理论”，此种主旨，吾人一见而知其虚伪。所以西洋的淫书，只能欺骗西洋的下流人，决不能“感动”我国的读书人。

《全夜在后宫中》，更加荒谬了。某国军舰，因风不顺，停泊在天方海湾中。舰长在海湾沐浴时，巨厦中的妇女，将窗打开，并将舰长吊入室内。他坐定后，就知道身在禁地，所有的女人都是国王的妃子。每个女人都欢迎他。翌晨他离别的时候，每个女子都很满意。……这一册书的主旨，无非是：水手随时随地可得艳遇。……本书的设计果然恶劣，但是它内中的故事倒很有趣味。

西洋另有一种书籍，他们列入文学，我们视为淫书。例如，《卢梭自传》，赫立司的《自传》（即《我的性爱与生活》）。那两个大作家，真是老脸皮，淋淋漓漓无所不谈。无论他们美不美，看了损多益少。彼国禁止少年人购买，不是无理。

西洋性心理学中，常载许许多多“性史”。“性史”就是个人婚姻前后的实录，心理学家据为研究资料的。首先印行这种资料者，是心理学专家艾理司氏。依科学言，性史全不诲淫。后来张竞生采取了艾氏的意思编《性史》（第一集），为什么大家讥笑他呢？因为张君的著作，确实诲淫。他的那篇《董二嫂》，是《痴婆子传》的化身，当然不能登大雅之堂。张竞生以后的小册子，效慕张竞生《性史》而作的小册子，我见过的，总在一百五十种以上。这样的多，都因为纸张低下的缘故。现在纸张缺乏，马路上喊卖春宫，喊卖《性史》的瘪三，几乎完全没有了。

二十余年前，西洋开始写印一种专讲鞭挞的淫书。施鞭挞者，大半为阴性，就是妓女。受鞭挞的男子，或立或伏，皆身不振者，即萎缩无力者。据说，欧美大都邑中，此类变态的阳性极众，借此可以暂时“为人”。性书上有详细的说明，讲这件玩意儿的害处。我国好色者，决不好打——“打情”不重击，并且不痛。所以这种淫书，吾国定无销路，且无译本。

我国的淫书，有译成英文者。《金瓶梅》有两本：（一）无名氏的节译本，（二）艾吉登的全译本。全译本遇猥亵之辞句，改用拉丁古文，犹我们翻印古本时改用空格的意思。我们的淫书，不知他们当做什么看。他们当做小说么？还是当作社会研究？

最末，我当说明一事：世界上不论何国，写淫书者都是男人而无女子。我国淫书的文字，比较西洋的好得多，我国的淫书，比较西洋的出色得多——这是什么理由？因为我国人为自己而作，西洋人为他人而作；我国人为“主义”而作，西洋人为金钱而作。我国旧时少数文人，或因面貌丑陋，或因命根细微，或因财产不足，或因性情不良，娶不到娇妻；娶到之后，又得不到欢乐。是故借文字以泄愤，志在描写幻想，不在陈述实情。西洋的无名作家，穷苦万分。他们写的稿子，无处收受，不得已东拖西拉地制造些虚伪“鼠牛比”的故事，骗骗下流人。他们的文字虽然不良，然而他们的稿子马上有人收受，并且所得的稿费可以换许多面包。

三十三年五月十六日

申市过去的西书店摊

本篇简述三十余年来上海一地销售西书的店铺与摊头。其中有外国人开设者，也有本国人自设者。他们的“历史”既然这样长，他们的故事必定丰富。我在过去固然与他们有许许多多不断的交接，但是因为我脑力不强，记忆不强——我所见到的，听到的，并不甚多。现在我把我所知道的，在本篇中写出来。我写这个题目，有下面的动机：

半月以前，我代替友人到一个大书摊上去掏一册商务出版的某种大学丛书。我一找就找到了。我问价，他们答道，“一千二百元。倘然你先生要，可打七折。”我道：“这样贵！买不起。”他们道：“你要买便宜书么？你把我们的西书统统买去罢，随你多少钱。……”语时，他们用手在书脊上用力打了几打，自言自语，带骂带笑道：“真触霉头！这许多货色，这许多时候，一个人都不来问信。先生，是什么道理？”

那个书摊，相当的大，成立于“一·二八”的前后。最初他们以销售旧西书为目的。我几乎每天经过他们的摊，每星期总进去“参观”，或者购买一二次。在这十余年中，他们经手的西书，真的不少；他们赚得的法币，想也不少。何以现在这样恨西书呀？其原因全在——不及时。商人图利，不销的货，就是劣货，非独资本虚掷，并且占据空间。所以他们早已改售汉文旧书，深恨西文书籍。现在他们依旧很得意，很发达。

因销售旧西书而发达的摊头，不止上述者。“八一三”前，邑庙中有个摆摊者，其全数财产不过四只肥皂箱子（摆西书摊者估计财产，不称几册几册，而称几箱几箱。箱就是肥皂箱）。“八一三”后，他在河南路摆摊，箱数还是四只。后来他的箱数一天一天地增加，街上无法安置，遂与他人合租一屋，居然开设似是而非的店铺来了。再后来——十二月八日之后——他渐渐弃除西书，改售文具。听说他现在已经是一个数百万（或者数千万）家产的富豪了，不知确不确。不过无论如何，他总是一个知道利用时机的人，他的发达，是应该的。

但是因为摆摊而倒霉的也有。我有个熟人，“一·二八”前在虬江路摆摊。战事发生，他只逃出一个人，货色带不出来。“一·二八”后，他勉勉强强在嘉定路摆摊，摆了三个多月，只销去十馀册书。他流泪流涕地将全摊卸售（趸售）与人，在上海荡了数天，找不到生意，只得回乡。

大概摆书摊的人，失意者甚少，得意者较多。你看福州路、嘉定路、常熟路、泰山路那许多摆书摊者，岂不是人人都有衣穿，人人都有笑容么？

我上面所讲的书摊情形，虽不详尽，但是已经够了。我继述上海过去的西书店。

发售西书资格最老的店铺，恐怕是别发洋行。清末民初，他们还在外滩。他们的屋子很低，前面无楼。华人（尤其是学生）购书，不可进外滩的前门。华人购书，应入边弄，进后门，上小楼。我的那本高依氏《拉丁初步》，就在小楼上买的。小楼上所陈列者，都是教科书。

到了民国四五年的春季——那时我穿西装——我看见一个穿中装肥胖华人大步走入别发的大门。我自言自语道：“华人可以进大门么？他可以进去，我为什么不进去？让我跟他进去，看他们前门售的是什么。”我想了一想，决意进门，果然买到几本好书。只要你会讲英国话，他们待中国顾客并不十分苛刻。后来他们迁至南京路，我除了通信购货外，常常进去参观。他们那位“老太太”（售货员），最能与我表同情，我所要的新书，她总为我细找，我所要的古书，她总为我代定。

除了别发之外，恐怕要算伊文思书馆的资格最老。他们最初在北四川路，后来移至九江路，最后来移至南京路。他们与别发不同，为美国几爿书坊的代理人，并且喜欢做中国人的生意。别发专销英国出版的书籍，几乎完全没有与中国人做交易的意思。我向伊文思购的西书，约在二千种以上，向别发购的至多三百种。

伊文思在北四川路的时代，有一位华经理，名字叫做陈辛恒者，广东人，最能与顾客表同情。他为我选书，为我定书——既能设计，又不耗费，真是一个好人。某年（约民六七年）夏季，他往普陀避暑，假期已满，仍不归来。派人去查，毫无影响。……后来才知道他已经投海自尽了。大家都不知他为的是什么。

伊文思书馆目下尚安然开设在南京路。不过他们早已易主了。老东家伊文思（人名）年老，儿子不愿意继续，将全馆售与华籍店员。那边我还有几个熟人，关顺君是其中之一。他们现在似乎不注重西书。

资格比较新的西书铺，是中美图书公司。最初到上海来的时候，他们的经理叫做桑格鲁，专以推销法律书为目的。后来改组，迁至南京路，不专推销法律书。但经理的人常常说“开销大，销路小！”不知是什么缘故。难道美国人不知推销术么？或者他们所经售的书，不及别发、伊文思呀？中美经售之书，以亚波尔登出版者为最多。

此外还有老资格的美华书馆、美生书馆。他们也推销过西书，不过早已停止了。真的，推销西书，还有商务的西书柜。它的资格，也算不得不老。它曾经经过三四个重要时代，如黄秉修的效学时代，周锡三的乱放时代，谢福生的“成功”时代等等。效学时代，模仿别人，自己没有宗旨。别人卖什么，我也卖什么。结果，步步落后。乱放时代，瞎兜生意，大量赠送样本。只要有人上门，不顾老板血本。结果，大大亏本。成功时代，专重灵感，不重他类书本。文科理科全不注意，马滕（人名）的“屁”也是香的。结果，顾客绝迹。卖西书的人应该客观，不可主观。卖西书的人，哪里可以专进自己所好者而强售与人呀？卖西书的人，不可不圆通——文学、科学、算学、医学……统统都要选择些，采办些。现在西书已经不时髦了，我何必多讲呢？就此为止罢。

三十四年二月一日

民卅一的书荒

在过去十二个月中，上海多的是居民，少的是物资——上海只见人，不见货。最初大家轧米，轧面包，轧肥皂，轧电车。后来愈轧愈紧，白糖、赤糖、豆油、生油，统统要轧了。但始终没有轧书。这是什么缘故呢？难道书不“荒”么？

书是荒的，书是确确实实荒的。书——非独新书不印。连旧书也不卖，非独西书不到，连“国籍”也很少，非独宋刊（？）元椠（？）不出来，连精刻初印也不发现——书真是荒极了。

然而在民卅一内，并没有人在大铺小摊前排班轧书，这是什么缘故呢？因为书不能吃，书不能穿；因为书中没有蓝布褂，书中没有三轮车，书中没有白米粥；因为书中没有“千种粟”，没有“黄金屋”，也没有“颜如玉”。但是书确实大荒而特荒。让我把一年来书市的情形细细在下面讲出来。

先讲新书：新书就是新排印的创作，或是新翻印的古本。在过去的十二个月内，这一类书全然没有出现。五家大书铺——商务、中华、开明、大东、世界——非独新著之书，绝无出版之可能，就是旧有之书，也有封存之必要；非独不印中小教科书，就是普通参考书，也要停止制造。主要（正）的原因是纸荒（“荒”字是“缺少”的意思，不是“没有”的意思。目下米荒、糖荒也是如此）。从前白报纸每令不到三元。现今几乎要卖三百元。从前（商务）《纲鉴易知录》，每部二元，现在决不能卖二百元（排工油墨尚不在内）。世界上那里有肯亏本的老板？从属（副）的原因是政治。中国与日本同在东亚，如此接近（有人说，“我们同种同文”），所以史地书中，参考书中，教科书中，常常碰到那个“倭”字，常常提到“东省”，提到“满洲”……许许多多书，虽非新八股，却含违碍性。各家老板都是胆小的，都是有“清头”的稳当人，没有一个肯冒险。我猜想他们意思是这样的：与其谋微利而遭“封印”（新名词），倒不如存储旧书（已印未销之书）之可靠。并且存储等于囤货，今天不卖，明天未必不涨价。没有钱的人，尚且要借款囤货。我们有的是货（书店的书，像米店的米），怕什么呢？

有了这两个原因，新印的书和旧制之书，当然都缺少了——荒了。但是小书铺为什么也不印书卖书呢？为什么不乘机发些小财呢？小书铺的信息比大书铺更灵，小书铺的算盘比大书铺更精。小书铺的目标是大书铺，小书铺时时仿效大书铺。他们知道大书铺因纸贵不能印书，因政治不便销书，他们也停止活动，不敢多事。他们以为大书铺势力较大，尚且不谋发展，不设法维持他们的财产，我们资本极小，势力全无，只得吃尽当光，坐以待毙了。

所以上海在过去之一年中，一部新书都没有出版，连旧书也缺乏。岂不是成了一个有钞票无文化的都市么？

我答道：不，一部分的新书仍旧有的，没有完全中断。我是指“国定教科书”而言。国定本用新式配给法，由新书业同行发售。小学及初中的学生未曾受到书荒的苦，未曾排班轧书。并且这种国定本，没有人同它们竞争，没有人敢翻版，没有人敢抢生意——一批一批地收进来，一批一批地销出去，不必垫本钱而取得回佣，不必登广告而能全卖，书铺老板当然赞成的。

各大小书铺老板，因纸张与政治的关系，不出新书，储存旧书，我已经约略讲过了。但在此奇特的一年内，发生一奇特的现象。将近年底，市上突然出现几种小册子，如韩庄指南《西 × 记》，色情小说《活 × × 九》之类——不是十六开本四十页，就是三十二开本一百页。当此纸荒的时候，如此耗费白报纸，未免可惜呀！据老辈说，离乱之际，大难临头之日，往往有类此之事发生。洪秀全军攻打湖州，一般人吃草根树皮的时候，头脑不清者（有女人，有商人，有流氓）天天跑赌场——打宝，推牌九。

继谈古书：古书就是线钉书，也就是抄本、校本，或木刻本。上海做古书生意的铺子，如来青阁、来薰阁、蟫隐庐、汉文渊、抱经堂（从杭州移来）、传薪、文汇、富晋、积学、受古、国学、中国书店，从前不收洋装书，专售旧式书。每年一次或两次所出的目录，依照清《四库》经史子集的分类，全载“国学”书本。现在呢？店堂内少者五分之一，多者三分之二，都是破旧的西式书或零落的教科书，还要兼售文具——铅笔、墨汁、信笺纸、拍纸簿、复写纸、自来水笔。上年全年我只见得来青阁与抱经堂两家的书目。纸张虽然依旧不少，然而已经由“函索即寄”改为“实售 × 元”了，即此已足见上海白纸之荒。

我难题了，本篇不讲纸荒，是讲书荒。那末，古书荒不荒呢？古书是现成的，没有纸张的关系，很少有政治的关系，荒不荒呢？我答道，荒，荒，荒。来青阁及抱经堂的书目上，几乎都是普通本。真宋真元不必说，连明清精刊也稀少；黄校鲍抄不必说，连叶跋莫藏也未见。除了出书目的两家之外，其余各家的伙计，或闲谈，或静立，或零售文房，或收卖破书——何必细讲呢？

从前古书不荒的时间，别处常有贩子到上海来，上海也有贩子往别处去，来来往往，拾拾提提，甚是热闹。去年一年，这种现象似乎没有；至少，我的地方没有人来兜售古本。这还不是古书荒么？

古书荒的原因有二：（甲）移动极为困难。邮局不容易寄包裹；乘轮船、搭火车不能多带行李。所以苏杭的书不能到上海来，上海的书不能到内地去。（乙）囤书不如囤药。古书量大笨重，不便运输，不能立时销尽。贩子提了一大包，兜了许多人，依然原物带回，分文未获——那是很多的事。倘然拿相等数目的钞票买了药物，三个月、六个月之后，无不“一本万利”。消治龙在年初不过十余元一管，到了六月七月就变成一百廿元或二百元了。囤万金油，据说也是好生意。

有此两因，古书焉得不荒？古书的市场，虽不全死，焉得不半死半活？但是到了九、十两月，古书似乎有些生机。中国的郭君在某地购得一大批整部的书籍，据说，价值还算不大。不过我到今天未见片纸只字。也许他们合伙而购，中途已经把书分散了。再汉文渊获得少数精本。其中明刊有图《幽闺记》与《玉合记》两书均售与我的学长兄林君，虽是后印本，价值相当便宜。林君又在来薰阁购得旧书数部，“骨子”甚好，价值甚昂——都是友人某君的副本。又十一月间，贵州路七七弄自修周刊社分送油印书目八叶，内有佳本，如《抚苗录》《植物四说》《红毛番夷考》等。惜余无暇无力，不能购买。又年底传薪所获的名人手札，现正在研究中，尚未发卖，但算不得书。

但是去年古书市场，因荒的缘故，曾经干了两件“惊天动地”的事。一件是缩印《清史稿》，一件是翻印开明《二十五史》。前者原本，颇不易得。不过本身是多年前的禁书，现在缩印，决不发生问题。后者是“鲜活灵跳”的开明书店的产业，翻印者触犯版权法，故不能公然发售。闻得开明曾捉到一部私货，并且请书业公会公断，不知确否。

末言杂志。“杂志”是一个俗名，就是定期刊物的意思。古书新书，固然很少（极荒），然而定期刊物，实在太多（不荒）。我已经查到的，有（一）《大众》，（二）《万象》，（三）《杂志》，（四）《古今》，（五）《作家》，（六）《永安》，（七）《先导》，（八）《经纶》，（九）《时代》，（十）《工业》，（十一）《绿茶》，（十二）《女声》，（十三）《健康》，（十四）《劳农》，（十五）《新东方》，（十六）《新影坛》，（十七）《美力健》，（十八）《上海记者》，（十九）《中华周报》，（廿）《政治月刊》，（廿一）《中国青年》，（廿二）《保甲周刊》，（廿三）《中国木刻》，（廿四）《中国漫画》，（廿五）（明星画报》，（廿六）《中国儿童》，（廿七）《健康家庭》，（廿八）《华股周报》，（廿九）《新闻月刊》，（卅）《戏剧周讯》，（卅一）《中国艺坛》，（卅二）《影舞周报》，（卅三）《华文每日》，（卅四）《半月戏刊》，（卅五）《娱乐周报》，（卅六）《旅行杂志》，（卅七）《中国周报》，（卅八）《每月科学》，（卅九）《现代体育》，（四十）《健康家庭》，（四一）《科学画报》，（四二）《国民杂志》，（四三）《中国文艺》，（四四）《小说月报》，（四五）《东方文化》，（四六）《万象十日刊》，（四七）《太平洋周报》，（四八）《新中国画报》，（四九）《大东亚月刊》，（五十）《三行经济周报》，（五一）《上海艺术月刊》……约计五十馀种——内中想有已经停刊的，或不十分"定期"的。当然可以算得多了，但我闻得尚有多种正在计划中。

在本篇结束之前，我还要讲一件杂志的故事。十一月中，市上忽然发现许多整份的旧杂志，如商务出版的《东方杂志》。《东方》从清光绪三十年第一卷起至民国二十六年三十四卷第十期止，共五百九十七册，我已经代友人购买了，价八千元。我以为太大，不敢代为经手，但是得主不以为然。他对我说道："八千元只抵黄金二两有馀，或白米十石有馀。事变前黄金每两五十馀元，白米每石约九元。今以白米十二石或黄金二两半（即旧时的一百馀元），换得三十多年的《东方》全份，一些不贵，真的不贵。"

三十二年一月十日